D0666818

Molière

Le Tartuffe
Dom Juan
Le Misanthrope

Texte établi,
présenté et annoté
par Georges Couton

Gallimard

Édition dérivée de la Bibliothèque de la Pléiade.

LE
TARTUFFE[1]
OU
L'IMPOSTEUR[2]

COMÉDIE
par J.-B. P. de MOLIÈRE.

A PARIS
chez Jean Ribou, au Palais, vis-à-vis
la Porte de l'Église de la Sainte-Chapelle,
à l'Image Saint Louis.

M. DC. LXIX
AVEC PRIVILÈGE DU ROI

NOTICE

Les fêtes des Plaisirs de l'île enchantée *ont été en quelque sorte l'inauguration de Versailles. Le château, agrandissement du simple rendez-vous de chasse de Louis XIII, était devenu déjà avec Louis XIV une résidence plus importante et riante. Le duc de Saint-Aignan imagina un programme de fêtes (7, 8, 9 mai 1664) qui se prolongea plusieurs jours encore. Le 12 mai,* Le Tartuffe *fut ainsi représenté pour la première fois.*

Mais de la pièce il avait déjà été question. Une puissante société d'action catholique, secrète, la Compagnie du Saint-Sacrement-de-l'Autel, s'était réunie dès le 17 avril : « On parla fort ce jour-là de travailler à procurer la suppression de la méchante comédie du Tartuffe. Chacun se chargea d'en parler à ses amis qui avaient quelque crédit à la Cour pour empêcher sa représentation. »

Que l'attention des membres de la Compagnie du Saint-Sacrement se soit portée de la sorte vers une comédie non encore jouée atteste que des indiscrétions sur son contenu avaient filtré. Des lectures en avaient sans doute été faites ; une, devant le roi, est connue. Les dévots surveillaient déjà Molière, au moins depuis L'École des femmes. *La bataille du* Tartuffe *commence dès avant la représentation par une tentative d'étouffement. La bataille sera longue, âpre ; elle reste par bien des côtés encore mystérieuse.*

I. LE PREMIER « TARTUFFE »

En quoi consistait le premier Tartuffe, *le 12 mai 1664 ? Ici se pose le premier des problèmes qui fourmillent autour de la pièce. Le compagnon de Molière, La Grange, est formel : on a représenté à Versailles « trois actes de* Tartuffe *qui étaient les trois premiers ».*

Les critiques et les historiens ont fait de grands efforts pour préciser ce qu'était ce premier Tartuffe, *sans se contenter du témoignage de La Grange : trois actes d'une pièce inachevée ? ou pièce complète en trois actes ? et quel était le dénouement ?*

Nous ne voyons ni la possibilité, ni la nécessité de rejeter le témoignage de La Grange, et nous acceptons le commentaire de G. Michaut, que nous exposons librement. Il s'agit au fond de trouver une pièce à la fois complète en trois actes, et susceptible d'être ensuite portée à cinq. Or cette pièce existe : les trois premiers actes du Tartuffe *définitif se suffisent et se terminent par un dénouement amer : l'hypocrite triomphe ; il feint de vouloir partir pour qu'Orgon le retienne.*

Non, en dépit de tous, vous la fréquenterez.

(v. 1172)

« Le bigot crédule s'est livré pieds et poings liés ; il remet tous ses biens entre les mains de l'écornifleur et prépare lui-même, pour son front, l'accessoire obligé des maris de comédie. Nous avons là une de ces pièces au comique âcre, impitoyable, dont George Dandin *nous offrira plus tard un exemple non retouché »* (G. Michaut, Les Luttes de Molière, 2ᵉ éd., p. 65).

Tartuffe en soutane

Un personnage de théâtre, c'est d'abord une « entrée », c'est-à-dire un costume, qui impose une impression durable. Quel était le costume de Tartuffe le 12 mai 1664 ?

Des témoignages divers permettent de s'en faire une idée. Le premier, capital, est de Molière. Son second Placet au roi *explique comment il a transformé Tartuffe en Panulphe :* « J'ai déguisé le personnage sous l'ajustement d'un homme du monde ; j'ai eu beau lui donner un petit chapeau, de grands cheveux, un grand collet, une épée, et des dentelles sur tout l'habit (...) cela n'a de rien servi. »

Prenons le contre-pied et nous avons le costume de Tartuffe en 1664 : grand chapeau, cheveux courts, petit collet, pas d'épée, habit sans dentelles. Nous comprenons sans peine que le costume de 1664 est d'un dévot qui se veut austère et qui a renoncé aux recherches vestimentaires de l'homme du monde. Mais les contemporains de Molière comprenaient mieux que nous encore : Tartuffe portait une manière d'uniforme, qui le rangeait dans une catégorie sociale alors bien vivante et très agissante.

Il faut prendre les choses d'un peu loin. L'Église possédait des biens immenses attachés à des cures, des prieurés, des abbayes, des évêchés..., de quoi éveiller bien des convoitises et susciter des vocations pas nécessairement désintéressées. Le postulant aux « bénéfices » ecclésiastiques se faisait conférer la tonsure, ou les ordres mineurs, ce qui n'empêchait pas de revenir éventuellement à l'état laïque. Mais tonsure et ordres mineurs rendaient apte à recevoir un « bénéfice » ; l'obtenir était pour le jeune homme, qu'on appelait par anticipation abbé, affaire de relations et d'entregent.

Un costume plus austère distinguait normalement le jeune homme qui entendait faire ainsi carrière dans l'Église. Le petit collet surtout, c'est-à-dire un rabat de simple lingerie, remplaçait le flot de dentelles qui servait normalement de cravate au jeune mondain. Le nom de petit collet était ainsi passé de la pièce de lingerie au jeune homme qui la portait. Le mot se prenait même « en mauvaise part des hypocrites qui affectent des manières modestes, et surtout de porter un petit collet », dit Furetière.

Son costume suffisait pour que, dès son entrée, le premier

Tartuffe se trouvât catalogué : un postulant aux bénéfices ecclésiastiques, un homme d'Église ou qui en sera.

D'autres témoignages corroborent celui de Molière, laissant entendre que Tartuffe était prêtre et qu'il portait la soutane. Soutane, ou soutanelle — c'est-à-dire une soutane courte — tel paraît bien avoir été le costume du « petit collet » qui se montra sur la scène à Versailles en mai 1664.

On comprend quel choc pareille apparition constituait pour les dévots, ou même seulement pour des âmes pieuses et respectueuses des usages et des convenances. Molière avait violé un des tabous de la société ; de là les animosités qu'il a soulevées.

L'interdiction royale

Dès le 17 mai, La Gazette, *faisant l'éloge de la religion de Louis XIV, le félicitait d'avoir interdit la représentation « d'une pièce de théâtre nommée* L'Hypocrite *que Sa Majesté, pleinement éclairée en toutes choses, jugea absolument injurieuse à la religion et capable de produire de très dangereux effets ».*

L'assemblée du 27 mai de la Compagnie du Saint-Sacrement constata que le roi « bien informé par M. de Péréfixe, archevêque de Paris, des mauvais effets que pouvait produire la comédie de Tartuffe, *l'avait absolument défendue ». La reine mère était peut-être intervenue aussi.*

Autre témoignage important : (le roi) « défendit cette comédie jusqu'à ce qu'elle fût entièrement achevée et examinée par des gens capables d'en juger » (Édition de 1673 des Plaisirs de l'île enchantée*). Il est certain que tout au long de cette affaire, le roi s'est entouré d'informations.*

Il était au centre d'une lutte d'influences dont bien des épisodes nous échappent. On voit bien que MM. du Saint-Sacrement étaient les adversaires les plus actifs de la pièce. On a moins bien vu que Condé était le plus illustre de ses partisans. Molière lui rendra hommage dans sa Préface *de 1669 (voir p. 25).*

Condé a suivi de près le travail de remaniement. Quatre représentations du Tartuffe *devant lui, payées par lui, sont connues, dont deux chez la princesse Palatine. Condé fait alors figure de mécréant, de libertin ; protecteur illustre pour Molière, mais compromettant.*

Les remaniements du *Tartuffe*

Après l'interdiction, les efforts de Molière s'exercent dans deux directions. Tentative d'abord pour obtenir l'autorisation de jouer : visites à la Cour, placet au roi (août 1664). Remaniements de la pièce aussi. Le plus important des adoucissements est, croyons-nous, d'avoir complété la pièce. Comment mieux désamorcer la bombe qu'était le premier Tartuffe, *comment mieux adoucir une pièce aussi amère qu'en lui donnant un dénouement heureux ? Dire que dans le royaume très chrétien l'hypocrisie ne pouvait triompher que momentanément, c'était transposer la pièce du domaine de la dure réalité au monde idéal dans lequel l'intervention royale finit par tout arranger.*

Dès le 29 novembre 1664 est joué pour Condé chez la Palatine un Tartuffe *en cinq actes. Après quoi la pièce est encore remise en chantier. Un quatrième acte est joué devant Condé. En 1666 encore, à la reine Christine de Suède il est dit que la pièce n'est pas achevée. Plusieurs états du texte ont dû se succéder.*

Molière défend encore Le Tartuffe *d'une autre manière : en composant* Dom Juan *(première 15 février 1665, dans sa salle au Palais-Royal). Dans la bataille du* Tartuffe, *Dom Juan est un coup porté à l'hypocrisie d'un grand seigneur, plus dangereuse, plus contagieuse, pour s'accompagner des séductions de l'élégance.*

II. 1667. « PANULPHE OU L'IMPOSTEUR »
DEUXIÈME VERSION DU « TARTUFFE »

Le 5 août 1664, tandis que le roi était aux armées, son autorité était déléguée au premier président de Lamoignon, homme d'esprit, ami des lettres, mais homme d'ordre et membre de la Compagnie du Saint-Sacrement.

Le héros se nommait maintenant Panulphe. Il n'était plus petit collet, mais homme d'épée. D'autres modifications sans doute avaient été faites. Mais nul ne s'y trompa : c'était une seconde mouture du Tartuffe. *Les autorités judiciaire et ecclésiastique réagirent donc. Le président de Lamoignon interdit la représentation. L'archevêque de Paris publia un mandement faisant « défense à toutes personnes du diocèse de représenter, lire ou entendre réciter la susdite comédie, soit publiquement, soit en particulier, sous quelque nom et sous quelque prétexte que ce soit, et ce sous peine d'excommunication ». Nous ne connaissons pas au* XVIIIe *siècle d'autre exemple de pièce ainsi frappée nominalement.*

La situation était dès lors très aggravée : étouffement total de la pièce. Les démarches de Molière furent inutiles. Le roi répondit cependant à un second placet « qu'à son retour à Paris il ferait examiner la pièce et que nous la jouerions » (La Grange).

III. « LE TARTUFFE OU L'IMPOSTEUR »
5 FÉVRIER 1669

Les dévots tinrent encore en échec pendant dix-huit mois la bonne volonté royale. Molière apporta à sa pièce d'autres adoucissements que nous connaissons, médiocrement, par la confrontation entre le texte définitif et l'analyse que donnait en 1667, du Panulphe, *une* Lettre sur la comédie de L'Imposteur. *Il semble que la tirade expliquant qu'un*

*homme est de chair (IV, 3) a été raccourcie, qu'une attaque
contre la casuistique a aussi été atténuée.*

Tartuffe n'est plus homme d'épée, comme Panulphe, mais
il n'est pas non plus « petit collet » comme en 1664. Son
costume est d'un homme qui « s'est mis dans la réforme »,
mais qui n'est pas un ecclésiastique.

Ce Tartuffe eut le plus vif succès et ne connut plus de
difficultés. Tout de suite, Molière le fit imprimer (23 mars
1669).

IV. SENS DE LA QUERELLE
DU « TARTUFFE »
ET SENS DU « TARTUFFE »

*Les grandes batailles littéraires doivent toujours leur
acharnement à ce qu'elles sont aussi politiques. Si au
Tartuffe est échu le redoutable honneur de polariser les
passions, si d'un incident somme toute mineur de la vie
théâtrale est née une affaire d'État, c'est que les tensions
politiques étaient arrivées à un point de rupture.*

*Il faut bien comprendre d'abord que la notion même
d'hypocrisie et le jugement porté sur l'hypocrisie étaient
sensiblement différents au XVIIᵉ siècle et de nos jours.*

*L'importance des biens d'Église, la collation de beaucoup
d'entre eux par tel ou tel seigneur, l'absence quasi totale de
séminaires, qui permettent de décourager les vocations
douteuses, rendaient l'hypocrisie à la fois plus aisée et plus
payante.*

*D'autre part, les traités de cas de conscience, qui pullu-
lent, montrent que l'hypocrisie est curieusement considérée
comme un péché véniel, qui peut même avoir des résultats
édifiants. Une citation seulement : « François prêche, célèbre (la messe), se communie ou assiste aux divins offices
simplement pour en acquérir de l'honneur et réputation : un
tel donc que cela, ne se proposant principalement que
l'honneur, il n'offense que véniellement. »*

On tourne autour de l'idée qu'il existe une hypocrisie qui aboutit à la plus grande gloire de Dieu. La Rochefoucauld peut venir pour dire que l'hypocrisie est un hommage que le vice rend à la vertu. On pourrait même prolonger la pensée : un hommage rendu à la vertu, et qui peut susciter la vertu.

A bien examiner, en s'inspirant des casuistes, la conduite de Tartuffe, il apparaît qu'il a, même par des voies très douteuses, édifié Orgon, édifié Madame Pernelle, tenté d'amener à une conduite austèrement chrétienne toute la maisonnée : il n'a point péché, dirait un casuiste, contre la charité. Comment le condamner ?

Adressons-nous à un Dictionnaire de théologie catholique *contemporain (Vacant et Mangenot, 1930-1950) : l'hypocrisie est un vice méprisable, mais moins odieux que de braver ouvertement les coutumes les plus saintes et de vilipender la religion en bravant ouvertement ses lois... sous prétexte de franchise et de sincérité. Le respect, même simplement extérieur, des lois de Dieu et de l'Église, est déjà un certain hommage à la sainteté de ses préceptes par les lâches qui n'ont pas le courage de les observer. C'est quelque chose d'appréciable aussi que d'éviter le scandale qui pourrait être pour tant d'autres une cause de tentation et de chute.*

*En vérité, c'est Dieu seul, au Jugement dernier, qui pourra distinguer ce qui était hypocrisie. Bossuet condamne l'hypocrisie avec une grande vigueur (*Sur le Jugement dernier, *nov. 1665, un an après le premier* Tartuffe, *quelques mois après* Dom Juan*) : « Nul ne trouvera Dieu juge plus sévère que l'hypocrite, qui a entrepris d'en faire en quelque sorte son complice. » On le voit : Dieu sera sévère ; mais c'est lui qui jugera ; que les hommes, en attendant, s'abstiennent.*

Molière, s'attaquant à l'hypocrisie, l'a fait en laïque qu'il était. C'était son droit, son devoir aussi de moraliste. Mais les gens d'Église ont pu estimer, à juste titre de leur point de vue, que l'écrivain de théâtre décidait d'une manière simpliste dans un domaine de la morale qui ne le concernait pas, et dans lequel il convient de se montrer infiniment prudent. Le malentendu entre les deux était inévitable et irréductible.

Un autre fait que les historiens de Molière n'ont pas mis assez en valeur est que la querelle du Tartuffe *survient en même temps que se déroule un des épisodes les plus vifs de la querelle de la moralité du théâtre — c'est-à-dire de la légitimité de son existence même.*

Cette querelle est périodiquement d'actualité au XVIIᵉ siècle. L'École des femmes a déjà valu à son auteur l'accusation d'obscénité, et aussi de tourner en dérision les choses de l'Église.

Peu après, Nicole, attaquant Desmarests de Saint-Sorlin, a rappelé qu'un poète de théâtre était un « empoisonneur public, non des corps, mais des âmes ». On sait comment Racine a pris alors feu et flamme. D'Aubignac a observé ensuite que le théâtre, depuis quelques années, se laissait « retomber à sa vieille corruption, que les farces impudentes et les comédies libertines, où l'on mêle bien des choses contraires au sentiment de la piété et aux bonnes mœurs », susciteront les foudres de la Justice. Qui d'autre que Molière aurait-il visé ?

Racine même (préface des Plaideurs) *constate une rechute du théâtre vers les sales équivoques, les mauvaises plaisanteries, la turpitude. Lui aussi regarde du côté de Molière.*

Le Traité de la comédie *de Conti, l'ancien protecteur devenu, après sa conversion, l'ennemi le plus acharné de Molière, dénonce la rechute du théâtre dans l'immodestie et s'attaque directement à* Dom Juan *et à* L'École des femmes.

Les mieux disposés pour le théâtre estiment que Molière compromet un long effort de redressement et de réhabilitation de la comédie. Molière fait figure de brebis galeuse. Il y a du pharisaïsme dans ce reniement, mais le fait est là : la querelle du Tartuffe *est aggravée parce qu'autour d'elle se développe la querelle de la moralité du théâtre.*

Tartuffe contre la casuistique

La grande lutte des Provinciales *(la première : 23 janvier 1656) a profondément ébranlé les esprits, mais n'a pas réglé la question. Tout au long du siècle, les facilités des directeurs laxistes font scandale. Molière prend parti lui aussi.*

Le laxisme utilisait trois moyens principaux : le probabilisme, la direction d'intention, la restriction mentale. Aux deux derniers, Le Tartuffe *fait grande place.*

La direction d'intention consiste à donner à un acte qui d'abord apparaît comme un péché une intention qui changera sa nature. Tartuffe a cru d'abord que sa passion pour Elmire était péché ; il s'est convaincu ensuite

> Que cette passion peut n'être point coupable,
> Que je puis l'ajuster avecque la pudeur.

Plus nets encore les vers 1241-1242. Tartuffe accepte la donation qu'Orgon veut lui faire de tous ses biens. — Mais c'est spolier les héritiers légitimes ? — Non, c'est empêcher

> Que tout ce bien ne tombe en de méchantes mains

et l'employer au contraire

> Pour la gloire du Ciel et le bien du prochain.

Au reste, Tartuffe donne lui-même la définition de la direction d'intention :

> il est une science
> D'étendre les liens de notre conscience
> Et de rectifier le mal de l'action
> Avec la pureté de notre intention.

A côté de la direction d'intention, la restriction de conscience. « On peut, dit un casuiste cité par Pascal, jurer qu'on n'a pas fait une chose, quoiqu'on l'ait faite effective-

ment, en entendant en soi-même qu'on ne l'a pas faite un certain jour, ou avant qu'on fût né, ou en sous-entendant quelque autre circonstance pareille, sans que les paroles dont on se sert aient aucun sens qui puisse le faire connaître ; et cela est fort commode en beaucoup de rencontres, et est toujours très juste, quand cela est nécessaire ou utile pour la santé, l'honneur ou le bien. »

Orgon a reçu en dépôt une cassette compromettante. Il la confie à Tartuffe. Il pourra de la sorte jurer, en cas d'enquête, qu'il ne sait rien de la cassette. Il dit avec une simplicité parfaite que de la sorte sa conscience aura une sûreté entière

A faire des serments contre la vérité.

Cette simplicité même atteste à quelle profondeur l'a atteint la gangrène du laxisme. Le laxisme endort la conscience morale. Molière s'associe à la condamnation que portent sur lui les meilleurs esprits de son temps. Tous les Jésuites ne sont pas laxistes, tous les laxistes ne sont pas Jésuites. N'empêche : pour le public qui connaît ces questions surtout par les Provinciales, *le laxisme est le fait de la Compagnie de Jésus. Que les Jésuites soient au moins éclaboussés par* Le Tartuffe *nous paraît certain. Ils eurent le bon esprit de ne pas s'en apercevoir.*

Morale de l'Église et morale du monde : le roi, Molière, le public et les dévots

Au moment du Tartuffe, *la vie à la cour, donc largement la vie politique, est dominée par un conflit à la fois âpre et secret. Jeune cour et vieille cour s'opposent sur bien des problèmes politiques, sur leur façon d'entendre la vie aussi. Les fluctuations de cette lutte expliquent largement les vicissitudes du* Tartuffe.

Le roi est marié à l'infante Marie-Thérèse : raison d'État. Elle est mal adaptée à la vie dans une cour galante. Le roi cherche des compensations. La Vallière règne jusque vers 1667, Mme de Montespan lui succède. La jeune cour, groupée autour du roi, de sa belle-sœur Madame, aime le plaisir; elle est tentée par le luxe, les fêtes, une politique de prestige. La vieille cour, autour d'Anne d'Autriche, est épouvantée par cet hédonisme envahissant. Un grand assaut est tenté pour ramener le jeune roi à une vie plus chrétienne et à une politique de paix.

Bossuet, membre très actif de la Compagnie du Saint-Sacrement-de-l'Autel, protégé de la reine mère, est chargé par elle de faire entendre les propos de la rigueur chrétienne au jeune roi. Mais le roi a choisi la morale du plaisir. Molière est pour les dévots l'organisateur des fêtes de l'île enchantée, l'un des symboles du mauvais choix du roi. Le curé Roullé le désigne avec une extrême violence comme « un démon vêtu de chair et habillé en homme ». Il n'est pas certain que la pensée de Bossuet était très différente.

La Compagnie du Saint-Sacrement-de-l'Autel

Un groupement exerce une influence considérable depuis un quart de siècle : la Compagnie du Saint-Sacrement-de-l'Autel, qui se recrute dans l'aristocratie de naissance et la bourgeoisie parlementaire. Ses activités sont multiples : organisation des missions étrangères, œuvres de bienfaisance, surveillance des prisons, renfermement des mendiants, secours aux victimes de la guerre, lutte contre les hérétiques, les réformés, police des mœurs aussi : lutte contre le duel, les désordres du carnaval, surveillance même des scandales familiaux.

La Compagnie agit en secret, par voie « excitative »; elle ne se montre jamais; tel de ses membres est chargé des démarches nécessaires. Malgré son secret, son existence est connue par divers éclats : scandale à Bordeaux, à Caen aussi. Le Mémoire produit à cette occasion par un de ses ennemis a révélé beaucoup de choses.

Les gens d'humeur libérale, et non les seuls libertins,

avaient la sensation qu'une secte des « dévots », oppressive, pesait sur la vie publique, bref, qu'il existait un péril clérical. Il faut replacer Le Tartuffe *dans ce contexte. Le faux dévot de Molière a beaucoup des traits que les ennemis de la Compagnie relevaient chez les confrères : c'est un dévot professionnel, « homme d'œuvres », qui centralise et distribue les aumônes aux prisonniers ; il exerce dans la maison d'Orgon une manière de police des mœurs, qui ne recule pas devant la dénonciation. Cela ne l'empêche pas de pratiquer la morale laxiste. Il entend bien arriver à la fortune « par le chemin du Ciel ».*

Qui verrait dans Le Tartuffe *une comédie de caractère s'attaquant à un vice universel, l'hypocrisie, ne saisirait qu'un aspect des choses.* Le Tartuffe *est une pièce qui prend parti ; elle s'explique par un contexte politique précis : la réaction de défense d'une génération jeune, et des esprits libres des autres générations, contre une tentative d'ordre moral menée par une société secrète puritaine.*

Les dates sont significatives : 1664, la Compagnie encore puissante quoique surveillée obtient gain de cause contre Molière. Puis la reine Anne d'Autriche meurt ; la vieille Cour est décapitée, les confrères se sont compromis en admettant Conti, ancien frondeur. Le roi n'est plus disposé à se laisser contraindre. La Compagnie, très surveillée, doit se saborder (1666) ; à Paris au moins : les archives marseillaises et lyonnaises établissent qu'elle était encore active dans ces deux villes en 1702 et 1720. Nous restons sceptiques quant au sabordage de 1666. En tout cas, en 1667, Molière essaie de profiter du climat nouveau. Échec. Il renouvelle la tentative en 1669 : l'animosité du roi contre les dévots est plus vive, son autorité affermie. Le Tartuffe *est autorisé.*

Sources littéraires et clefs du *Tartuffe*

Des sources littéraires nombreuses ont été signalées : l'Ipocrito de l'Arétin, une nouvelle de Scarron, Les Hypocrites, *ont aidé Molière à construire son intrigue et son personnage. Il a lu les* Satires *de Du Lorens ; il connaît la* Macette *de Mathurin Régnier. Sa pièce prend ainsi place dans une tradition littéraire, comme un épanouissement d'une vigueur et d'une ampleur imprévues.*

Au XVIIe siècle, par les contemporains, plus tard par les historiens de Molière, des « clefs » de la pièce, générales ou particulières, ont été proposées. Ainsi Crétenet, chirurgien-barbier de son état, laïque donc, mais qui n'était pas moins directeur de conscience. Autour de lui, à Lyon, où Molière séjournait régulièrement, un scandale avait éclaté : libelles, chansons satiriques l'appelaient gourmand, sensuel, hypocrite, bigot, hérésiarque, ambitieux. On l'accusait de semer la division dans les ménages. « Il priait pour ses persécuteurs et demandait pardon pour eux. »

Surtout de nombreux témoignages désignent l'abbé Roquette. Il avait fait partie de la maison de Conti non sans profit : « Cet abbé a trente mille livres de rente en bénéfices. » Molière l'avait connu auprès de Conti, par qui Roquette était devenu évêque d'Autun. Il est malaisé de ne pas tenir grand compte des opinions de l'abbé Deslions, de l'abbé de Choisy, de Mme de Sévigné même et de Saint-Simon qui voient en lui le prototype de Tartuffe.

Des aventures réelles diverses ont pu aussi avoir leur reflet dans la pièce : celles de l'abbé de Pons, de Charpy de Sainte-Croix.

Il faut se rappeler encore que Molière, chef d'une troupe ambulante, a côtoyé les grands et leurs « domestiques », traité avec les municipalités des villes, les administrateurs des hôpitaux. Il serait bien étonnant qu'il n'ait, en vingt ans d'une vie pareille, rencontré que les trois ou quatre hypocrites désignés par les clefs.

Quoi qu'il en soit, la recherche des clefs, même si elle n'aboutit pas à des certitudes, oblige à prendre contact avec des êtres très représentatifs d'un certain comportement religieux, que Molière était en droit de trouver inquiétant. Elle amène à constater que la pièce est fondée dans la réalité contemporaine, tributaire d'un certain climat.

*

La simplicité de l'intrigue n'exclut pas la complexité des résonances. Le Tartuffe *ne peut pas se comprendre sans que l'on fasse converger bien des explications diverses : historiques, littéraires, théâtrales aussi sur quoi nous ne pouvons nous étendre. Ses attaches les plus éclairantes, même si elles ne sont pas les plus immédiatement visibles, sont avec le climat religieux et politique contemporain.* Le Tartuffe *est la prise de conscience du mal le plus pernicieux, aux yeux de Molière, dont souffrait la société de son temps : œuvre remarquable de robustesse, de lucidité et de courage.*

La présente édition a été établie à partir de celle des *Œuvres complètes* de Molière parue en deux volumes dans la « Bibliothèque de la Pléiade » aux Éditions Gallimard en 1971.

PRÉFACE[1]

Voici une comédie dont on a fait beaucoup de bruit, qui a été longtemps persécutée ; et les gens qu'elle joue ont bien fait voir qu'ils étaient plus puissants en France que tous ceux que j'ai joués jusques ici. Les marquis, les précieuses, les cocus et les médecins ont souffert doucement qu'on les ait représentés, et ils ont fait semblant de se divertir, avec tout le monde, des peintures que l'on a faites d'eux ; mais les hypocrites n'ont point entendu raillerie ; ils se sont effarouchés d'abord, et ont trouvé étrange que j'eusse la hardiesse de jouer leurs grimaces et de vouloir décrier un métier dont tant d'honnêtes gens se mêlent. C'est un crime qu'ils ne sauraient me pardonner ; et ils se sont tous armés contre ma comédie avec une fureur épouvantable. Ils n'ont eu garde de l'attaquer par le côté qui les a blessés : ils sont trop politiques pour cela, et savent trop bien vivre pour découvrir le fond de leur âme. Suivant leur louable coutume, ils ont couvert leurs intérêts de la cause de Dieu ; et *Le Tartuffe*, dans leur bouche, est une pièce qui offense la piété. Elle est, d'un bout à l'autre, pleine d'abominations, et l'on n'y trouve rien qui ne mérite le feu. Toutes les syllabes en sont impies ; les gestes même y sont criminels ; et le moindre coup d'œil, le moindre branlement de tête, le moindre pas à droite ou à gauche y cache des mystères qu'ils trouvent moyen d'expliquer à mon désavantage. J'ai eu beau la soumettre aux lumières de mes amis, et à la censure de tout le monde, les corrections que j'y ai pu faire, le jugement du roi et de la reine, qui l'ont vue[1], l'approbation des grands princes[2] et de messieurs les ministres, qui l'ont honorée publiquement de leur présence, le témoignage des gens de bien, qui l'ont trouvée profitable, tout cela n'a de rien servi. Ils n'en veulent point démordre ; et, tous les jours encore, ils font crier en public des zélés indiscrets, qui me disent des injures pieusement, et me damnent par charité.

Je me soucierais fort peu de tout ce qu'ils peuvent dire, n'était l'artifice qu'ils ont de me faire des ennemis que je respecte, et de jeter dans leur parti de véritables gens de bien, dont ils préviennent la bonne foi, et qui, par la chaleur qu'ils ont pour les intérêts du ciel, sont faciles à recevoir les impressions qu'on veut leur donner. Voilà ce qui m'oblige à me défendre. C'est aux vrais dévots que je veux partout me justifier sur la conduite de ma comédie ; et je les conjure, de tout mon cœur, de ne point condamner les choses avant que de les voir, de se défaire de toute prévention, et de ne point servir la passion de ceux dont les grimaces les déshonorent.

Si l'on prend la peine d'examiner de bonne foi ma comédie, on verra sans doute que mes intentions y sont partout innocentes, et qu'elle ne tend nullement à jouer les choses que l'on doit révérer ; que je l'ai traitée avec toutes les précautions que me demandait la délicatesse de la matière et que j'ai mis tout l'art et tous les soins qu'il m'a été possible pour bien distinguer le personnage de l'hypocrite d'avec celui du vrai dévot. J'ai employé pour cela deux actes entiers à préparer la venue de mon scélérat. Il ne tient pas un seul moment l'auditeur en balance ; on le connaît d'abord aux marques que je lui donne ; et, d'un bout à l'autre, il ne dit pas un mot, il ne fait pas une action, qui ne peigne aux spectateurs le caractère d'un méchant homme, et ne fasse éclater celui du véritable homme de bien que je lui oppose.

Je sais bien que, pour réponse, ces messieurs tâchent d'insinuer que ce n'est point au théâtre à parler de ces matières ; mais je leur demande, avec leur permission, sur quoi ils fondent cette belle maxime. C'est une proposition qu'ils ne font que supposer, et qu'ils ne prouvent en aucune façon ; et, sans doute, il ne serait pas difficile de leur faire voir que la comédie, chez les anciens, a pris son origine de la religion, et faisait partie de leurs mystères ; que les Espagnols, nos voisins, ne célèbrent guère de fête où la comédie ne soit mêlée, et que même, parmi nous, elle doit sa naissance aux soins d'une confrérie à qui appartient encore aujourd'hui l'Hôtel de Bourgogne, que c'est un lieu qui fut donné pour y représenter les plus importants mystères de notre foi ; qu'on en voit encore des comédies imprimées en lettres gothiques, sous le nom d'un docteur de Sorbonne et, sans aller chercher si loin, que l'on a joué, de notre temps, des pièces saintes de M. de Corneille, qui ont été l'admiration de toute la France.

Si l'emploi de la comédie est de corriger les vices des hommes, je ne vois pas par quelle raison il y en aura de privilégiés. Celui-ci est, dans l'État, d'une conséquence bien plus dangereuse que tous les autres ; et nous avons vu que le théâtre a une grande vertu pour la correction. Les plus beaux traits d'une sérieuse morale sont moins puissants, le plus souvent, que ceux de la satire ; et rien ne reprend mieux la plupart des hommes que la peinture de leurs défauts. C'est une grande atteinte aux vices que de les exposer à la risée de tout le monde. On souffre aisément des répréhensions ; mais on ne souffre point la raillerie. On veut bien être méchant, mais on ne veut point être ridicule.

On me reproche d'avoir mis des termes de piété dans la bouche de mon Imposteur. Et pouvais-je m'en empêcher, pour bien représenter le caractère d'un hypocrite ? Il suffit, ce me semble, que je fasse connaître les motifs criminels qui lui font dire les choses, et que j'en aie retranché les termes consacrés, dont on aurait eu peine à lui entendre faire un mauvais usage. Mais il débite au quatrième acte une morale pernicieuse. Mais cette morale est-elle quelque chose dont tout le monde n'eût les oreilles rebattues[1] ? Dit-elle rien de nouveau dans ma comédie? Et peut-on craindre que des choses si généralement détestées fassent quelque impression dans les esprits; que je les rende dangereuses en les faisant monter sur le théâtre; qu'elles reçoivent quelque autorité de la bouche d'un scélérat? Il n'y a nulle apparence à cela; et l'on doit approuver la comédie du *Tartuffe*, ou condamner généralement toutes les comédies.

C'est à quoi l'on s'attache furieusement depuis un temps, et jamais on ne s'était si fort déchaîné contre le théâtre [1]. Je ne puis pas nier qu'il n'y ait eu des Pères de l'Église qui ont condamné la comédie; mais on ne peut pas me nier aussi qu'il n'y en ait eu quelques-uns qui l'ont traitée un peu plus doucement. Ainsi l'autorité dont on prétend appuyer la censure est détruite par ce partage; et toute la conséquence qu'on peut tirer de cette diversité d'opinions en des esprits éclairés des mêmes lumières, c'est qu'ils ont pris la comédie différemment, et que les uns l'ont considérée dans sa pureté, lorsque les autres l'ont regardée dans sa corruption, et confondue avec tous ces vilains spectacles qu'on a eu raison de nommer des spectacles de turpitude.

Et, en effet, puisqu'on doit discourir des choses et non pas des mots, et que la plupart des contrariétés viennent de ne se pas entendre et d'envelopper dans un même mot des choses opposées, il ne faut qu'ôter le voile de l'équivoque, et regarder ce qu'est la comédie en soi, pour voir si elle est condamnable. On connaîtra sans doute que, n'étant autre chose qu'un poème ingénieux, qui, par des leçons agréables, reprend les défauts des hommes, on ne saurait la censurer sans injustice; et, si nous voulons ouïr là-dessus le témoignage de l'antiquité, elle nous dira que ses plus célèbres philosophes ont donné des louanges à la comédie, eux qui faisaient profession d'une sagesse si austère, et qui criaient sans cesse après les vices de leur siècle; elle nous fera voir qu'Aristote a consacré des veilles au théâtre, et s'est donné le soin de réduire en préceptes l'art de faire des comédies; elle nous apprendra que de ses plus grands hommes, et des premiers en dignité, ont fait gloire d'en composer eux-mêmes, qu'il y en a eu d'autres qui n'ont pas dédaigné de réciter en public celles qu'ils avaient composées, que la Grèce a fait pour cet art éclater son estime par les prix glorieux et par les superbes théâtres dont elle a voulu l'honorer, et que, dans Rome enfin, ce même art a reçu aussi des honneurs extraordinaires : je ne dis pas dans Rome débauchée, et sous la licence des empereurs, mais dans Rome disciplinée, sous la sagesse des consuls, et dans le temps de la vigueur de la vertu romaine.

J'avoue qu'il y a eu des temps où la comédie s'est corrompue. Et qu'est-ce que dans le monde on ne corrompt point tous les jours ? Il n'y a chose si innocente où les hommes ne puissent porter du crime, point d'art si salutaire dont ils ne soient capables de renverser les intentions, rien de si bon en soi qu'ils ne puissent tourner à de mauvais usages. La médecine est un art profitable, et chacun la révère comme une des plus excellentes choses que nous ayons ; et cependant il y a eu des temps où elle s'est rendue odieuse, et souvent on en a fait un art d'empoisonner les hommes. La philosophie est un présent du Ciel ; elle nous a été donnée pour porter nos esprits à la connaissance d'un Dieu par la contemplation des merveilles de la nature ; et pourtant on n'ignore pas que souvent on l'a détournée de son emploi, et qu'on l'a occupée publiquement à soutenir l'impiété. Les choses même les plus saintes ne sont point à couvert de la corruption des hommes ; et nous voyons des scélérats qui, tous les jours, abusent de la piété, et la font servir méchamment aux crimes les plus grands. Mais on ne laisse pas pour cela de faire les distinctions qu'il est besoin de faire. On n'enveloppe point dans une fausse conséquence la bonté des choses que l'on corrompt, avec la malice des corrupteurs. On sépare toujours le mauvais usage d'avec l'intention de l'art ; et comme on ne s'avise point de défendre la médecine pour avoir été bannie de Rome, ni la philosophie pour avoir été condamnée publiquement dans Athènes, on ne doit point aussi vouloir interdire la comédie pour avoir été censurée en de certains temps. Cette censure a eu ses raisons, qui ne subsistent point ici. Elle s'est renfermée dans ce qu'elle a pu voir ; et nous ne devons point la tirer des bornes qu'elle s'est données, l'étendre plus loin qu'il ne faut, et lui faire embrasser l'innocent avec le coupable. La comédie qu'elle a eu dessein d'attaquer n'est point du tout la comédie que nous voulons défendre. Il se faut bien garder de confondre celle-là avec celle-ci. Ce sont deux personnes de qui les mœurs sont tout à fait opposées. Elles n'ont aucun rapport l'une avec l'autre que la ressemblance du nom ; et ce serait une injustice épouvantable que de vouloir condamner Olympe, qui est femme de bien, parce qu'il y a eu une Olympe qui a été une débauchée. De semblables arrêts, sans doute, feraient un grand désordre dans le monde. Il n'y aurait rien par-là qui ne fût condamné ; et, puisque l'on ne garde point cette rigueur à tant de choses dont on abuse tous les jours, on doit bien faire la même grâce à la comédie, et approuver les pièces de théâtre où l'on verra régner l'instruction et l'honnêteté.

Je sais qu'il y a des esprits dont la délicatesse ne peut souffrir aucune comédie, qui disent que les plus honnêtes sont les plus dangereuses ; que les passions que l'on y dépeint sont d'autant plus touchantes qu'elles sont pleines de vertu, et que les âmes sont attendries par ces sortes de représentations. Je ne vois pas quel grand crime c'est que de s'attendrir à la vue d'une passion honnête ; et c'est un haut étage de vertu que cette pleine insensibilité où ils veulent faire monter notre âme. Je doute qu'une si grande perfection soit dans les forces de la nature humaine ; et je ne sais s'il n'est pas mieux de travailler à rectifier et adoucir les passions des hommes, que de vouloir les retrancher entièrement. J'avoue qu'il y a des lieux qu'il vaut mieux fréquenter que le théâtre ; et, si l'on veut blâmer toutes les choses qui ne regardent pas directement Dieu et notre salut, il est certain que la comédie en doit être, et je ne trouve point mauvais qu'elle soit condamnée avec le reste.

Mais, supposé, comme il est vrai, que les exercices de la piété souffrent des intervalles et que les hommes aient besoin de divertissement, je soutiens qu'on ne leur en peut trouver un qui soit plus innocent que la comédie. Je me suis étendu trop loin. Finissons par un mot d'un grand prince[1] sur la comédie du *Tartuffe*.

Huit jours après qu'elle eut été défendue, on représenta devant la Cour une pièce intitulée *Scaramouche ermite* ; et le roi, en sortant, dit au grand prince que je veux dire : « Je voudrais bien savoir pourquoi les gens qui se scandalisent si fort de la comédie de Molière ne disent mot de celle de *Scaramouche* » ; à quoi le prince répondit : « La raison de cela, c'est que la comédie de *Scaramouche* joue le ciel et la religion, dont ces messieurs-là ne se soucient point ; mais celle de Molière les joue eux-mêmes ; c'est ce qu'ils ne peuvent souffrir. »

LE LIBRAIRE AU LECTEUR

*Comme les moindres choses qui partent de la plume de
M. de Molière ont des beautés que les plus délicats ne se
peuvent lasser d'admirer, j'ai cru ne devoir pas négliger
l'occasion de vous faire part de ces placets, et qu'il était à
propos de les joindre au Tartuffe, puisque partout il y est
parlé de cette incomparable pièce.*

PLACETS AU ROI

PREMIER PLACET[1] PRÉSENTÉ AU ROI

SUR LA COMÉDIE DU « TARTUFFE »

Sire,

Le devoir de la comédie étant de corriger les hommes en
les divertissant, j'ai cru que, dans l'emploi où je me trouve,
je n'avais rien de mieux à faire que d'attaquer par des
peintures ridicules les vices de mon siècle ; et, comme
l'hypocrisie, sans doute, en est un des plus en usage, des
plus incommodes et des plus dangereux, j'avais eu, Sire, la
pensée que je ne rendrais pas un petit service à tous les
honnêtes gens de votre royaume, si je faisais une comédie
qui décriât les hypocrites, et mît en vue, comme il faut,

toutes les grimaces étudiées de ces gens de bien à outrance, toutes les friponneries couvertes de ces faux-monnayeurs en dévotion, qui veulent attraper les hommes avec un zèle contrefait et une charité sophistique.

Je l'ai faite, Sire, cette comédie, avec tout le soin, comme je crois, et toutes les circonspections que pouvait demander la délicatesse de la matière ; et, pour mieux conserver l'estime et le respect qu'on doit aux vrais dévots, j'en ai distingué le plus que j'ai pu le caractère que j'avais à toucher. Je n'ai point laissé d'équivoque, j'ai ôté ce qui pouvait confondre le bien avec le mal, et ne me suis servi dans cette peinture que des couleurs expresses et des traits essentiels qui font reconnaître d'abord un véritable et franc hypocrite.

Cependant toutes mes précautions ont été inutiles. On a profité, Sire, de la délicatesse de votre âme sur les matières de religion, et l'on a su vous prendre par l'endroit seul que vous êtes prenable, je veux dire par le respect des choses saintes. Les tartuffes, sous main, ont eu l'adresse de trouver grâce auprès de Votre Majesté ; et les originaux enfin ont fait supprimer la copie, quelque innocente qu'elle fût, et quelque ressemblante qu'on la trouvât.

Bien que ce m'ait été un coup sensible que la suppression de cet ouvrage, mon malheur, pourtant, était adouci par la manière dont Votre Majesté s'était expliquée sur ce sujet ; et j'ai cru, Sire, qu'elle m'ôtait tout lieu de me plaindre, ayant eu la bonté de déclarer qu'elle ne trouvait rien à dire dans cette comédie qu'elle me défendait de produire en public.

Mais, malgré cette glorieuse déclaration du plus grand roi du monde et du plus éclairé, malgré l'approbation encore de M. le légat, et de la plus grande partie de nos prélats, qui tous, dans les lectures particulières que je leur ai faites de mon ouvrage, se sont trouvés d'accord avec les sentiments de Votre Majesté ; malgré tout cela, dis-je, on voit un livre composé par le curé de..., qui donne haute-ment un démenti à tous ces augustes témoignages. Votre

Majesté a beau dire, et M. le légat et MM. les prélats ont beau donner leur jugement, ma comédie, sans l'avoir vue, est diabolique, et diabolique mon cerveau ; je suis un démon vêtu de chair et habillé en homme, un libertin, un impie digne d'un supplice exemplaire. Ce n'est pas assez que le feu expie en public mon offense, j'en serais quitte à trop bon marché ; le zèle charitable de ce galant homme de bien n'a garde de demeurer là : il ne veut point que j'aie de miséricorde auprès de Dieu, il veut absolument que je sois damné, c'est une affaire résolue.

Ce livre, Sire, a été présenté à Votre Majesté ; et, sans doute, elle juge bien elle-même combien il m'est fâcheux de me voir exposé tous les jours aux insultes de ces messieurs ; quel tort me feront dans le monde de telles calomnies, s'il faut qu'elles soient tolérées ; et quel intérêt j'ai enfin à me purger de son imposture, et à faire voir au public que ma comédie n'est rien moins que ce qu'on veut qu'elle soit. Je ne dirai point, Sire, ce que j'avais à demander pour ma réputation, et pour justifier à tout le monde l'innocence de mon ouvrage : les rois éclairés comme vous n'ont pas besoin qu'on leur marque ce qu'on souhaite ; ils voient, comme Dieu, ce qu'il nous faut, et savent mieux que nous ce qu'ils nous doivent accorder. Il me suffit de mettre mes intérêts entre les mains de Votre Majesté, et j'attends d'elle, avec respect, tout ce qu'il lui plaira d'ordonner là-dessus.

SECOND PLACET PRÉSENTÉ AU ROI

DANS SON CAMP
DEVANT LA VILLE DE LILLE EN FLANDRE[1]

Sire,

C'est une chose bien téméraire à moi que de venir importuner un grand monarque au milieu de ses glorieuses conquêtes ; mais, dans l'état où je me vois, où trouver,

Sire, une protection qu'au lieu où je la viens chercher ? et qui puis-je solliciter, contre l'autorité de la puissance qui m'accable, que la source de la puissance et de l'autorité, que le juste dispensateur des ordres absolus, que le souverain juge et le maître de toutes choses ?

Ma comédie, Sire, n'a pu jouir ici des bontés de Votre Majesté. En vain je l'ai produite sous le titre de *L'Imposteur*, et déguisé le personnage sous l'ajustement d'un homme du monde[1] ; j'ai eu beau lui donner un petit chapeau, de grands cheveux, un grand collet, une épée, et des dentelles sur tout l'habit, mettre en plusieurs endroits des adoucissements, et retrancher avec soin tout ce que j'ai jugé capable de fournir l'ombre d'un prétexte aux célèbres originaux du portrait que je voulais faire : tout cela n'a de rien servi. La cabale[2] s'est réveillée aux simples conjectures qu'ils ont pu avoir de la chose. Ils ont trouvé moyen de surprendre des esprits qui, dans toute autre matière, font une haute profession de ne se point laisser surprendre. Ma comédie n'a pas plus tôt paru, qu'elle s'est vue foudroyée par le coup d'un pouvoir qui doit imposer du respect ; et tout ce que j'ai pu faire en cette rencontre pour me sauver moi-même de l'éclat de cette tempête, c'est de dire que Votre Majesté avait eu la bonté de m'en permettre la représentation, et que je n'avais pas cru qu'il fût besoin de demander cette permission à d'autres, puisqu'il n'y avait qu'elle seule qui me l'eût défendue.

Je ne doute point, Sire, que les gens que je peins dans ma comédie ne remuent bien des ressorts auprès de Votre Majesté, et ne jettent dans leur parti, comme ils l'ont déjà fait, de véritables gens de bien, qui sont d'autant plus prompts à se laisser tromper qu'ils jugent d'autrui par eux-mêmes. Ils ont l'art de donner de belles couleurs à toutes leurs intentions. Quelque mine qu'ils fassent, ce n'est point du tout l'intérêt de Dieu qui les peut émouvoir ; ils l'ont assez montré dans les comédies qu'ils ont souffert qu'on ait jouées tant de fois en public, sans en dire le moindre mot. Celles-là n'attaquaient que la piété et la religion, dont ils se soucient fort peu ; mais celle-ci les attaque et les joue eux-mêmes, et c'est ce qu'ils ne peuvent souffrir. Ils ne sauraient me pardonner de dévoiler leurs impostures aux yeux de tout le monde ; et, sans doute, on ne manquera pas de dire à Votre Majesté que chacun s'est scandalisé de ma comédie. Mais la vérité pure, Sire, c'est que tout Paris ne s'est scandalisé que de la défense qu'on en a faite, que les plus scrupuleux en ont trouvé la représentation profitable, et qu'on s'est étonné que des personnes d'une probité si connue aient eu une si grande déférence pour des gens qui devraient être l'horreur de tout le monde et sont si opposés à la véritable piété dont elles font profession.

J'attends avec respect l'arrêt que Votre Majesté daignera prononcer sur cette matière ; mais il est très assuré, Sire, qu'il ne faut plus que je songe à faire des comédies, si les tartuffes ont l'avantage, qu'ils prendront droit par-là de me persécuter plus que jamais, et voudront trouver à redire aux choses les plus innocentes qui pourront sortir de ma plume.

Daignent vos bontés, Sire, me donner une protection contre leur rage envenimée ; et puissé-je, au retour d'une campagne si glorieuse, délasser Votre Majesté des fatigues de ses conquêtes, lui donner d'innocents plaisirs après de si nobles travaux, et faire rire le monarque qui fait trembler toute l'Europe !

TROISIÈME PLACET[1] PRÉSENTÉ AU ROI

Sire,

Un fort honnête médecin[2], dont j'ai l'honneur d'être le malade, me promet et veut s'obliger par-devant notaires de me faire vivre encore trente années, si je puis lui obtenir une grâce de Votre Majesté. Je lui ai dit, sur sa promesse, que je ne lui demandais pas tant, et que je serais satisfait de lui pourvu qu'il s'obligeât de ne me point tuer. Cette grâce,

Sire, est un canonicat de votre chapelle royale de Vin-
cennes, vacant par la mort de…

Oserais-je demander encore cette grâce à Votre Majesté
le propre jour de la grande résurrection de *Tartuffe,*
ressuscité par vos bontés ? Je suis, par cette première
faveur, réconcilié avec les dévots ; et je le serais, par cette
seconde, avec les médecins. C'est pour moi, sans doute,
trop de grâce à la fois ; mais peut-être n'en est-ce pas trop
pour Votre Majesté ; et j'attends, avec un peu d'espérance
respectueuse, la réponse de mon placet.

L'IMPOSTEUR

Comédie

ACTEURS[1]

MADAME PERNELLE, *mère d'Orgon.*
ORGON, *mari d'Elmire.*
ELMIRE, *femme d'Orgon.*
DAMIS, *fils d'Orgon.*
MARIANE, *fille d'Orgon et amante de Valère.*
VALÈRE, *amant de Mariane.*
CLÉANTE, *beau-frère d'Orgon.*
TARTUFFE, *faux dévot.*
DORINE, *suivante de Mariane.*
MONSIEUR LOYAL, *sergent.*
UN EXEMPT.
FLIPOTE, *servante de Madame Pernelle.*

La scène est à Paris.

ACTE PREMIER

SCÈNE PREMIÈRE

MADAME PERNELLE ET FLIPOTE *sa servante,*
ELMIRE, MARIANE, DORINE, DAMIS, CLÉANTE

MADAME PERNELLE

Allons, Flipote, allons, que d'eux je me délivre.

ELMIRE

Vous marchez d'un tel pas qu'on a peine à vous suivre.

MADAME PERNELLE

Laissez, ma bru, laissez, ne venez pas plus loin :
Ce sont toutes façons dont je n'ai pas besoin.

ELMIRE

5 De ce que l'on vous doit envers vous on s'acquitte.
Mais, ma mère, d'où vient que vous sortez si vite ?

MADAME PERNELLE

C'est que je ne puis voir tout ce ménage-ci,
Et que de me complaire on ne prend nul souci.
Oui, je sors de chez vous fort mal édifiée :
10 Dans toutes mes leçons j'y suis contrariée,
On n'y respecte rien, chacun y parle haut,
Et c'est tout justement la cour du roi Pétaut[1].

DORINE

Si.

MADAME PERNELLE

Vous êtes, mamie, une fille suivante
Un peu trop forte en gueule, et fort impertinente :
15 Vous vous mêlez sur tout de dire votre avis.

DAMIS

Mais...

MADAME PERNELLE

Vous êtes un sot en trois lettres, mon fils ;
C'est moi qui vous le dis, qui suis votre grand-mère ;
Et j'ai prédit cent fois à mon fils, votre père,
Que vous preniez tout l'air d'un méchant garnement,
20 Et ne lui donneriez jamais que du tourment.

MARIANE

Je crois...

MADAME PERNELLE

Mon Dieu, sa sœur, vous faites la discrète,
Et vous n'y touchez pas, tant vous semblez doucette ;
Mais il n'est, comme on dit, pire eau que l'eau qui dort,
Et vous menez sous chape un train que je hais fort.

ELMIRE

Mais, ma mère...

MADAME PERNELLE

25 Ma bru, qu'il ne vous en déplaise,
Votre conduite en tout est tout à fait mauvaise ;
Vous devriez leur mettre un bon exemple aux yeux,
Et leur défunte mère en usait beaucoup mieux.
Vous êtes dépensière ; et cet état me blesse,

30 Que vous alliez vêtue ainsi qu'une princesse.
Quiconque à son mari veut plaire seulement,
Ma bru, n'a pas besoin de tant d'ajustement.

CLÉANTE

Mais, Madame, après tout…

MADAME PERNELLE

            Pour vous, Monsieur son frère,
Je vous estime fort, vous aime, et vous révère ;
35 Mais enfin, si j'étais de mon fils, son époux,
Je vous prierais bien fort de n'entrer point chez nous.
Sans cesse vous prêchez des maximes de vivre
Qui par d'honnêtes gens ne se doivent point suivre.
Je vous parle un peu franc ; mais c'est là mon humeur,
40 Et je ne mâche point ce que j'ai sur le cœur.

DAMIS

Votre Monsieur Tartuffe est bienheureux sans doute…

MADAME PERNELLE

C'est un homme de bien, qu'il faut que l'on écoute ;
Et je ne puis souffrir sans me mettre en courroux
De le voir querellé par un fou comme vous.

DAMIS

45 Quoi ? je souffrirai, moi, qu'un cagot de critique
Vienne usurper céans un pouvoir tyrannique,
Et que nous ne puissions à rien nous divertir,
Si ce beau monsieur-là n'y daigne consentir ?

DORINE

S'il le faut écouter et croire à ses maximes,
50 On ne peut faire rien qu'on ne fasse des **crimes** [1] ;
Car il contrôle tout, ce critique zélé.

MADAME PERNELLE

Et tout ce qu'il contrôle est fort bien contrôlé.
C'est au chemin du Ciel qu'il prétend vous conduire,
Et mon fils à l'aimer vous devrait tous induire.

DAMIS

55 Non, voyez-vous, ma mère, il n'est père ni rien
Qui me puisse obliger à lui vouloir du bien :
Je trahirais mon cœur de parler d'autre sorte ;
Sur ses façons de faire à tous coups je m'emporte ;
J'en prévois une suite, et qu'avec ce pied plat
60 Il faudra que j'en vienne à quelque grand éclat.

DORINE

Certes, c'est une chose aussi qui scandalise,
De voir qu'un inconnu céans s'impatronise,
Qu'un gueux qui, quand il vint, n'avait pas de souliers
Et dont l'habit entier valait bien six deniers,
65 En vienne jusque-là que de se méconnaître,
De contrarier tout, et de faire le maître.

MADAME PERNELLE

Hé ! merci de ma vie ? il en irait bien mieux,
Si tout se gouvernait par ses ordres pieux.

DORINE

Il passe pour un saint dans votre fantaisie :
70 Tout son fait, croyez-moi, n'est rien qu'hypocrisie.

MADAME PERNELLE

Voyez la langue !

DORINE

                    A lui, non plus qu'à son Laurent,
Je ne me fierais, moi, que sur un bon garant.

MADAME PERNELLE

J'ignore ce qu'au fond le serviteur peut être,
Mais pour homme de bien, je garantis le maître.
75 Vous ne lui voulez mal et ne le rebutez
Qu'à cause qu'il vous dit à tous vos vérités.
C'est contre le péché que son cœur se courrouce,
Et l'intérêt du Ciel[1] est tout ce qui le pousse.

DORINE

Oui ; mais pourquoi, surtout depuis un certain temps,
80 Ne saurait-il souffrir qu'aucun hante céans ?
En quoi blesse le Ciel une visite honnête,
Pour en faire un vacarme à nous rompre la tête ?
Veut-on que là-dessus je m'explique entre nous ?
Je crois que de Madame il est, ma foi, jaloux.

MADAME PERNELLE

85 Taisez-vous, et songez aux choses que vous dites.
Ce n'est pas lui tout seul qui blâme ces visites.
Tout ce tracas qui suit les gens que vous hantez,
Ces carrosses sans cesse à la porte plantés,
Et de tant de laquais le bruyant assemblage
90 Font un éclat fâcheux dans tout le voisinage.
Je veux croire qu'au fond il ne se passe rien ;
Mais enfin on en parle, et cela n'est pas bien.

CLÉANTE

Hé ! voulez-vous, Madame, empêcher qu'on ne cause ?
Ce serait dans la vie une fâcheuse chose,
95 Si pour les sots discours où l'on peut être mis,
Il fallait renoncer à ses meilleurs amis.
Et quand même on pourrait se résoudre à le faire,
Croiriez-vous obliger tout le monde à se taire ?
Contre la médisance il n'est point de rempart.
100 A tous les sots caquets n'ayons donc nul égard ;
Efforçons-nous de vivre avec toute innocence,
Et laissons aux causeurs une pleine licence.

DORINE

Daphné, notre voisine, et son petit époux
Ne seraient-ils point ceux qui parlent mal de nous?
105 Ceux de qui la conduite offre le plus à rire
Sont toujours sur autrui les premiers à médire;
Ils ne manquent jamais de saisir promptement
L'apparente lueur du moindre attachement,
D'en semer la nouvelle avec beaucoup de joie,
110 Et d'y donner le tour qu'ils veulent qu'on y croie:
Des actions d'autrui, teintes de leurs couleurs,
Ils pensent dans le monde autoriser les leurs,
Et sous le faux espoir de quelque ressemblance,
Aux intrigues qu'ils ont donner de l'innocence,
115 Ou faire ailleurs tomber quelques traits partagés
De ce blâme public dont ils sont trop chargés.

MADAME PERNELLE

Tous ces raisonnements ne font rien à l'affaire.
On sait qu'Orante mène une vie exemplaire:
Tous ses soins vont au Ciel; et j'ai su par des gens
120 Qu'elle condamne fort le train qui vient céans.

DORINE

L'exemple est admirable, et cette dame est bonne!
Il est vrai qu'elle vit en austère personne;
Mais l'âge dans son âme a mis ce zèle ardent,
Et l'on sait qu'elle est prude à son corps défendant.
125 Tant qu'elle a pu des cœurs attirer les hommages,
Elle a fort bien joui de tous ses avantages;
Mais, voyant de ses yeux tous les brillants baisser,
Au monde, qui la quitte, elle veut renoncer,
Et du voile pompeux d'une haute sagesse
130 De ses attraits usés déguiser la faiblesse.
Ce sont là les retours des coquettes du temps.
Il leur est dur de voir déserter les galants.
Dans un tel abandon, leur sombre inquiétude
Ne voit d'autre recours que le métier de prude;

135 Et la sévérité de ces femmes de bien
　　　Censure toute chose, et ne pardonne à rien ;
　　　Hautement d'un chacun elles blâment la vie,
　　　Non point par charité, mais par un trait d'envie,
　　　Qui ne saurait souffrir qu'une autre ait les plaisirs
140 Dont le penchant de l'âge a sevré leurs désirs.

MADAME PERNELLE

　　　Voilà les contes bleus[1] qu'il vous faut pour vous plaire
　　　Ma bru, l'on est chez vous contrainte de se taire,
　　　Car Madame à jaser tient le dé tout le jour.
　　　Mais enfin je prétends discourir à mon tour :
145 Je vous dis que mon fils n'a rien fait de plus sage
　　　Qu'en recueillant chez soi ce dévot personnage ;
　　　Que le Ciel au besoin l'a céans envoyé
　　　Pour redresser à tous votre esprit fourvoyé ;
　　　Que pour votre salut vous le devez entendre,
150 Et qu'il ne reprend rien qui ne soit à reprendre.
　　　Ces visites, ces bals, ces conversations
　　　Sont du malin esprit toutes inventions.
　　　Là jamais on n'entend de pieuses paroles :
　　　Ce sont propos oisifs, chansons et fariboles ;
155 Bien souvent le prochain en a sa bonne part,
　　　Et l'on y sait médire et du tiers et du quart.
　　　Enfin les gens sensés ont leurs têtes troublées
　　　De la confusion de telles assemblées :
　　　Mille caquets divers s'y font en moins de rien ;
160 Et comme l'autre jour un docteur dit fort bien,
　　　C'est véritablement la tour de Babylone,
　　　Car chacun y babille, et tout du long de l'aune[2] ;
　　　Et pour conter l'histoire où ce point l'engagea...
　　　Voilà-t-il pas Monsieur qui ricane déjà !
165 Allez chercher vos fous qui vous donnent à rire,
　　　Et sans... Adieu, ma bru : je ne veux plus rien dire.
　　　Sachez que pour céans j'en rabats de moitié[3],
　　　Et qu'il fera beau temps quand j'y mettrai le pied.

Donnant un soufflet à Flipote.

Allons, vous, vous rêvez, et bayez aux corneilles.
170 Jour de Dieu ! je saurai vous frotter les oreilles.
Marchons, gaupe[1], marchons.

SCÈNE II

CLÉANTE, DORINE

CLÉANTE

Je n'y veux point aller,
De peur qu'elle ne vînt encor me quereller,
Que cette bonne femme...[2].

DORINE

Ah ! certes, c'est dommage
Qu'elle ne vous ouït tenir un tel langage :
175 Elle vous dirait bien qu'elle vous trouve bon,
Et qu'elle n'est point d'âge à lui donner ce nom.

CLÉANTE

Comme elle s'est pour rien contre nous échauffée !
Et que de son Tartuffe elle paraît coiffée !

DORINE

Oh ! vraiment tout cela n'est rien au prix du fils,
180 Et si vous l'aviez vu, vous diriez : « C'est bien pis ! »
Nos troubles l'avaient mis sur le pied d'homme sage[3],
Et pour servir son prince il montra du courage ;
Mais il est devenu comme un homme hébété,
Depuis que de Tartuffe on le voit entêté ;
185 Il l'appelle son frère, et l'aime dans son âme
Cent fois plus qu'il ne fait mère, fils, fille, et femme.
C'est de tous ses secrets l'unique confident,
Et de ses actions le directeur prudent[4] ;
Il le choie, il l'embrasse, et pour une maîtresse

190 On ne saurait, je pense, avoir plus de tendresse ;
     A table, au plus haut bout il veut qu'il soit assis ;
     Avec joie il l'y voit manger autant que six ;
     Les bons morceaux de tout, il fait qu'on les lui cède ;
     Et s'il vient à roter, il lui dit : « Dieu vous aide[1] ! »

                               C'est une servante qui parle.

195 Enfin il en est fou ; c'est son tout, son héros ;
     Il l'admire à tous coups, le cite à tout propos ;
     Ses moindres actions lui semblent des miracles,
     Et tous les mots qu'il dit sont pour lui des oracles.
     Lui, qui connaît sa dupe et qui veut en jouir,
200 Par cent dehors fardés a l'art de l'éblouir[2] ;
     Son cagotisme[3] en tire à toute heure des sommes,
     Et prend droit de gloser sur tous tant que nous sommes.
     Il n'est pas jusqu'au fat qui lui sert de garçon
     Qui ne se mêle aussi de nous faire leçon ;
205 Il vient nous sermonner avec des yeux farouches,
     Et jeter nos rubans, notre rouge et nos mouches.
     Le traître, l'autre jour, nous rompit de ses mains
     Un mouchoir qu'il trouva dans une *Fleur des Saints*[4],
     Disant que nous mêlions, par un crime effroyable,
210 Avec la sainteté les parures du diable.

SCÈNE III

ELMIRE, MARIANE, DAMIS
CLÉANTE, DORINE

ELMIRE

Vous êtes bienheureux de n'être point venu
Au discours qu'à la porte elle nous a tenu.
Mais j'ai vu mon mari ! comme il ne m'a point vue,
Je veux aller là-haut attendre sa venue.

CLÉANTE

215 Moi, je l'attends ici pour moins d'amusement[1].
Et je vais lui donner le bonjour seulement.

DAMIS

De l'hymen de ma sœur touchez-lui quelque chose.
J'ai soupçon que Tartuffe à son effet s'oppose,
Qu'il oblige mon père à des détours si grands ;
220 Et vous n'ignorez pas quel intérêt j'y prends.
Si même ardeur enflamme et ma sœur et Valère,
La sœur de cet ami, vous le savez, m'est chère ;
Et s'il fallait...

DORINE

Il entre.

SCÈNE IV

ORGON, CLÉANTE, DORINE

ORGON

Ah ! mon frère, bonjour.

CLÉANTE

Je sortais, et j'ai joie à vous voir de retour.
225 La campagne à présent n'est pas beaucoup fleurie.

ORGON

Dorine... Mon beau-frère, attendez, je vous prie :
Vous voulez bien souffrir, pour m'ôter de souci,
Que je m'informe un peu des nouvelles d'ici.
Tout s'est-il, ces deux jours, passé de bonne sorte ?
230 Qu'est-ce qu'on fait céans ? comme est-ce qu'on s'y
[porte ?

DORINE

Madame eut avant-hier la fièvre jusqu'au soir,
Avec un mal de tête étrange à concevoir.

ORGON

Et Tartuffe ?

DORINE

Tartuffe ? Il se porte à merveille.
Gros et gras, le teint frais, et la bouche vermeille[1].

ORGON

Le pauvre homme[2] !

DORINE

Le soir, elle eut un grand dégoût,
235 Et ne put au souper toucher à rien du tout,
Tant sa douleur de tête était encor cruelle !

ORGON

Et Tartuffe ?

DORINE

Il soupa, lui tout seul, devant elle,
Et fort dévotement il mangea deux perdrix,
Avec une moitié de gigot en hachis.

ORGON

Le pauvre homme !

DORINE

240   La nuit se passa tout entière
Sans qu'elle pût fermer un moment la paupière ;
Des chaleurs l'empêchaient de pouvoir sommeiller,
Et jusqu'au jour près d'elle il nous fallut veiller.

ORGON

Et Tartuffe ?

DORINE

245   Pressé d'un sommeil agréable,
Il passa dans sa chambre au sortir de la table,
Et dans son lit bien chaud il se mit tout soudain,
Où sans trouble il dormit jusques au lendemain.

ORGON

Le pauvre homme !

DORINE

        A la fin, par nos raisons gagnée,
250 Elle se résolut à souffrir la saignée,
Et le soulagement suivit tout aussitôt.

ORGON

Et Tartuffe ?

DORINE

        Il reprit courage comme il faut,
Et contre tous les maux fortifiant son âme,
Pour réparer le sang qu'avait perdu Madame,
255 But à son déjeuner quatre grands coups de vin.

ORGON

Le pauvre homme !

DORINE

        Tous deux se portent bien enfin ;
Et je vais à Madame annoncer par avance
La part que vous prenez à sa convalescence.

SCÈNE V

ORGON, CLÉANTE

CLÉANTE

A votre nez, mon frère, elle se rit de vous ;
260 Et sans avoir dessein de vous mettre en courroux,

Je vous dirai tout franc que c'est avec justice.
A-t-on jamais parlé d'un semblable caprice ?
Et se peut-il qu'un homme ait un charme aujourd'hui
A vous faire oublier toutes choses pour lui,
265 Qu'après avoir chez vous réparé sa misère,
Vous en veniez au point ?...

CLÉANTE

Alte-là, mon beau-frère :
Vous ne connaissez pas celui dont vous parlez.

CLÉANTE

Je ne le connais pas, puisque vous le voulez ;
Mais enfin, pour savoir quel homme ce peut être...

ORGON

270 Mon frère, vous seriez charmé de le connaître,
Et vos ravissements[1] ne prendraient point de fin.
C'est un homme... qui,... ha ! un homme... un homme
                                              [enfin.
Qui suit bien ses leçons goûte une paix profonde,
Et comme du fumier[2] regarde tout le monde.
275 Oui, je deviens tout autre avec son entretien ;
Il m'enseigne à n'avoir affection pour rien,
De toutes amitiés il détache mon âme ;
Et je verrais mourir frère, enfants, mère et femme[3],
Que je m'en soucierais autant que de cela.

CLÉANTE

280 Les sentiments humains, mon frère, que voilà !

ORGON

Ha ! si vous aviez vu comme j'en fis rencontre,
Vous auriez pris pour lui l'amitié que je montre.
Chaque jour à l'église il venait, d'un air doux,
Tout vis-à-vis de moi se mettre à deux genoux.
285 Il attirait les yeux de l'assemblée entière

Par l'ardeur dont au Ciel il poussait sa prière ;
Il faisait des soupirs, de grands élancements [1],
Et baisait humblement la terre à tous moments ;
Et lorsque je sortais, il me devançait vite,
290 Pour m'aller à la porte offrir de l'eau bénite.
Instruit par son garçon [2], qui dans tout l'imitait,
Et de son indigence, et de ce qu'il était,
Je lui faisais des dons ; mais avec modestie
Il me voulait toujours en rendre une partie.
295 « C'est trop, me disait-il, c'est trop de la moitié ;
Je ne mérite pas de vous faire pitié » ;
Et quand je refusais de le vouloir reprendre,
Aux pauvres, à mes yeux, il allait le répandre.
Enfin le Ciel chez moi me le fit retirer,
300 Et depuis ce temps-là tout semble y prospérer.
Je vois qu'il reprend tout, et qu'à ma femme même
Il prend, pour mon honneur, un intérêt extrême ;
Il m'avertit des gens qui lui font les yeux doux [3],
Et plus que moi six fois il s'en montre jaloux.
305 Mais vous ne croiriez point jusqu'où monte son zèle :
Il s'impute à péché la moindre bagatelle ;
Un rien presque suffit pour le scandaliser [4] ;
Jusque-là qu'il se vint l'autre jour accuser
D'avoir pris une puce en faisant sa prière,
310 Et de l'avoir tuée avec trop de colère [5].

CLÉANTE

Parbleu ! vous êtes fou, mon frère, que je crois.
Avec de tels discours vous moquez-vous de moi ?
Et que prétendez-vous que tout ce badinage ?...

ORGON

Mon frère, ce discours sent le libertinage [6] :
315 Vous en êtes un peu dans votre âme entiché [7] ;
Et comme je vous l'ai plus de dix fois prêché,
Vous vous attirerez quelque méchante affaire [8].

CLÉANTE

Voilà de vos pareils le discours ordinaire :
Ils veulent que chacun soit aveugle comme eux.
320 C'est être libertin que d'avoir de bons yeux,
Et qui n'adore pas de vaines simagrées
N'a ni respect ni foi pour les choses sacrées.
Allez, tous vos discours ne me font point de peur
Je sais comme je parle, et le Ciel voit mon cœur,
325 De tous vos façonniers on n'est point les esclaves.
Il est de faux dévots ainsi que de faux braves ;
Et comme on ne voit pas qu'où l'honneur les conduit[1]
Les vrais braves soient ceux qui font beaucoup de bruit,
Les bons et vrais dévots, qu'on doit suivre à la trace,
330 Ne sont pas ceux aussi qui font tant de grimace.
Hé quoi ? vous ne ferez nulle distinction
Entre l'hypocrisie et la dévotion ?
Vous les voulez traiter d'un semblable langage,
Et rendre même honneur au masque qu'au visage,
335 Égaler l'artifice à la sincérité,
Confondre l'apparence avec la vérité,
Estimer le fantôme autant que la personne,
Et la fausse monnaie à l'égal de la bonne[2] ?
Les hommes la plupart sont étrangement faits !
340 Dans la juste nature on ne les voit jamais ;
La raison a pour eux des bornes trop petites ;
En chaque caractère ils passent ses limites ;
Et la plus noble chose, ils la gâtent souvent
Pour la vouloir outrer et pousser trop avant.
345 Que cela vous soit dit en passant, mon beau-frère.

ORGON

Oui, vous êtes sans doute un docteur qu'on révère ;
Tout le savoir du monde est chez vous retiré ;
Vous êtes le seul sage et le seul éclairé,
Un oracle, un Caton[3] dans le siècle où nous sommes ;
350 Et près de vous ce sont des sots que tous les hommes.

CLÉANTE

Je ne suis point, mon frère, un docteur révéré,
Et le savoir chez moi n'est pas tout retiré.
Mais, en un mot, je sais, pour toute ma science,
Du faux avec le vrai faire la différence.
355 Et comme je ne vois nul genre de héros
Qui soient plus à priser que les parfaits dévots,
Aucune chose au monde et plus noble et plus belle
Que la sainte ferveur d'un véritable zèle,
Aussi ne vois-je rien qui soit plus odieux
360 Que le dehors plâtré d'un zèle spécieux,
Que ces francs charlatans, que ces dévots de place[1],
De qui la sacrilège et trompeuse grimace
Abuse impunément et se joue à leur gré
De ce qu'ont les mortels de plus saint et sacré,
365 Ces gens qui, par une âme à l'intérêt soumise,
Font de dévotion métier et marchandise,
Et veulent acheter crédit et dignités
A prix de faux clins d'yeux et d'élans affectés,
Ces gens, dis-je, qu'on voit d'une ardeur non commune
370 Par le chemin du Ciel courir à leur fortune,
Qui, brûlants et priants[2], demandent chaque jour,
Et prêchent la retraite au milieu de la cour,
Qui savent ajuster leur zèle avec leurs vices,
Sont prompts, vindicatifs, sans foi, pleins d'artifices,
375 Et pour perdre quelqu'un couvrent insolemment
De l'intérêt du Ciel[3] leur fier ressentiment,
D'autant plus dangereux dans leur âpre colère,
Qu'ils prennent contre nous des armes qu'on révère,
Et que leur passion, dont on leur sait bon gré,
380 Veut nous assassiner avec un fer sacré.
De ce faux caractère[4] on en voit trop paraître ;
Mais les dévots de cœur sont aisés à connaître.
Notre siècle, mon frère, en expose à nos yeux
Qui peuvent nous servir d'exemples glorieux :
385 Regardez Ariston, regardez Périandre,
Oronte, Alcidamas, Polydore, Clitandre ;

Ce titre par aucun ne leur est débattu ;
Ce ne sont point du tout fanfarons de vertu ;
On ne voit point en eux ce faste [1] insupportable,
390 Et leur dévotion est humaine, est traitable ;
Ils ne censurent point toutes nos actions :
Ils trouvent trop d'orgueil dans ces corrections [2] ;
Et laissant la fierté des paroles aux autres,
C'est par leurs actions qu'ils reprennent les nôtres.
395 L'apparence du mal a chez eux peu d'appui [3],
Et leur âme est portée à juger bien d'autrui.
Point de cabale [4] en eux, point d'intrigues à suivre ;
On les voit, pour tous soins, se mêler de bien vivre ;
Jamais contre un pécheur ils n'ont d'acharnement ;
400 Ils attachent leur haine au péché seulement,
Et ne veulent point prendre, avec un zèle extrême,
Les intérêts du Ciel [5] plus qu'il ne veut lui-même.
Voilà mes gens, voilà comme il en faut user,
Voilà l'exemple enfin qu'il se faut proposer.
405 Votre homme, à dire vrai, n'est pas de ce modèle :
C'est de fort bonne foi que vous vantez son zèle :
Mais par un faux éclat je vous crois ébloui.

ORGON

Monsieur mon cher beau-frère, avez-vous tout dit ?

CLÉANTE

Oui.

ORGON

Je suis votre valet [6].

Il veut s'en aller.

CLÉANTE

De grâce, un mot, mon frère.
410 Laissons là ce discours. Vous savez que Valère
Pour être votre gendre a parole de vous ?

ORGON

Oui.

CLÉANTE

Vous aviez pris jour pour un lien si doux.

ORGON

Il est vrai.

CLÉANTE

Pourquoi donc en différer la fête?

ORGON

Je ne sais.

CLÉANTE

Auriez-vous autre pensée en tête?

ORGON

Peut-être.

CLÉANTE

415   Vous voulez manquer à votre foi?

ORGON

Je ne dis pas cela.

CLÉANTE

Nul obstacle, je crois,
Ne vous peut empêcher d'accomplir vos promesses.

ORGON

Selon.

CLÉANTE

Pour dire un mot faut-il tant de finesses?
Valère sur ce point me fait vous visiter.

ORGON

Le Ciel en soit loué !

CLÉANTE

420   Mais que lui reporter ?

ORGON

Tout ce qu'il vous plaira.

CLÉANTE

                    Mais il est nécessaire
De savoir vos desseins. Quels sont-ils donc ?

ORGON

                                        De faire
Ce que le Ciel voudra[1].

CLÉANTE

                    Mais parlons tout de bon.
Valère a votre foi : la tiendrez-vous, ou non ?

ORGON

Adieu.

CLÉANTE

425   Pour son amour je crains une disgrâce,
Et je dois l'avertir de tout ce qui se passe.

ACTE II

SCÈNE PREMIÈRE

ORGON, MARIANE

ORGON

Mariane.

MARIANE

Mon père.

ORGON

Approchez, j'ai de quoi
Vous parler en secret.

MARIANE

Que cherchez-vous ?

ORGON, *il regarde dans un petit cabinet.*

Je vois
Si quelqu'un n'est point là qui pourrait nous entendre ;
430 Car ce petit endroit [1] est propre pour surprendre.
Or sus, nous voilà bien. J'ai, Mariane, en vous
Reconnu de tout temps un esprit assez doux,
Et de tout temps aussi vous m'avez été chère.

MARIANE

Je suis fort redevable à cet amour de père.

ORGON

435 C'est fort bien dit, ma fille ; et pour le mériter,
Vous devez n'avoir soin que de me contenter.

MARIANE

C'est où je mets aussi ma gloire la plus haute.

ORGON

Fort bien. Que dites-vous de Tartuffe notre hôte ?

MARIANE

Qui, moi ?

ORGON

Vous. Voyez bien comme vous répondrez

MARIANE

440 Hélas ! j'en dirai, moi, tout ce que vous voudrez.

ORGON

C'est parler sagement. Dites-moi donc, ma fille,
Qu'en toute sa personne un haut mérite brille,
Qu'il touche votre cœur, et qu'il vous serait doux
De le voir par mon choix devenir votre époux.
Eh ?

Mariane se recule avec surprise.

MARIANE

Eh ?

ORGON

Qu'est-ce ?

MARIANE

Plaît-il?

ORGON

Quoi?

MARIANE

445   Me suis-je méprise?

ORGON

Comment?

MARIANE

Qui voulez-vous, mon père, que je dise
Qui me touche le cœur, et qu'il me serait doux
De voir par votre choix devenir mon époux?

ORGON

Tartuffe.

MARIANE

Il n'en est rien, mon père, je vous jure.
450 Pourquoi me faire dire une telle imposture?

ORGON

Mais je veux que cela soit une vérité;
Et c'est assez pour vous que je l'aie arrêté.

MARIANE

Quoi? vous voulez, mon père?...

ORGON

Oui, je prétends, ma fille,
Unir par votre hymen Tartuffe à ma famille.
455 Il sera votre époux, j'ai résolu cela;
Et comme sur vos vœux je...

SCÈNE II

DORINE, ORGON, MARIANE

ORGON

                    Que faites-vous là ?
La curiosité qui vous presse est bien forte,
Mamie, à nous venir écouter de la sorte.

DORINE

Vraiment, je ne sais pas si c'est un bruit qui part
460 De quelque conjecture, ou d'un coup de hasard
Mais de ce mariage on m'a dit la nouvelle,
Et j'ai traité cela de pure bagatelle.

ORGON

Quoi donc ? la chose est-elle incroyable ?

DORINE

                    A tel point,
Que vous-même, Monsieur, je ne vous en crois point.

ORGON

465 Je sais bien le moyen de vous le faire croire.

DORINE

Oui, oui, vous nous contez une plaisante histoire.

ORGON

Je conte justement ce qu'on verra dans peu.

DORINE

Chansons !

ORGON

Ce que je dis, ma fille, n'est point jeu.

DORINE

Allez, ne croyez point à Monsieur votre père :
Il raille.

ORGON

Je vous dis…

DORINE

470   Non, vous avez beau faire,
On ne vous croira point.

ORGON

                  A la fin mon courroux…

DORINE

Hé bien ! on vous croit donc, et c'est tant pis pour vous.
Quoi ? se peut-il, Monsieur, qu'avec l'air d'homme
                                     [sage
Et cette large barbe[1] au milieu du visage,
Vous soyez assez fou pour vouloir ?…

ORGON

475   Écoutez :
Vous avez pris céans certaines privautés
Qui ne me plaisent point ; je vous le dis, mamie.

DORINE

Parlons sans nous fâcher, Monsieur, je vous supplie.
Vous moquez-vous des gens d'avoir fait ce complot ?
480 Votre fille n'est point l'affaire d'un bigot :
Il a d'autres emplois auxquels il faut qu'il pense.
Et puis, que vous apporte une telle alliance ?

A quel sujet aller, avec tout votre bien,
Choisir un gendre gueux?...

ORGON

Taisez-vous. S'il n'a rien,
485 Sachez que c'est par-là qu'il faut qu'on le révère.
Sa misère est sans doute une honnête misère ;
Au-dessus des grandeurs elle doit l'élever,
Puisque enfin de son bien il s'est laissé priver
Par son trop peu de soin des choses temporelles,
490 Et sa puissante attache aux choses éternelles.
Mais mon secours pourra lui donner les moyens
De sortir d'embarras et rentrer dans ses biens :
Ce sont fiefs qu'à bon titre au pays on renomme ;
Et tel que l'on le voit, il est bien gentilhomme[1].

DORINE

495 Oui, c'est lui qui le dit ; et cette vanité,
Monsieur, ne sied pas bien avec la piété.
Qui d'une sainte vie embrasse l'innocence
Ne doit point tant prôner son nom et sa naissance,
Et l'humble procédé de la dévotion
500 Souffre mal les éclats de cette ambition.
A quoi bon cet orgueil?... Mais ce discours vous
                                                    [blesse :
Parlons de sa personne, et laissons sa noblesse.
Ferez-vous possesseur, sans quelque peu d'ennui,
D'une fille comme elle un homme comme lui ?
505 Et ne devez-vous pas songer aux bienséances,
Et de cette union prévoir les conséquences ?
Sachez que d'une fille on risque la vertu,
Lorsque dans son hymen son goût est combattu,
Que le dessein d'y vivre en honnête personne
510 Dépend des qualités du mari qu'on lui donne,
Et que ceux dont partout on montre au doigt le front
Font leurs femmes souvent ce qu'on voit qu'elles sont.
Il est bien difficile enfin d'être fidèle

A de certains maris faits d'un certain modèle ;
515 Et qui donne à sa fille un homme qu'elle hait
Est responsable au Ciel des fautes qu'elle fait.
Songez à quels périls votre dessein vous livre.

ORGON

Je vous dis qu'il me faut apprendre d'elle à vivre.

DORINE

Vous n'en feriez que mieux de suivre mes leçons.

ORGON

520 Ne nous amusons point, ma fille, à ces chansons :
Je sais ce qu'il vous faut, et je suis votre père.
J'avais donné pour vous ma parole à Valère ;
Mais outre qu'à jouer on dit qu'il est enclin,
Je le soupçonne encor d'être un peu libertin :
525 Je ne remarque point qu'il hante les églises.

DORINE

Voulez-vous qu'il y coure à vos heures précises,
Comme ceux qui n'y vont que pour être aperçus ?

ORGON

Je ne demande pas votre avis là-dessus.
Enfin avec le Ciel l'autre est le mieux du monde[1],
530 Et c'est une richesse à nulle autre seconde.
Cet hymen de tous biens comblera vos désirs,
Il sera tout confit en douceurs et plaisirs.
Ensemble vous vivrez, dans vos ardeurs fidèles,
Comme deux vrais enfants, comme deux tourterelles ;
535 A nul fâcheux débat jamais vous n'en viendrez,
Et vous ferez de lui tout ce que vous voudrez.

DORINE

Elle ? elle n'en fera qu'un sot[2], je vous assure.

ORGON

Ouais! quels discours!

DORINE

                Je dis qu'il en a l'encolure,
Et que son ascendant, Monsieur, l'emportera
540 Sur toute la vertu que votre fille aura.

ORGON

Cessez de m'interrompre, et songez à vous taire,
Sans mettre votre nez où vous n'avez que faire.

DORINE

Je n'en parle, Monsieur, que pour votre intérêt.
    Elle l'interrompt toujours au moment qu'il se
    retourne pour parler à sa fille.

ORGON

C'est prendre trop de soin : taisez-vous, s'il vous plaît.

DORINE

Si l'on ne vous aimait...

ORGON

545   Je ne veux pas qu'on m'aime.

DORINE

Et je veux vous aimer, Monsieur, malgré vous-même.

ORGON

Ah!

DORINE

    Votre honneur m'est cher, et je ne puis souffrir
Qu'aux brocards d'un chacun vous alliez vous offrir.

ORGON

Vous ne vous tairez point?

DORINE

C'est une conscience [1]
550 Que de vous laisser faire une telle alliance.

ORGON

Te tairas-tu, serpent, dont les traits effrontés...?

DORINE

Ah! vous êtes dévot, et vous vous emportez?

ORGON

Oui, ma bile s'échauffe à toutes ces fadaises,
Et tout résolument je veux que tu te taises.

DORINE

555 Soit. Mais, ne disant mot, je n'en pense pas moins.

ORGON

Pense, si tu le veux; mais applique tes soins
A ne m'en point parler, ou... Suffit.

Se retournant vers sa fille.

Comme sage,

J'ai pesé mûrement toutes choses.

DORINE

J'enrage.

De ne pouvoir parler.

Elle se tait lorsqu'il tourne la tête.

ORGON

Sans être damoiseau,

Tartuffe est fait de sorte...

DORINE

560   Oui, c'est un beau museau.

ORGON

Que quand tu n'aurais même aucune sympathie[1]
Pour tous les autres dons...

*Il se tourne devant elle, et la regarde les bras
croisés.*

DORINE

          La voilà bien lotie !
Si j'étais en sa place, un homme assurément
Ne m'épouserait pas de force impunément ;
565 Et je lui ferais voir bientôt après la fête
Qu'une femme a toujours une vengeance prête.

ORGON

Donc de ce que je dis on ne fera nul cas ?

DORINE

De quoi vous plaignez-vous ? Je ne vous parle pas.

ORGON

Qu'est-ce que tu fais donc ?

DORINE

          Je me parle à moi-même

ORGON

570 Fort bien. Pour châtier son insolence extrême,
Il faut que je lui donne un revers de ma main[2].

*Il se met en posture de lui donner un soufflet ; et
Dorine, à chaque coup d'œil qu'il jette, se tient droite
sans parler.*

Ma fille, vous devez approuver mon dessein..

Croire que le mari... que j'ai su vous élire...
Que ne te parles-tu?

DORINE

Je n'ai rien à me dire.

ORGON

Encore un petit mot.

DORINE

575   Il ne me plaît pas, moi.

ORGON

Certes, je t'y guettais.

DORINE

Quelque sotte, ma foi!

ORGON

Enfin, ma fille, il faut payer[1] d'obéissance,
Et montrer pour mon choix entière déférence

DORINE, *en s'enfuyant.*

Je me moquerais fort de prendre un tel époux.

Il lui veut donner un soufflet et la manque

ORGON

580 Vous avez là, ma fille, une peste avec vous,
Avec qui sans péché je ne saurais plus vivre.
Je me sens hors d'état maintenant de poursuivre :
Ses discours insolents m'ont mis l'esprit en feu,
Et je vais prendre l'air pour me rasseoir[2] un peu.

SCÈNE III

DORINE, MARIANE

DORINE

585 Avez-vous donc perdu, dites-moi, la parole,
Et faut-il qu'en ceci je fasse votre rôle?
Souffrir qu'on vous propose un projet insensé,
Sans que du moindre mot vous l'ayez repoussé!

MARIANE

Contre un père absolu que veux-tu que je fasse?

DORINE

590 Ce qu'il faut pour parer une telle menace.

MARIANE

Quoi?

DORINE

Lui dire qu'un cœur n'aime point par autrui,
Que vous vous mariez pour vous, non pas pour lui,
Qu'étant celle pour qui se fait toute l'affaire,
C'est à vous, non à lui, que le mari doit plaire,
595 Et que si son Tartuffe est pour lui si charmant,
Il le peut épouser sans nul empêchement.

MARIANE

Un père, je l'avoue, a sur nous tant d'empire,
Que je n'ai jamais eu la force de rien dire.

DORINE

Mais raisonnons. Valère a fait pour vous des pas[1];
600 L'aimez-vous, je vous prie, ou ne l'aimez-vous pas?

MARIANE

Ah! qu'envers mon amour ton injustice est grande,
Dorine! me dois-tu faire cette demande?
T'ai-je pas là-dessus ouvert cent fois mon cœur,
Et sais-tu pas pour lui jusqu'où va mon ardeur?

DORINE

605 Que sais-je si le cœur a parlé par la bouche,
Et si c'est tout de bon que cet amant vous touche?

MARIANE

Tu me fais un grand tort, Dorine, d'en douter,
Et mes vrais sentiments ont su trop éclater.

DORINE

Enfin, vous l'aimez donc?

MARIANE

Oui, d'une ardeur extrême.

DORINE

610 Et selon l'apparence, il vous aime de même?

MARIANE

Je le crois.

DORINE

Et tous deux brûlez également
De vous voir mariés ensemble?

MARIANE

Assurément.

DORINE

Sur cette autre union quelle est donc votre attente?

MARIANE

De me donner la mort si l'on me violente.

DORINE

615 Fort bien : c'est un recours où je ne songeais pas ;
Vous n'avez qu'à mourir pour sortir d'embarras ;
Le remède sans doute est merveilleux. J'enrage
Lorsque j'entends tenir ces sortes de langage.

MARIANE

Mon Dieu ! de quelle humeur, Dorine, tu te rends !
620 Tu ne compatis point aux déplaisirs des gens.

DORINE

Je ne compatis point à qui dit des sornettes
Et dans l'occasion[1] mollit comme vous faites.

MARIANE

Mais que veux-tu ? si j'ai de la timidité.

DORINE

Mais l'amour dans un cœur veut de la fermeté.

MARIANE

625 Mais n'en gardé-je pas pour les feux de Valère ?
Et n'est-ce pas à lui de m'obtenir d'un père ?

DORINE

Mais quoi ? si votre père est un bourru fieffé,
Qui s'est de son Tartuffe entièrement coiffé
Et manque à l'union qu'il avait arrêtée,
630 La faute à votre amant doit-elle être imputée ?

MARIANE

Mais par un haut refus et d'éclatants mépris
Ferai-je dans mon choix voir un cœur trop épris ?
Sortirai-je pour lui, quelque éclat dont il brille,
De la pudeur du sexe et du devoir de fille ?
635 Et veux-tu que mes feux par le monde étalés... ?

DORINE

Non, non, je ne veux rien. Je vois que vous voulez
Être à Monsieur Tartuffe ; et j'aurais, quand j'y pense,
Tort de vous détourner d'une telle alliance.
Quelle raison aurais-je à combattre vos vœux ?
640 Le parti de soi-même est fort avantageux.
Monsieur Tartuffe ! oh ! oh ! n'est-ce rien qu'on pro-
                                            [pose ?
Certes Monsieur Tartuffe, à bien prendre la chose,
N'est pas un homme, non, qui se mouche du pied,
Et ce n'est pas peu d'heur que d'être sa moitié.
645 Tout le monde déjà de gloire[1] le couronne ;
Il est noble chez lui[2], bien fait de sa personne ;
Il a l'oreille rouge et le teint bien fleuri :
Vous vivrez trop contente avec un tel mari[3].

MARIANE

Mon Dieu !...

DORINE

Quelle allégresse[4] aurez-vous dans votre âme,
650 Quand d'un époux si beau vous vous verrez la femme !

MARIANE

Ha ! cesse, je te prie, un semblable discours,
Et contre cet hymen ouvre-moi du secours,
C'en est fait, je me rends, et suis prête à tout faire.

DORINE

Non, il faut qu'une fille obéisse à son père,
655 Voulût-il lui donner un singe pour époux.
Votre sort est fort beau : de quoi vous plaignez-vous ?
Vous irez par le coche[5] en sa petite ville,
Qu'en oncles et cousins vous trouverez fertile,
Et vous vous plairez fort à les entretenir.
660 D'abord chez le beau monde on vous fera venir ;

Vous irez visiter, pour votre bienvenue,
Madame la baillive et Madame l'élue[1],
Qui d'un siège pliant[2] vous feront honorer.
Là, dans le carnaval, vous pourrez espérer
665 Le bal et la grand'bande[3], à savoir, deux musettes,
Et parfois Fagotin[4] et les marionnettes,
Si pourtant votre époux...

MARIANE

        Ah! tu me fais mourir.
De tes conseils plutôt songe à me secourir.

DORINE

Je suis votre servante.

MARIANE

       Eh! Dorine, de grâce...

DORINE

670 Il faut, pour vous punir, que cette affaire passe.

MARIANE

Ma pauvre fille!

DORINE

     Non.

MARIANE

      Si mes vœux déclarés...[5].

DORINE

Point : Tartuffe est votre homme, et vous en tâterez.

MARIANE

Tu sais qu'à toi toujours je me suis confiée :
Fais-moi...

DORINE

Non, vous serez, ma foi ! tartuffiée.

MARIANE

675 Hé bien ! puisque mon sort ne saurait t'émouvoir,
Laisse-moi désormais toute à mon désespoir [1] :
C'est de lui que mon cœur empruntera de l'aide,
Et je sais de mes maux l'infaillible remède.

Elle veut s'en aller.

DORINE

Hé ! là, là, revenez. Je quitte mon courroux.
680 Il faut, nonobstant tout, avoir pitié de vous.

MARIANE

Vois-tu, si l'on m'expose à ce cruel martyre,
Je te le dis, Dorine, il faudra que j'expire.

DORINE

Ne vous tourmentez point. On peut adroitement
Empêcher... Mais voici Valère, votre amant.

SCÈNE IV

VALÈRE, MARIANE, DORINE [2]

VALÈRE

685 On vient de débiter, Madame, une nouvelle
Que je ne savais pas, et qui sans doute est belle.

MARIANE

Quoi ?

VALÈRE

Que vous épousez Tartuffe.

MARIANE

Il est certain
Que mon père s'est mis en tête ce dessein.

VALÈRE

Votre père, Madame...

MARIANE

A changé de visée :
690 La chose vient par lui de m'être proposée.

VALÈRE

Quoi ? sérieusement ?

MARIANE

Oui, sérieusement.
Il s'est pour cet hymen déclaré hautement.

VALÈRE

Et quel est le dessein où votre âme s'arrête,
Madame ?

MARIANE

Je ne sais.

VALÈRE

La réponse est honnête.
Vous ne savez ?

MARIANE

Non.

VALÈRE

Non ?

MARIANE

695 Que me conseillez-vous ?

VALÈRE

Je vous conseille, moi, de prendre cet époux.

MARIANE

Vous me le conseillez?

VALÈRE

Oui.

MARIANE

Tout de bon?

VALÈRE

Sans doute :
Le choix est glorieux, et vaut bien qu'on l'écoute.

MARIANE

Hé bien! c'est un conseil, Monsieur, que je reçois.

VALÈRE

700 Vous n'aurez pas grand-peine à le suivre, je crois.

MARIANE

Pas plus qu'à le donner en a souffert votre âme.

VALÈRE

Moi, je vous l'ai donné pour vous plaire, Madame.

MARIANE

Et moi, je le suivrai pour vous faire plaisir.

DORINE

Voyons ce qui pourra de ceci réussir[1]

VALÈRE

705 C'est donc ainsi qu'on aime? Et c'était tromperie
Quand vous...

MARIANE

Ne parlons point de cela, je vous prie.
Vous m'avez dit tout franc que je dois accepter
Celui que pour époux on me veut présenter :
Et je déclare, moi, que je prétends le faire,
710 Puisque vous m'en donnez le conseil salutaire.

VALÈRE

Ne vous excusez point sur mes intentions.
Vous aviez pris déjà vos résolutions ;
Et vous vous saisissez d'un prétexte frivole
Pour vous autoriser à manquer de parole.

MARIANE

Il est vrai, c'est bien dit.

VALÈRE

715   Sans doute ; et votre cœur
N'a jamais eu pour moi de véritable ardeur.

MARIANE

Hélas ! permis à vous d'avoir cette pensée.

VALÈRE

Oui, oui, permis à moi ; mais mon âme offensée
Vous préviendra peut-être en un pareil dessein ;
720 Et je sais où porter et mes vœux et ma main.

MARIANE

Ah ! je n'en doute point ; et les ardeurs qu'excite
Le mérite...

VALÈRE

                Mon Dieu, laissons là le mérite
J'en ai fort peu sans doute, et vous en faites foi.
Mais j'espère aux bontés qu'une autre aura pour moi,

725 Et j'en sais de qui l'âme, à ma retraite ouverte,
Consentira sans honte à réparer ma perte.

MARIANE

La perte n'est pas grande ; et de ce changement
Vous vous consolerez assez facilement.

VALÈRE

J'y ferai mon possible, et vous le pouvez croire.
730 Un cœur qui nous oublie engage notre gloire [1] ;
Il faut à l'oublier mettre aussi tous nos soins :
Si l'on n'en vient à bout, on le doit feindre au moins ;
Et cette lâcheté jamais ne se pardonne,
De montrer de l'amour pour qui nous abandonne.

MARIANE

735 Ce sentiment, sans doute, est noble et relevé.

VALÈRE

Fort bien ; et d'un chacun il doit être approuvé.
Hé quoi ? vous voudriez qu'à jamais dans mon âme
Je gardasse pour vous les ardeurs de ma flamme,
Et vous visse, à mes yeux, passer en d'autres bras,
740 Sans mettre ailleurs un cœur dont vous ne voulez pas ?

MARIANE

Au contraire : pour moi, c'est ce que je souhaite ;
Et je voudrais déjà que la chose fût faite.

VALÈRE

Vous le voudriez ?

MARIANE

Oui.

VALÈRE

C'est assez m'insulter,
Madame ; et de ce pas je vais vous contenter.

Il fait un pas pour s'en aller et revient toujours.

MARIANE

Fort bien.

VALÈRE

745   Souvenez-vous au moins que c'est vous-même
Qui contraignez mon cœur à cet effort extrême.

MARIANE

Oui.

VALÈRE

Et que le dessein que mon âme conçoit
N'est rien qu'à votre exemple.

MARIANE

A mon exemple, soit.

VALÈRE

Suffit · vous allez être à point nommé servie.

MARIANE

Tant mieux.

VALÈRE

750   Vous me voyez, c'est pour toute ma vie.

MARIANE

A la bonne heure.

VALÈRE, *il s'en va, et, lorsqu'il est
vers la porte, il se retourne.*

Euh ?

MARIANE

Quoi?

VALÈRE

Ne m'appelez-vous pas?

MARIANE

Moi? Vous rêvez.

VALÈRE

Hé bien! je poursuis donc mes pas.
Adieu, Madame.

MARIANE

Adieu, Monsieur.

DORINE

Pour moi, je pense
Que vous perdez l'esprit par cette extravagance :
755 Et je vous ai laissé tout du long quereller,
Pour voir où tout cela pourrait enfin aller.
Holà! seigneur Valère.

*Elle va l'arrêter par le bras, et lui fait mine de
grande résistance.*

VALÈRE

Hé! que veux-tu, Dorine?

DORINE

Venez ici.

VALÈRE

760 Non, non, le dépit me domine.
Ne me détourne point de ce qu'elle a voulu

DORINE

Arrêtez.

VALÈRE

760   Non, vois-tu ? c'est un point résolu.

DORINE

Ah !

MARIANE

Il souffre à me voir, ma présence le chasse,
Et je ferai bien mieux de lui quitter la place.

DORINE, *elle quitte Valère et court à Mariane.*

A l'autre. Où courez-vous ?

MARIANE

Laisse.

DORINE

Il faut revenir.

MARIANE

Non, non, Dorine ; en vain tu veux me retenir.

VALÈRE

765 Je vois bien que ma vue est pour elle un supplice,
Et sans doute il vaut mieux que je l'en affranchisse.

DORINE, *elle quitte Mariane et court à Valère.*

Encor ? Diantre soit fait de vous si je le veux[1] !
Cessez ce badinage, et venez çà tous deux.

Elle les tire l'un et l'autre.

VALÈRE

Mais quel est ton dessein ?

MARIANE

Qu'est-ce que tu veux faire ?

DORINE

770 Vous bien remettre ensemble, et vous tirer d'affaire.
Êtes-vous fou d'avoir un pareil démêlé ?

VALÈRE

N'as-tu pas entendu comme elle m'a parlé ?

DORINE

Êtes-vous folle, vous, de vous être emportée ?

MARIANE

N'as-tu pas vu la chose, et comme il m'a traitée ?

DORINE

775 Sottise des deux parts. Elle n'a d'autre soin
Que de se conserver à vous, j'en suis témoin.
Il n'aime que vous seule, et n'a point d'autre envie
Que d'être votre époux ; j'en réponds sur ma vie.

MARIANE

Pourquoi donc me donner [1] un semblable conseil ?

VALÈRE

780 Pourquoi m'en demander sur un sujet pareil ?

DORINE

Vous êtes fous tous deux. Çà, la main l'un et l'autre.
Allons, vous.

VALÈRE, *en donnant sa main à Dorine.*

A quoi bon ma main ?

DORINE

Ah ! çà, la vôtre.

MARIANE, *en donnant aussi sa main.*

De quoi sert tout cela ?

DORINE

                    Mon Dieu ! vite, avancez.
Vous vous aimez tous deux plus que vous ne pensez.

VALÈRE

785 Mais ne faites donc point les choses avec peine,
Et regardez un peu les gens sans nulle haine.

Mariane tourne l'œil sur Valère et fait un petit souris.

DORINE

A vous dire le vrai, les amants sont bien fous !

VALÈRE

Ho çà, n'ai-je pas lieu de me plaindre de vous ?
Et pour n'en point mentir, n'êtes-vous pas méchante
790 De vous plaire à me dire une chose affligeante ?

MARIANE

Mais vous, n'êtes-vous pas l'homme le plus ingrat... ?

DORINE

Pour une autre saison laissons tout ce débat,
Et songeons à parer ce fâcheux mariage.

MARIANE

Dis-nous donc quels ressorts il faut mettre en usage.

DORINE

795 Nous en ferons agir de toutes les façons.
Votre père se moque, et ce sont des chansons ;
Mais pour vous, il vaut mieux qu'à son extravagance
D'un doux consentement vous prêtiez l'apparence,

Afin qu'en cas d'alarme il vous soit plus aisé
800 De tirer en longueur cet hymen proposé.
En attrapant du temps, à tout on remédie.
Tantôt vous payerez de[1] quelque maladie,
Qui viendra tout à coup et voudra des délais ;
Tantôt vous payerez de présages mauvais :
805 Vous aurez fait d'un mort la rencontre fâcheuse,
Cassé quelque miroir, ou songé d'eau bourbeuse.
Enfin le bon de tout, c'est qu'à d'autres qu'à lui
On ne vous peut lier, que vous ne disiez « oui ».
Mais pour mieux réussir, il est bon, ce me semble,
810 Qu'on ne vous trouve point tous deux parlant ensem-
                                                [ble.

A Valère.

Sortez, et sans tarder employez vos amis,
Pour vous faire tenir ce qu'on vous a promis.
Nous allons réveiller les efforts de son frère,
Et dans notre parti jeter la belle-mère[2].
Adieu.

VALÈRE, *à Mariane.*

815   Quelques efforts que nous préparions tous,
Ma plus grande espérance, à vrai dire, est en vous.

MARIANE, *à Valère.*

Je ne vous réponds pas des volontés d'un père ;
Mais je ne serai point à d'autre qu'à Valère.

VALÈRE

Que vous me comblez d'aise ! Et quoi que puisse oser...

DORINE

820 Ah ! jamais les amants ne sont las de jaser.
Sortez, vous dis-je.

VALÈRE, *il fait un pas et revient.*

Enfin…

DORINE

Quel caquet est le vôtre !

Les poussant chacun par l'épaule.

Tirez[1] de cette part ; et vous, tirez de l'autre.

ACTE III

SCÈNE PREMIÈRE

DAMIS, DORINE

DAMIS

Que la foudre sur l'heure achève mes destins,
Qu'on me traite partout du plus grand des faquins,
825 S'il est aucun respect ni pouvoir qui m'arrête,
Et si je ne fais pas quelque coup de ma tête !

DORINE

De grâce, modérez un tel emportement :
Votre père n'a fait qu'en parler simplement.
On n'exécute pas tout ce qui se propose,
830 Et le chemin est long du projet à la chose.

DAMIS

Il faut que de ce fat j'arrête les complots,
Et qu'à l'oreille un peu je lui dise deux mots.

DORINE

Ha ! tout doux ! Envers lui, comme envers votre père,
Laissez agir les soins de votre belle-mère.
835 Sur l'esprit de Tartuffe elle a quelque crédit ;
Il se rend complaisant à tout ce qu'elle dit,

Et pourrait bien avoir douceur de cœur pour elle.
Plût à Dieu qu'il[1] fût vrai ! la chose serait belle.
Enfin votre intérêt l'oblige à le mander ;
840   Sur l'hymen qui vous trouble elle veut le sonder,
Savoir ses sentiments, et lui faire connaître
Quels fâcheux démêlés il pourra faire naître,
S'il faut qu'à ce dessein il prête quelque espoir.
Son valet dit qu'il prie, et je n'ai pu le voir ;
845   Mais ce valet m'a dit qu'il s'en allait descendre.
Sortez donc, je vous prie, et me laissez l'attendre.

DAMIS

Je puis être présent à tout cet entretien.

DORINE

Point. Il faut qu'ils soient seuls.

DAMIS

                              Je ne lui dirai rien.

DORINE

Vous vous moquez : on sait vos transports ordinaires,
850   Et c'est le vrai moyen de gâter les affaires.
Sortez.

DAMIS

                    Non : je veux voir, sans me mettre en courroux

DORINE

Que vous êtes fâcheux ! Il vient. Retirez-vous.

SCÈNE II

TARTUFFE, LAURENT, DORINE

TARTUFFE, *apercevant Dorine.*

Laurent, serrez ma haire avec ma discipline[1],
Et priez que toujours le Ciel vous illumine[2].
855 Si l'on vient pour me voir, je vais aux prisonniers[3]
Des aumônes que j'ai partager les deniers.

DORINE

Que d'affectation et de forfanterie!

TARTUFFE

Que voulez-vous?

DORINE

Vous dire...

TARTUFFE, *il tire un mouchoir de sa poche.*

Ah! mon Dieu, je vous
[prie,
Avant que de parler prenez-moi ce mouchoir[4].

DORINE

Comment?

TARTUFFE

860   Couvrez ce sein que je ne saurais voir[5]:
Par de pareils objets les âmes sont blessées,
Et cela fait venir de coupables pensées.

DORINE

Vous êtes donc bien tendre à la tentation,
Et la chair sur vos sens fait grande impression?
865 Certes je ne sais pas quelle chaleur vous monte:
Mais à convoiter[6], moi, je ne suis point si prompte,

Et je vous verrais nu du haut jusques en bas,
Que toute votre peau ne me tenterait pas.

TARTUFFE

Mettez dans vos discours un peu de modestie,
870 Ou je vais sur-le-champ vous quitter la partie.

DORINE

Non, non, c'est moi qui vais vous laisser en repos,
Et je n'ai seulement qu'à vous dire deux mots.
Madame va venir dans cette salle basse,
Et d'un mot d'entretien vous demande la grâce.

TARTUFFE

Hélas! très volontiers.

DORINE, *en soi-même.*

875   Comme il se radoucit!
Ma foi, je suis toujours pour ce que j'en ai dit[1].

TARTUFFE

Viendra-t-elle bientôt?

DORINE

          Je l'entends, ce me semble.
Oui, c'est elle en personne, et je vous laisse ensemble

SCÈNE III

ELMIRE, TARTUFFE

TARTUFFE

Que le Ciel à jamais par sa toute bonté
880 Et de l'âme et du corps vous donne la santé,
Et bénisse vos jours autant que le désire
Le plus humble de ceux que son amour inspire

ELMIRE

Je suis fort obligée à ce souhait pieux.
Mais prenons une chaise, afin d'être un peu mieux.

TARTUFFE

885 Comment de votre mal vous sentez-vous remise ?

ELMIRE

Fort bien ; et cette fièvre a bientôt quitté prise.

TARTUFFE

Mes prières n'ont pas le mérite qu'il faut
Pour avoir attiré cette grâce d'en haut ;
Mais je n'ai fait au Ciel nulle dévote instance
890 Qui n'ait eu pour objet votre convalescence.

ELMIRE

Votre zèle pour moi s'est trop inquiété.

TARTUFFE

On ne peut trop chérir votre chère santé,
Et pour la rétablir j'aurais donné la mienne.

ELMIRE

C'est pousser bien avant la charité chrétienne,
895 Et je vous dois beaucoup pour toutes ces bontés.

TARTUFFE

Je fais bien moins pour vous que vous ne méritez.

ELMIRE

J'ai voulu vous parler en secret d'une affaire,
Et suis bien aise ici qu'aucun ne nous éclaire [1].

TARTUFFE

J'en suis ravi de même, et sans doute il m'est doux,
900 Madame, de me voir seul à seul avec vous .

C'est une occasion qu'au Ciel j'ai demandée,
Sans que jusqu'à cette heure il me l'ait accordée.

ELMIRE

Pour moi, ce que je veux, c'est un mot d'entretien,
Où tout votre cœur s'ouvre et ne me cache rien.

TARTUFFE

905 Et je ne veux aussi pour grâce singulière
Que montrer à vos yeux mon âme tout entière,
Et vous faire serment que les bruits que j'ai faits
Des visites qu'ici reçoivent vos attraits
Ne sont pas envers vous l'effet d'aucune haine,
910 Mais plutôt d'un transport de zèle qui m'entraîne,
Et d'un pur mouvement...

ELMIRE

Je le prends bien aussi,
Et crois que mon salut vous donne ce souci.

TARTUFFE, *il lui serre le bout des doigts.*

Oui, Madame, sans doute, et ma ferveur est telle...

ELMIRE

Ouf! vous me serrez trop.

TARTUFFE

C'est par excès de zèle.
915 De vous faire aucun mal je n'eus jamais dessein,
Et j'aurais bien plutôt...

Il lui met la main sur le genou [1]

ELMIRE

Que fait là votre main?

TARTUFFE

Je tâte votre habit : l'étoffe en est moelleuse.

ELMIRE

Ah! de grâce, laissez, je suis fort chatouilleuse.

*Elle recule sa chaise, et Tartuffe rapproche la
sienne.*

TARTUFFE

Mon Dieu! que de ce point l'ouvrage est merveilleux!
920 On travaille aujourd'hui d'un air miraculeux;
Jamais, en toute chose, on n'a vu si bien faire.

ELMIRE

Il est vrai. Mais parlons un peu de notre affaire.
On tient que mon mari veut dégager sa foi,
Et vous donner sa fille. Est-il vrai, dites-moi?

TARTUFFE

925 Il m'en a dit deux mots; mais, Madame, à vrai dire,
Ce n'est pas le bonheur après quoi je soupire;
Et je vois autre part les merveilleux attraits
De la félicité qui fait tous mes souhaits.

ELMIRE

C'est que vous n'aimez rien des choses de la terre.

TARTUFFE

930 Mon sein n'enferme pas un cœur qui soit de pierre.

ELMIRE

Pour moi, je crois qu'au Ciel tendent tous vos soupirs,
Et que rien ici-bas n'arrête vos désirs.

TARTUFFE

L'amour qui nous attache aux beautés éternelles
N'étouffe pas en nous l'amour des temporelles;
935 Nos sens facilement peuvent être charmés
Des ouvrages parfaits que le Ciel a formés.

Ses attraits réfléchis brillent dans vos pareilles ;
Mais il étale en vous ses plus rares merveilles :
Il a sur votre face épanché des beautés
940 Dont les yeux sont surpris [1], et les cœurs transportés,
Et je n'ai pu vous voir, parfaite créature,
Sans admirer en vous l'auteur de la nature [2],
Et d'une ardente amour sentir mon cœur atteint,
Au plus beau des portraits où lui-même il s'est peint.
945 D'abord j'appréhendai que cette ardeur secrète
Ne fût du noir esprit [3] une surprise adroite ;
Et même à fuir vos yeux mon cœur se résolut,
Vous croyant un obstacle à faire mon salut.
Mais enfin je connus, ô beauté toute aimable,
950 Que cette passion peut n'être point coupable,
Que je puis l'ajuster avecque la pudeur,
Et c'est ce qui m'y fait abandonner mon cœur.
Ce m'est, je le confesse, une audace bien grande
Que d'oser de ce cœur vous adresser l'offrande ;
955 Mais j'attends en mes vœux tout de votre bonté,
Et rien des vains efforts de mon infirmité ;
En vous est mon espoir, mon bien, ma quiétude,
De vous dépend ma peine ou ma béatitude [4],
Et je vais être enfin, par votre seul arrêt,
960 Heureux, si vous voulez, malheureux, s'il vous plaît [5].

ELMIRE

La déclaration est tout à fait galante,
Mais elle est, à vrai dire, un peu bien surprenante.
Vous deviez, ce me semble, armer mieux votre sein,
Et raisonner un peu sur un pareil dessein.
965 Un dévot comme vous, et que partout on nomme...

TARTUFFE

Ah ! pour être dévot, je n'en suis pas moins homme [6] ;
Et lorsqu'on vient à voir vos célestes appas,
Un cœur se laisse prendre, et ne raisonne pas.
Je sais qu'un tel discours de moi paraît étrange ;

970　Mais, Madame, après tout, je ne suis pas un ange ;
　　　Et si vous condamnez l'aveu que je vous fais,
　　　Vous devez vous en prendre à vos charmants attraits[1].
　　　Dès que j'en vis briller la splendeur plus qu'humaine,
　　　De mon intérieur[2] vous fûtes souveraine ;
975　De vos regards divins l'ineffable douceur
　　　Força la résistance où s'obstinait mon cœur ;
　　　Elle surmonta tout, jeûnes, prières, larmes,
　　　Et tourna tous mes vœux du côté de vos charmes.
　　　Mes yeux et mes soupirs vous l'ont dit mille fois,
980　Et pour mieux m'expliquer j'emploie ici la voix.
　　　Que si vous contemplez d'une âme un peu bénigne[3]
　　　Les tribulations[4] de votre esclave indigne,
　　　S'il faut que vos bontés veuillent me consoler
　　　Et jusqu'à mon néant daignent se ravaler,
985　J'aurai toujours pour vous, ô suave[5] merveille,
　　　Une dévotion à nulle autre pareille.
　　　Votre honneur avec moi ne court point de hasard,
　　　Et n'a nulle disgrâce à craindre de ma part.
　　　Tous ces galants de cour, dont les femmes sont folles,
990　Sont bruyants dans leurs faits et vains dans leurs paroles,
　　　De leurs progrès sans cesse on les voit se targuer ;
　　　Ils n'ont point de faveurs qu'ils n'aillent divulguer,
　　　Et leur langue indiscrète, en qui l'on se confie,
　　　Déshonore l'autel où leur cœur sacrifie.
995　Mais les gens comme nous brûlent d'un feu discret,
　　　Avec qui pour toujours on est sûr du secret :
　　　Le soin que nous prenons de notre renommée
　　　Répond de toute chose à la personne aimée,
　　　Et c'est en nous qu'on trouve, acceptant notre cœur,
1000　De l'amour sans scandale et du plaisir sans peur.

ELMIRE

Je vous écoute dire, et votre rhétorique
En termes assez forts à mon âme s'explique.
N'appréhendez-vous point que je ne sois d'humeur
A dire à mon mari cette galante ardeur,

1005 Et que le prompt avis d'un amour de la sorte
Ne pût bien altérer l'amitié qu'il vous porte ?

TARTUFFE

Je sais que vous avez trop de bénignité,
Et que vous ferez grâce à ma témérité,
Que vous m'excuserez sur l'humaine faiblesse
1010 Des violents transports d'un amour qui vous blesse,
Et considérerez, en regardant votre air,
Que l'on n'est pas aveugle, et qu'un homme est de
                                              [chair.

ELMIRE

D'autres prendraient cela d'autre façon peut-être ;
Mais ma discrétion se veut faire paraître.
1015 Je ne redirai point l'affaire à mon époux ;
Mais je veux en revanche une chose de vous :
C'est de presser tout franc et sans nulle chicane
L'union de Valère avecque Mariane,
De renoncer vous-même à l'injuste pouvoir
1020 Qui veut du bien d'un autre enrichir votre espoir,
Et...

SCÈNE IV

DAMIS, ELMIRE, TARTUFFE

DAMIS, *sortant du petit cabinet*
où il s'était retiré.

Non, madame, non : ceci doit se répandre.
J'étais en cet endroit, d'où j'ai pu tout entendre ;
Et la bonté du Ciel m'y semble avoir conduit
Pour confondre l'orgueil d'un traître qui me nuit,
1025 Pour m'ouvrir une voie à prendre la vengeance
De son hypocrisie et de son insolence,

A détromper mon père, et lui mettre en plein jour
L'âme d'un scélérat qui vous parle d'amour.

ELMIRE

Non, Damis : il suffit qu'il se rende plus sage,
1030 Et tâche à mériter la grâce où je m'engage.
Puisque je l'ai promis, ne m'en dédites pas.
Ce n'est point mon humeur de faire des éclats ·
Une femme se rit de sottises pareilles,
Et jamais d'un mari n'en trouble les oreilles.

DAMIS

1035 Vous avez vos raisons pour en user ainsi,
Et pour faire autrement j'ai les miennes aussi.
Le vouloir épargner est une raillerie ;
Et l'insolent orgueil de sa cagoterie
N'a triomphé que trop de mon juste courroux,
1040 Et que trop excité de désordre chez nous.
Le fourbe trop longtemps a gouverné[1] mon père,
Et desservi mes feux avec ceux de Valère.
Il faut que du perfide il soit désabusé,
Et le Ciel pour cela m'offre un moyen aisé.
1045 De cette occasion je lui suis redevable,
Et pour la négliger, elle est trop favorable :
Ce serait mériter qu'il me la vînt ravir
Que de l'avoir en main et ne m'en pas servir.

ELMIRE

Damis...

DAMIS

        Non, s'il vous plaît, il faut que je me croie.
1050 Mon âme est maintenant au comble de sa joie ;
Et vos discours en vain prétendent m'obliger
A quitter le plaisir de me pouvoir venger.
Sans aller plus avant, je vais vuider d'affaire[2] ;
Et voici justement de quoi me satisfaire.

SCÈNE V

ORGON, DAMIS, TARTUFFE, ELMIRE

DAMIS

1055 Nous allons régaler, mon père, votre abord
D'un incident tout frais qui vous surprendra fort.
Vous êtes bien payé de toutes vos caresses[1],
Et Monsieur d'un beau prix reconnaît vos tendresses.
Son grand zèle pour vous vient de se déclarer :
1060 Il ne va pas à moins qu'à vous déshonorer ;
Et je l'ai surpris là qui faisait à Madame
L'injurieux aveu d'une coupable flamme.
Elle est d'une humeur douce, et son cœur trop discret
Voulait à toute force en garder le secret ;
1065 Mais je ne puis flatter une telle impudence,
Et crois que vous la taire est vous faire une offense.

ELMIRE

Oui, je tiens que jamais de tous ces vains propos
On ne doit d'un mari traverser le repos,
Que ce n'est point de là que l'honneur peut dépendre,
1070 Et qu'il suffit pour nous de savoir nous défendre :
Ce sont mes sentiments ; et vous n'auriez rien dit,
Damis, si j'avais eu sur vous quelque crédit.

SCÈNE VI

ORGON, DAMIS, TARTUFFE

ORGON

Ce que je viens d'entendre, ô Ciel ! est-il croyable ?

Oui, mon frère, je suis un méchant, un[1] coupable,
1075 Un malheureux pécheur, tout plein d'iniquité[2],
Le plus grand scélérat qui jamais ait été ;
Chaque instant de ma vie est chargé de souillures[3] ;
Elle n'est qu'un amas de crimes et d'ordures[4] ;
Et je vois que le Ciel, pour ma punition,
1080 Me veut mortifier[5] en cette occasion.
De quelque grand forfait[6] qu'on me puisse reprendre,
Je n'ai garde d'avoir l'orgueil de m'en défendre.
Croyez ce qu'on vous dit, armez votre courroux,
Et comme un criminel chassez-moi de chez vous :
1085 Je ne saurais avoir tant de honte en partage,
Que je n'en aie encor mérité davantage.

ORGON, *à son fils.*

Ah ! traître, oses-tu bien par cette fausseté
Vouloir de sa vertu ternir la pureté ?

DAMIS

Quoi ? la feinte douceur de cette âme hypocrite
Vous fera démentir… ?

ORGON

1090   Tais-toi, peste maudite.

TARTUFFE

Ah ! laissez-le parler : vous l'accusez à tort,
Et vous ferez bien mieux de croire à son rapport.
Pourquoi sur un tel fait m'être si favorable ?
Savez-vous, après tout, de quoi je suis capable ?
1095 Vous fiez-vous, mon frère, à mon extérieur ?
Et, pour tout ce qu'on voit, me croyez-vous meilleur ?
Non, non : vous vous laissez tromper à l'apparence,
Et je ne suis rien moins, hélas ! que ce qu'on pense,
Tout le monde me prend pour un homme de bien ;
1100 Mais la vérité pure est que je ne vaux rien.

S'adressant à Damis

Oui, mon cher fils, parlez ; traitez-moi de perfide,
D'infâme, de perdu, de voleur, d'homicide ;
Accablez-moi de noms encor plus détestés ·
Je n'y contredis point, je les ai mérités ;
1105 Et j'en veux à genoux souffrir l'ignominie [1],
Comme une honte due aux crimes de ma vie.

ORGON, *à Tartuffe.*

Mon frère, c'en est trop.

A son fils.

Ton cœur ne se rend point,

Traître ?

DAMIS

Quoi ? ses discours vous séduiront au point...

ORGON

Tais-toi, pendard. *(A Tartuffe.)* Mon frère, eh ! levez-
[vous, de grâce !

A son fils.

Infâme !

DAMIS

Il peut...

ORGON

Tais-toi.

DAMIS

1110   J'enrage ! Quoi ? je passe...

ORGON

Si tu dis un seul mot, je te romprai les bras.

TARTUFFE

Mon frère, au nom de Dieu, ne vous emportez pas.
J'aimerais mieux souffrir la peine la plus dure
Qu'il eût reçu pour moi la moindre égratignure.

ORGON, *à son fils.*

Ingrat !

TARTUFFE

1115   Laissez-le en paix. S'il faut, à deux genoux,
Vous demander sa grâce...

ORGON, *à Tartuffe.*

Hélas ! vous moquez-vous ?

A son fils.

Coquin ! vois sa bonté.

DAMIS

Donc...

ORGON

Paix.

DAMIS

Quoi ? je...

ORGON

Paix, dis-je.

Je sais bien quel motif à l'attaquer t'oblige :
Vous le haïssez tous ; et je vois aujourd'hui
1120 Femme, enfants et valets déchaînés contre lui ;
On met impudemment toute chose en usage,
Pour ôter de chez moi ce dévot personnage.
Mais plus on fait d'effort afin de l'en bannir,
Plus j'en veux employer à l'y mieux retenir ;
1125 Et je vais me hâter de lui donner ma fille,
Pour confondre l'orgueil de toute ma famille...

DAMIS

A recevoir sa main on pense l'obliger ?

ORGON

Oui, traître, et dès ce soir, pour vous faire enrager.
Ah ! je vous brave tous, et vous ferai connaître
1130 Qu'il faut qu'on m'obéisse et que je suis le maître.
Allons, qu'on se rétracte, et qu'à l'instant, fripon,
On se jette à ses pieds pour demander pardon.

DAMIS

Qui, moi ? de ce coquin, qui, par ses impostures...

ORGON

Ah ! tu résistes, gueux, et lui dis des injures ?
1135 Un bâton ! un bâton ! *(A Tartuffe.)* Ne me retenez pas.

A son fils.

Sus, que de ma maison on sorte de ce pas,
Et que d'y revenir on n'ait jamais l'audace.

DAMIS

Oui, je sortirai ; mais...

ORGON

Vite, quittons la place.
Je te prive, pendard, de ma succession,
1140 Et te donne de plus ma malédiction.

SCÈNE VII

ORGON, TARTUFFE

ORGON

Offenser de la sorte une sainte personne !

TARTUFFE

Ô Ciel, pardonne-lui la douleur qu'il me donne[1]!

A Orgon

Si vous pouviez savoir avec quel déplaisir
Je vois qu'envers mon frère on tâche à me noircir..

ORGON

Hélas!

TARTUFFE

1145   Le seul penser de cette ingratitude
Fait souffrir à mon âme un supplice si rude...
L'horreur que j'en conçois... J'ai le cœur si serré,
Que je ne puis parler, et crois que j'en mourrai.

ORGON, *il court tout en larmes à la porte
par où il a chassé son fils.*

Coquin! je me repens que ma main t'ait fait grâce,
1150 Et ne t'ait pas d'abord assommé sur la place.
Remettez-vous, mon frère, et ne vous fâchez pas.

TARTUFFE

Rompons, rompons le cours de ces fâcheux débats.
Je regarde céans quels grands troubles j'apporte,
Et crois qu'il est besoin, mon frère, que j'en sorte.

ORGON

Comment? vous moquez-vous?

TARTUFFE

1155   On m'y hait, et je vois
Qu'on cherche à vous donner des soupçons de ma foi.

ORGON

Qu'importe? Voyez-vous que mon cœur les écoute?

TARTUFFE

On ne manquera pas de poursuivre, sans doute ;
Et ces mêmes rapports qu'ici vous rejetez
1160 Peut-être une autre fois seront-ils écoutés.

ORGON

Non, mon frère, jamais.

TARTUFFE

Ah ! mon frère, une femme
Aisément d'un mari peut bien surprendre l'âme.

ORGON

Non, non.

TARTUFFE

Laissez-moi vite, en m'éloignant d'ici,
Leur ôter tout sujet de m'attaquer ainsi.

ORGON

1165 Non, vous demeurerez : il y va de ma vie

TARTUFFE

Hé bien ! il faudra donc que je me mortifie[1].
Pourtant, si vous vouliez...

ORGON

Ah !

TARTUFFE

Soit : n'en parlons plus
Mais je sais comme il faut en user là-dessus.
L'honneur est délicat, et l'amitié m'engage
1170 A prévenir les bruits et les sujets d'ombrage.
Je fuirai votre épouse, et vous ne me verrez...

ORGON

Non, en dépit de tous, vous la fréquenterez[1].
Faire enrager le monde est ma plus grande joie,
Et je veux qu'à toute heure avec elle on vous voie.
1175 Ce n'est pas tout encor : pour les mieux braver tous,
Je ne veux point avoir d'autre héritier que vous,
Et je vais de ce pas, en fort bonne manière,
Vous faire de mon bien donation entière.
Un bon et franc ami, que pour gendre je prends,
1180 M'est bien plus cher que fils, que femme, et que
                                        [parents[2].
N'accepterez-vous pas ce que je vous propose ?

TARTUFFE

La volonté du Ciel soit faite en toute chose[3].

ORGON

Le pauvre homme ! Allons vite en dresser un écrit,
Et que puisse l'envie en crever de dépit !

ACTE IV

SCÈNE PREMIÈRE

CLÉANTE, TARTUFFE

CLÉANTE

1185 Oui, tout le monde en parle, et vous m'en pouvez
[croire,
L'éclat que fait ce bruit n'est point à votre gloire;
Et je vous ai trouvé, Monsieur, fort à propos,
Pour vous en dire net ma pensée en deux mots.
Je n'examine point à fond[1] ce qu'on expose;
1190 Je passe là-dessus, et prends au pis la chose.
Supposons que Damis n'en ait pas bien usé,
Et que ce soit à tort qu'on vous ait accusé :
N'est-il pas d'un chrétien de pardonner l'offense,
Et d'éteindre en son cœur tout désir de vengeance?
1195 Et devez-vous souffrir, pour votre démêlé,
Que du logis d'un père un fils soit exilé?
Je vous le dis encor, et parle avec franchise,
Il n'est petit ni grand qui ne s'en scandalise[2];
Et si vous m'en croyez, vous pacifierez tout,
1200 Et ne pousserez point les affaires à bout.
Sacrifiez à Dieu toute votre colère,
Et remettez le fils en grâce avec le père.

TARTUFFE

Hélas, je le voudrais, quant à moi, de bon cœur :
Je ne garde pour lui, Monsieur, aucune aigreur ;
1205 Je lui pardonne tout, de rien je ne le blâme,
Et voudrais le servir du meilleur de mon âme ;
Mais l'intérêt du Ciel[1] n'y saurait consentir,
Et s'il rentre céans, c'est à moi d'en sortir.
Après son action, qui n'eut jamais d'égale,
1210 Le commerce entre nous porterait du scandale.
Dieu sait ce que d'abord tout le monde en croirait !
A pure politique on me l'imputerait ;
Et l'on dirait partout que, me sentant coupable,
Je feins pour qui m'accuse un zèle charitable,
1215 Que mon cœur l'appréhende et veut le ménager,
Pour le pouvoir sous main au silence engager.

CLÉANTE

Vous nous payez ici d'excuses colorées,
Et toutes vos raisons, Monsieur, sont trop tirées.
Des intérêts du Ciel pourquoi vous chargez-vous ?
1220 Pour punir le coupable a-t-il besoin de nous ?
Laissez-lui, laissez-lui le soin de ses vengeances :
Ne songez qu'au pardon qu'il prescrit des offenses ;
Et ne regardez point aux jugements humains,
Quand vous suivez du Ciel les ordres souverains.
1225 Quoi ? le faible intérêt de ce qu'on pourra croire
D'une bonne action empêchera la gloire ?
Non, non : faisons toujours ce que le Ciel prescrit,
Et d'aucun autre soin ne nous brouillons l'esprit.

TARTUFFE

Je vous ai déjà dit que mon cœur lui pardonne,
1230 Et c'est faire, Monsieur, ce que le Ciel ordonne ;
Mais après le scandale et l'affront d'aujourd'hui,
Le Ciel n'ordonne pas que je vive avec lui[2].

CLÉANTE

Et vous ordonne-t-il, Monsieur, d'ouvrir l'oreille
A ce qu'un pur caprice à son père conseille,
1235 Et d'accepter le don qui vous est fait d'un bien
Où le droit vous oblige à ne prétendre rien?

TARTUFFE

Ceux qui me connaîtront n'auront pas la pensée
Que ce soit un effet d'une âme intéressée.
Tous les biens de ce monde ont pour moi peu d'appas,
1240 De leur éclat trompeur je ne m'éblouis pas;
Et si je me résous à recevoir du père
Cette donation qu'il a voulu me faire,
Ce n'est, à dire vrai, que parce que je crains
Que tout ce bien ne tombe en de méchantes mains[1],
1245 Qu'il ne trouve des gens qui, l'ayant en partage,
En fassent dans le monde un criminel usage,
Et ne s'en servent pas, ainsi que j'ai dessein,
Pour la gloire du Ciel et le bien du prochain.

CLÉANTE

Hé, Monsieur, n'ayez point ces délicates[2] craintes,
1250 Qui d'un juste héritier peuvent causer les plaintes;
Souffrez, sans vous vouloir embarrasser de rien,
Qu'il soit à ses périls possesseur de son bien;
Et songez qu'il vaut mieux encore qu'il en mésuse,
Que si de l'en frustrer il faut qu'on vous accuse.
1255 J'admire seulement que sans confusion
Vous en ayez souffert la proposition;
Car enfin le vrai zèle a-t-il quelque maxime
Qui montre à dépouiller l'héritier légitime?
Et s'il faut que le Ciel dans votre cœur ait mis
1260 Un invincible obstacle à vivre avec Damis,
Ne vaudrait-il pas mieux qu'en personne discrète
Vous fissiez de céans une honnête retraite,
Que de souffrir ainsi, contre toute raison,
Qu'on en chasse pour vous le fils de la maison?

1265 Croyez-moi, c'est donner de votre prud'homie,
Monsieur...

TARTUFFE

Il est, Monsieur, trois heures et demie[1] :
Certain devoir pieux me demande là-haut,
Et vous m'excuserez de vous quitter si tôt.

CLÉANTE

Ah !

SCÈNE II

ELMIRE, MARIANE, DORINE, CLÉANTE

DORINE

De grâce, avec nous employez-vous pour elle,
1270 Monsieur : son âme souffre une douleur mortelle ;
Et l'accord que son père a conclu pour ce soir
La fait, à tous moments, entrer en désespoir.
Il va venir. Joignons nos efforts, je vous prie,
Et tâchons d'ébranler, de force ou d'industrie,
1275 Ce malheureux dessein qui nous a tous troublés.

SCÈNE III

ORGON, ELMIRE, MARIANE,
CLÉANTE, DORINE

ORGON

Ha ! je me réjouis de vous voir assemblés :

A Mariane

Je porte en ce contrat[2] de quoi vous faire rire,
Et vous savez déjà ce que cela veut dire.

MARIANE, *à genoux.*

Mon père, au nom du Ciel, qui connaît ma douleur,
1280 Et par tout ce qui peut émouvoir votre cœur,
Relâchez-vous un peu des droits de la naissance[1],
Et dispensez mes vœux de cette obéissance ;
Ne me réduisez point par cette dure loi
Jusqu'à me plaindre au Ciel de ce que je vous dois,
1285 Et cette vie, hélas ! que vous m'avez donnée,
Ne me la rendez pas, mon père, infortunée.
Si, contre un doux espoir que j'avais pu former[2],
Vous me défendez d'être à ce que j'ose aimer,
Au moins, par vos bontés, qu'à vos genoux j'implore,
1290 Sauvez-moi du tourment d'être à ce que j'abhorre,
Et ne me portez point à quelque désespoir,
En vous servant sur moi de tout votre pouvoir.

ORGON, *se sentant attendrir.*

Allons, ferme, mon cœur, point de faiblesse humaine.

MARIANE

Vos tendresses pour lui ne me font point de peine ;
1295 Faites-les éclater, donnez-lui votre bien,
Et, si ce n'est assez, joignez-y tout le mien[3] :
J'y consens de bon cœur, et je vous l'abandonne ;
Mais au moins n'allez pas jusques à ma personne,
Et souffrez qu'un couvent dans les austérités
1300 Use les tristes jours que le Ciel m'a comptés.

ORGON

Ah ! voilà justement de mes religieuses[4],
Lorsqu'un père combat leurs flammes amoureuses !
Debout ! Plus votre cœur répugne à l'accepter,
Plus ce sera pour vous matière à mériter ·
1305 Mortifiez vos sens[5] avec ce mariage,
Et ne me rompez pas la tête davantage.

DORINE

Mais quoi… ?

ORGON

　　　　　Taisez-vous, vous ; parlez à votre écot[1] :
Je vous défends tout net d'oser dire un seul mot.

CLÉANTE

Si par quelque conseil vous souffrez qu'on réponde…

ORGON

1310 Mon frère, vos conseils sont les meilleurs du monde,
Ils sont bien raisonnés, et j'en fais un grand cas ;
Mais vous trouverez bon que je n'en use pas.

ELMIRE, *à son mari.*

A voir ce que je vois, je ne sais plus que dire,
Et votre aveuglement fait que je vous admire :
1315 C'est être bien coiffé, bien prévenu de lui,
Que de nous démentir sur le fait d'aujourd'hui.

ORGON

Je suis votre valet, et crois les apparences.
Pour mon fripon de fils je sais vos complaisances
Et vous avez eu peur de le désavouer
1320 Du trait[2] qu'à ce pauvre homme il a voulu jouer ;
Vous étiez trop tranquille enfin pour être crue
Et vous auriez paru d'autre manière émue.

ELMIRE

Est-ce qu'au simple aveu d'un amoureux transport
Il faut que notre honneur se gendarme si fort[3] ?
1325 Et ne peut-on répondre à tout ce qui le touche
Que le feu dans les yeux et l'injure à la bouche ?
Pour moi, de tels propos je me ris simplement,
Et l'éclat là-dessus ne me plaît nullement ;
J'aime qu'avec douceur nous nous montrions sages,

1330 Et ne suis point du tout pour ces prudes sauvages
Dont l'honneur est armé de griffes et de dents,
Et veut au moindre mot dévisager[1] les gens :
Me préserve le Ciel d'une telle sagesse !
Je veux une vertu qui ne soit point diablesse,
1335 Et crois que d'un refus la discrète froideur
N'en est pas moins puissante à rebuter un cœur.

ORGON

Enfin je sais l'affaire et ne prends point le change[2].

ELMIRE

J'admire, encore un coup, cette faiblesse étrange.
Mais que me répondrait votre incrédulité
1340 Si je vous faisais voir qu'on vous dit vérité ?

ORGON

Voir ?

ELMIRE

Oui.

ORGON

Chansons.

ELMIRE

Mais quoi ? si je trouvais manière
De vous le faire voir avec pleine lumière ?

ORGON

Contes en l'air.

ELMIRE

Quel homme ! Au moins répondez-moi.
Je ne vous parle pas de nous ajouter foi ;
1345 Mais supposons ici que, d'un lieu qu'on peut prendre,
On vous fît clairement tout voir et tout entendre,
Que diriez-vous alors de votre homme de bien ?

ORGON

En ce cas, je dirais que... Je ne dirais rien,
Car cela ne se peut.

ELMIRE

                    L'erreur trop longtemps dure,
1350 Et c'est trop condamner ma bouche d'imposture.
Il faut que par plaisir, et sans aller plus loin,
De tout ce qu'on vous dit je vous fasse témoin.

ORGON

Soit : je vous prends au mot. Nous verrons votre
                                        [adresse,
Et comment vous pourrez remplir cette promesse.

ELMIRE

Faites-le-moi venir.

DORINE

                    Son esprit est rusé,
1355 Et peut-être à surprendre il sera malaisé.

ELMIRE

Non ; on est aisément dupé par ce qu'on aime.
Et l'amour-propre engage à se tromper soi-même.
Faites-le-moi descendre.

                    Parlant à Cléante et à Mariane
                    Et vous, retirez-vous.

SCÈNE IV

ELMIRE, ORGON

ELMIRE

1360 Approchons cette table, et vous mettez dessous[1]

ORGON

Comment ?

ELMIRE

Vous bien cacher est un point nécessaire.

ORGON

Pourquoi sous cette table ?

ELMIRE

                    Ah, mon Dieu ! laissez
                                    [faire :
J'ai mon dessein en tête, et vous en jugerez.
Mettez-vous là, je vous dis-je ; et quand vous y serez,
1365 Gardez qu'on ne vous voie et qu'on ne vous entende.

ORGON

Je confesse qu'ici ma complaisance est grande ;
Mais de votre entreprise il vous faut voir sortir.

ELMIRE

Vous n'aurez, que je crois, rien à me repartir.

                    A son mari qui est sous la table.

Au moins, je vais toucher une étrange matière :
1370 Ne vous scandalisez en aucune manière.
Quoi que je puisse dire, il doit m'être permis,
Et c'est pour vous convaincre, ainsi que j'ai promis.
Je vais par des douceurs, puisque j'y suis réduite,
Faire poser le masque à cette âme hypocrite,
1375 Flatter de son amour les désirs effrontés,
Et donner un champ libre à ses témérités.
Comme c'est pour vous seul, et pour mieux le
                                    [confondre,
Que mon âme à ses vœux va feindre de répondre,
J'aurai lieu de cesser dès que vous vous rendrez,
1380 Et les choses n'iront que jusqu'où vous voudrez.

C'est à vous d'arrêter son ardeur insensée,
Quand vous croirez l'affaire assez avant poussée,
D'épargner votre femme, et de ne m'exposer
Qu'à ce qu'il vous faudra pour vous désabuser :
1385 Ce sont vos intérêts ; vous en serez le maître,
Et... L'on vient. Tenez-vous, et gardez de paraître.

SCÈNE V

TARTUFFE, ELMIRE, ORGON

TARTUFFE

On m'a dit qu'en ce lieu vous me vouliez parler.

ELMIRE

Oui. L'on a des secrets à vous y révéler.
Mais tirez cette porte avant qu'on vous les dise,
1390 Et regardez partout de crainte de surprise.
Une affaire pareille à celle de tantôt
N'est pas assurément ici ce qu'il nous faut.
Jamais il ne s'est vu de surprise de même[1] ;
Damis m'a fait pour vous une frayeur extrême,
1395 Et vous avez bien vu que j'ai fait mes efforts
Pour rompre son dessein et calmer ses transports.
Mon trouble, il est bien vrai, m'a si fort possédée,
Que de le démentir je n'ai point eu l'idée ;
Mais par-là, grâce au Ciel, tout a bien mieux été,
1400 Et les choses en sont dans plus de sûreté.
L'estime où l'on vous tient a dissipé l'orage,
Et mon mari de vous ne peut prendre d'ombrage,
Pour mieux braver l'éclat des mauvais jugements,
Il veut que nous soyons ensemble à tous moments ;
1405 Et c'est par où je puis, sans peur d'être blâmée,
Me trouver ici seule avec vous enfermée,
Et ce qui m'autorise à vous ouvrir un cœur
Un peu trop prompt peut-être à souffrir votre ardeur.

TARTUFFE

Ce langage à comprendre est assez difficile,
1410 Madame, et vous parliez tantôt d'un autre style.

ELMIRE

Ah! si d'un tel refus vous êtes en courroux,
Que le cœur d'une femme est mal connu de vous!
Et que vous savez peu ce qu'il veut faire entendre
Lorsque si faiblement on le voit se défendre!
1415 Toujours notre pudeur[1] combat dans ces moments
Ce qu'on[2] peut nous donner de tendres sentiments.
Quelque raison qu'on trouve à l'amour qui nous
                                        [dompte,
On trouve à l'avouer toujours un peu de honte;
On s'en défend d'abord; mais de l'air qu'on s'y prend,
1420 On fait connaître assez que notre cœur se rend,
Qu'à nos vœux par honneur notre bouche s'oppose,
Et que de tels refus promettent toute chose.
C'est vous faire sans doute un assez libre aveu,
Et sur notre pudeur me ménager bien peu;
1425 Mais puisque la parole enfin en est lâchée,
A retenir Damis me serais-je attachée,
Aurais-je, je vous prie, avec tant de douceur
Écouté tout au long l'offre de votre cœur,
Aurais-je pris la chose ainsi qu'on m'a vu faire,
1430 Si l'offre de ce cœur n'eût eu de quoi me plaire?
Et lorsque j'ai voulu moi-même vous forcer
A refuser l'hymen qu'on venait d'annoncer,
Qu'est-ce que cette instance a dû vous faire entendre,
Que l'intérêt[3] qu'en vous on s'avise de prendre,
1435 Et l'ennui qu'on aurait que ce nœud qu'on résout
Vînt partager du moins un cœur que l'on veut tout?

TARTUFFE

C'est sans doute, Madame, une douceur extrême
Que d'entendre ces mots d'une bouche qu'on aime:
Leur miel dans tous mes sens fait couler à longs traits

1440 Une suavité qu'on ne goûta jamais.
Le bonheur de vous plaire est ma suprême étude,
Et mon cœur de vos vœux fait sa béatitude[1];
Mais ce cœur vous demande ici la liberté
D'oser douter un peu de sa félicité.
1445 Je puis croire ces mots un artifice honnête
Pour m'obliger à rompre un hymen qui s'apprête;
Et s'il faut librement m'expliquer avec vous,
Je ne me fierai point à des propos si doux,
Qu'un peu de vos faveurs, après quoi je soupire,
1450 Ne vienne m'assurer tout ce qu'ils m'ont pu dire,
Et planter dans mon âme une constante foi
Des charmantes bontés que vous avez pour moi.

ELMIRE, *elle tousse pour avertir son mari*[2].

Quoi? vous voulez aller avec cette vitesse,
Et d'un cœur tout d'abord épuiser la tendresse?
1455 On se tue à vous faire un aveu des plus doux;
Cependant ce n'est pas encore assez pour vous,
Et l'on ne peut aller jusqu'à vous satisfaire,
Qu'aux dernières faveurs on ne pousse l'affaire?

TARTUFFE

Moins on mérite un bien, moins on l'ose espérer[3].
1460 Nos vœux sur des discours ont peine à s'assurer.
On soupçonne aisément[4] un sort tout plein de gloire,
Et l'on veut en jouir avant que de le croire.
Pour moi, qui crois si peu mériter vos bontés,
Je doute du bonheur de mes témérités;
1465 Et je ne croirai rien, que vous n'ayez, Madame,
Par des réalités[5] su convaincre ma flamme.

ELMIRE

Mon Dieu, que votre amour en vrai tyran agit,
Et qu'en un trouble étrange il me jette l'esprit!
Que sur les cœurs il prend un furieux empire,
470 Et qu'avec violence il veut ce qu'il désire!

Quoi ? de votre poursuite on ne peut se parer,
Et vous ne donnez pas le temps de respirer ?
Sied-il bien de tenir une rigueur si grande,
De vouloir sans quartier les choses qu'on demande,
1475 Et d'abuser ainsi par vos efforts pressants
Du faible que pour vous vous voyez qu'ont les gens ?

TARTUFFE

Mais si d'un œil bénin vous voyez mes hommages,
Pourquoi m'en refuser d'assurés témoignages ?

ELMIRE

Mais comment consentir à ce que vous voulez,
1480 Sans offenser le Ciel, dont toujours vous parlez ?

TARTUFFE

Si ce n'est que le Ciel qu'à mes vœux on oppose,
Lever un tel obstacle est à moi peu de chose,
Et cela ne doit pas retenir votre cœur.

ELMIRE

Mais des arrêts du Ciel on nous fait tant de peur !

TARTUFFE

1485 Je puis vous dissiper ces craintes ridicules,
Madame, et je sais l'art de lever les scrupules [1].
Le Ciel défend, de vrai, certains contentements ;

C'est un scélérat qui parle.

Mais on trouve avec lui des accommodements ;
Selon divers besoins, il est une science
1490 D'étendre les liens de notre conscience [2]
Et de rectifier le mal de l'action
Avec la pureté de notre intention [3].
De ces secrets, Madame, on saura vous instruire ;
Vous n'avez seulement qu'à vous laisser conduire [4].
1495 Contentez mon désir, et n'ayez point d'effroi :

Je vous réponds de tout, et prends le mal sur moi.
Vous toussez fort, Madame.

ELMIRE

Oui, je suis au supplice.

TARTUFFE

Vous plaît-il un morceau de ce jus de réglisse ?

ELMIRE

C'est un rhume obstiné, sans doute ; et je vois bien
1500 Que tous les jus du monde ici ne feront rien.

TARTUFFE

Cela certes est fâcheux.

ELMIRE

Oui, plus qu'on ne peut dire.

TARTUFFE

Enfin votre scrupule est facile à détruire :
Vous êtes assurée ici d'un plein secret,
Et le mal n'est jamais que dans l'éclat qu'on fait ;
1505 Le scandale[1] du monde est ce qui fait l'offense,
Et ce n'est pas pécher que pécher en silence.

ELMIRE, *après avoir encore toussé.*

Enfin, je vois qu'il faut se résoudre à céder,
Qu'il faut que je consente à vous tout accorder,
Et qu'à moins de cela je ne dois point prétendre
1510 Qu'on puisse être content, et qu'on veuille se rendre.
Sans doute il est fâcheux d'en venir jusque-là,
Et c'est bien malgré moi que je franchis cela ;
Mais puisque l'on[2] s'obstine à m'y vouloir réduire,
Puisqu'on ne veut point croire à tout ce qu'on peut
[dire,
1515 Et qu'on veut des témoins qui soient plus convaincants,

Il faut bien s'y résoudre, et contenter les gens.
Si ce consentement porte en soi quelque offense,
Tant pis pour qui me force à cette violence ;
La faute assurément n'en doit pas être à moi.

TARTUFFE

1520 Oui, Madame, on s'en charge ; et la chose de soi..

ELMIRE

Ouvrez un peu la porte, et voyez, je vous prie,
Si mon mari n'est point dans cette galerie.

TARTUFFE

Qu'est-il besoin pour lui du soin que vous prenez ?
C'est un homme, entre nous, à mener par le nez ;
1525 De tous nos entretiens il est pour faire gloire,
Et je l'ai mis au point de voir tout sans rien croire.

ELMIRE

Il n'importe : sortez, je vous prie, un moment,
Et partout là dehors voyez exactement.

SCÈNE VI

ORGON, ELMIRE

ORGON, *sortant de dessous la table*.

Voilà, je vous l'avoue, un abominable homme !
1530 Je n'en puis revenir, et tout ceci m'assomme.

ELMIRE

Quoi ? vous sortez si tôt ? vous vous moquez des gens.
Rentrez sous le tapis, il n'est pas encor temps ;
Attendez jusqu'au bout pour voir les choses sûres,
Et ne vous fiez point aux simples conjectures.

ORGON

1535 Non, rien de plus méchant n'est sorti de l'enfer.

ELMIRE

Mon Dieu ! l'on ne doit point croire trop de léger.
Laissez-vous bien convaincre avant que de vous rendre,
Et ne vous hâtez point, de peur de vous méprendre.

Elle fait mettre son mari derrière elle.

SCÈNE VII

TARTUFFE, ELMIRE, ORGON

TARTUFFE

Tout conspire, Madame, à mon contentement ·
1540 J'ai visité de l'œil tout cet appartement ;
Personne ne s'y trouve ; et mon âme ravie...

ORGON, *en l'arrêtant.*

Tout doux ! vous suivez trop votre amoureuse envie,
Et vous ne devez pas vous tant passionner.
Ah ! ah ! l'homme de bien, vous m'en voulez donner[1] !
1545 Comme aux tentations s'abandonne votre âme !
Vous épousiez ma fille, et convoitiez ma femme !
J'ai douté fort longtemps que ce fût tout de bon,
Et je croyais toujours qu'on changerait de ton ;
Mais c'est assez avant pousser le témoignage :
1550 Je m'y tiens, et n'en veux, pour moi, pas davantage.

ELMIRE, *à Tartuffe.*

C'est contre mon humeur que j'ai fait tout ceci :
Mais on m'a mise au point de vous traiter ainsi.

TARTUFFE

Quoi ? vous croyez... ?

ORGON

                    Allons, point de bruit, je vous
                                        [prie
Dénichons de céans, et sans cérémonie.

TARTUFFE

Mon dessein...

ORGON

1555   Ces discours ne sont plus de saison :
Il faut, tout sur-le-champ, sortir de la maison.

TARTUFFE

C'est à vous d'en sortir, vous qui parlez en maître :
La maison m'appartient, je le ferai connaître,
Et vous montrerai bien qu'en vain on a recours,
1560 Pour me chercher querelle, à ces lâches détours,
Qu'on n'est pas où l'on pense en me faisant injure,
Que j'ai de quoi confondre et punir l'imposture,
Venger le Ciel qu'on blesse, et faire repentir
Ceux qui parlent ici de me faire sortir.

SCÈNE VIII

ELMIRE, ORGON

ELMIRE

1565 Quel est donc ce langage ? et qu'est-ce qu'il veut dire ?

ORGON

Ma foi, je suis confus, et n'ai pas lieu de rire.

ELMIRE

Comment ?

ORGON

Je vois ma faute aux choses qu'il me dit,
Et la donation m'embarrasse l'esprit.

ELMIRE

La donation...

ORGON

Oui, c'est une affaire faite
1570 Mais j'ai quelque autre chose encor qui m'inquiète.

ELMIRE

Et quoi ?

ORGON

Vous saurez tout. Mais voyons au plus tôt
Si certaine cassette est encore là-haut.

ACTE V

SCÈNE PREMIÈRE

ORGON, CLÉANTE

CLÉANTE

Où voulez-vous courir ?

ORGON

Las ! que sais-je ?

CLÉANTE

Il me semble
Que l'on doit commencer par consulter[1] ensemble
1575 Les choses qu'on peut faire en cet événement.

ORGON

Cette cassette-là me trouble entièrement[2] ;
Plus que le reste encor elle me désespère.

CLÉANTE

Cette cassette est donc un important mystère ?

ORGON

C'est un dépôt qu'Argas, cet ami que je plains,
1580 Lui-même, en grand secret, m'a mis entre les mains.

Pour cela, dans sa fuite, il me voulut élire ;
Et ce sont des papiers, à ce qu'il m'a pu dire,
Où sa vie et ses biens se trouvent attachés.

CLÉANTE

Pourquoi donc les avoir en d'autres mains lâchés ?

ORGON

1585 Ce fut par un motif de cas de conscience :
J'allai droit à mon traître en faire confidence ;
Et son raisonnement me vint persuader
De lui donner plutôt la cassette à garder,
Afin que, pour nier, en cas de quelque enquête,
1590 J'eusse d'un faux-fuyant la faveur toute prête,
Par où ma conscience eût pleine sûreté
A faire des serments contre la vérité[1].

CLÉANTE

Vous voilà mal, au moins si j'en crois l'apparence ;
Et la donation, et cette confidence,
1595 Sont, à vous en parler selon mon sentiment,
Des démarches par vous faites légèrement.
On peut vous mener loin avec de pareils gages ;
Et cet homme sur vous ayant ces avantages,
Le pousser est encor grande imprudence à vous,
1600 Et vous deviez chercher quelque biais plus doux.

ORGON

Quoi ? sous un beau semblant de ferveur si touchante
Cacher un cœur si double, une âme si méchante !
Et moi qui l'ai reçu gueusant et n'ayant rien...
C'en est fait, je renonce à tous les gens de bien :
1605 J'en aurai désormais une horreur effroyable,
Et m'en vais devenir pour eux pire qu'un diable.

CLÉANTE

Hé bien ! ne voilà pas de vos emportements !
Vous ne gardez en rien les doux tempéraments ;

Dans la droite raison jamais n'entre la vôtre,
1610 Et toujours d'un excès vous vous jetez dans l'autre.
Vous voyez votre erreur, et vous avez connu
Que par un zèle feint vous étiez prévenu[1] ;
Mais pour vous corriger, quelle raison demande
Que vous alliez passer dans une erreur plus grande,
1615 Et qu'avecque le cœur d'un perfide vaurien
Vous confondiez les cœurs de tous les gens de bien ?
Quoi ? parce qu'un fripon vous dupe avec audace
Sous le pompeux éclat d'une austère grimace,
Vous voulez que partout on soit fait comme lui,
1620 Et qu'aucun vrai dévot ne se trouve aujourd'hui ?
Laissez aux libertins ces sottes conséquences ;
Démêlez la vertu d'avec ses apparences,
Ne hasardez jamais votre estime trop tôt,
Et soyez pour cela dans le milieu qu'il faut :
1625 Gardez-vous, s'il se peut, d'honorer l'imposture,
Mais au vrai zèle aussi n'allez pas faire injure ;
Et s'il vous faut tomber dans une extrémité,
Péchez plutôt encor de cet autre côté.

SCÈNE II

DAMIS, ORGON, CLÉANTE

DAMIS

Quoi ? mon père, est-il vrai qu'un coquin vous
[menace ?
1630 Qu'il n'est point de bienfait qu'en son âme il n'efface,
Et que son lâche orgueil, trop digne de courroux,
Se fait de vos bontés des armes contre vous ?

ORGON

Oui, mon fils, et j'en sens des douleurs nonpareilles.

DAMIS

Laissez-moi, je lui veux couper les deux oreilles :
1635 Contre son insolence on ne doit point gauchir[1] ;
C'est à moi, tout d'un coup, de vous en affranchir,
Et pour sortir d'affaire, il faut que je l'assomme.

CLÉANTE

Voilà tout justement parler en vrai jeune homme.
Modérez, s'il vous plaît, ces transports éclatants :
1640 Nous vivons sous un règne et sommes dans un temps
Où par la violence on fait mal ses affaires.

SCÈNE III

MADAME PERNELLE, MARIANE, ELMIRE,
DORINE, DAMIS, ORGON, CLÉANTE

MADAME PERNELLE

Qu'est-ce ? J'apprends ici de terribles mystères.

ORGON

Ce sont des nouveautés dont mes yeux sont témoins,
Et vous voyez le prix dont sont payés mes soins.
1645 Je recueille avec zèle un homme en sa misère,
Je le loge, et le tiens comme mon propre frère ;
De bienfaits chaque jour il est par moi chargé ;
Je lui donne ma fille et tout le bien que j'ai ;
Et, dans le même temps, le perfide, l'infâme,
1650 Tente le noir dessein de suborner ma femme,
Et non content encor de ces lâches essais,
Il m'ose menacer de mes propres bienfaits,
Et veut, à ma ruine, user des avantages
Dont le viennent d'armer mes bontés trop peu sages,
1655 Me chasser de mes biens, où je l'ai transféré,
Et me réduire au point d'où je l'ai retiré.

DORINE

Le pauvre homme !

MADAME PERNELLE

　　　　Mon fils, je ne puis du tout croire
Qu'il ait voulu commettre une action si noire.

ORGON

Comment ?

MADAME PERNELLE

　　　Les gens de bien sont enviés toujours.

ORGON

1660 Que voulez-vous donc dire avec votre discours,
Ma mère ?

MADAME PERNELLE

　　　　Que chez vous on vit d'étrange sorte,
Et qu'on ne sait que trop la haine qu'on lui porte.

ORGON

Qu'a cette haine à faire avec ce qu'on vous dit ?

MADAME PERNELLE

Je vous l'ai dit cent fois quand vous étiez petit :
1665 La vertu dans le monde est toujours poursuivie ;
Les envieux mourront, mais non jamais l'envie.

ORGON

Mais que fait ce discours aux choses d'aujourd'hui ?

MADAME PERNELLE

On vous aura forgé cent sots contes de lui.

ORGON

Je vous ai dit déjà que j'ai vu tout moi-même.

MADAME PERNELLE

1670 Des esprits médisants la malice est extrême.

ORGON

Vous me feriez damner, ma mère. Je vous dis
Que j'ai vu de mes yeux un crime si hardi.

MADAME PERNELLE

Les langues ont toujours du venin à répandre,
Et rien n'est ici-bas qui s'en puisse défendre.

ORGON

1675 C'est tenir un propos de sens bien dépourvu.
Je l'ai vu, dis-je, vu, de mes propres yeux vu,
Ce qu'on appelle vu : faut-il vous le rebattre
Aux oreilles cent fois, et crier comme quatre ?

MADAME PERNELLE

Mon Dieu, le plus souvent l'apparence déçoit :
1680 Il ne faut pas toujours juger sur ce qu'on voit.

ORGON

J'enrage.

MADAME PERNELLE

                    Aux faux soupçons la nature est sujette,
Et c'est souvent à mal que le bien s'interprète.

ORGON

Je dois interpréter à charitable soin[1]
Le désir d'embrasser ma femme ?

MADAME PERNELLE

                                        Il est besoin,
1685 Pour accuser les gens, d'avoir de justes causes ;
Et vous deviez attendre à vous voir sûr des choses.

ORGON

Hé, diantre ! le moyen de m'en assurer mieux ?
Je devais donc, ma mère, attendre qu'à mes yeux
Il eût... Vous me feriez dire quelque sottise.

MADAME PERNELLE

1690 Enfin d'un trop pur zèle on voit son âme éprise ;
Et je ne puis du tout me mettre dans l'esprit
Qu'il ait voulu tenter les choses que l'on dit.

ORGON

Allez, je ne sais pas, si vous n'étiez ma mère,
Ce que je vous dirais, tant je suis en colère.

DORINE

1695 Juste retour, Monsieur, des choses d'ici-bas :
Vous ne vouliez point croire, et l'on ne vous croit pas.

CLÉANTE

Nous perdons des moments en bagatelles pures,
Qu'il faudrait employer à prendre des mesures.
Aux menaces du fourbe on doit ne dormir point.

DAMIS

1700 Quoi ? son effronterie irait jusqu'à ce point ?

ELMIRE

Pour moi, je ne crois pas cette instance[1] possible,
Et son ingratitude est ici trop visible.

CLÉANTE

Ne vous y fiez pas : il aura des ressorts
Pour donner contre vous raison à ses efforts ;
1705 Et sur moins que cela, le poids d'une cabale[2]
Embarrasse les gens dans un fâcheux dédale.
Je vous le dis encor : armé de ce qu'il a,
Vous ne deviez jamais le pousser jusque-là.

ORGON

Il est vrai ; mais qu'y faire ? A l'orgueil de ce traître,
1710 De mes ressentiments je n'ai pas été maître.

CLÉANTE

Je voudrais, de bon cœur, qu'on pût entre vous deux
De quelque ombre de paix raccommoder les nœuds.

ELMIRE

Si j'avais su qu'en main il a de telles armes,
Je n'aurais pas donné matière à tant d'alarmes,
Et mes...

ORGON

1715   Que veut cet homme ? Allez tôt le savoir.
Je suis bien en état que l'on me vienne voir !

SCÈNE IV

MONSIEUR LOYAL, MADAME PERNELLE.
ORGON, DAMIS, MARIANE, DORINE.
ELMIRE, CLÉANTE

MONSIEUR LOYAL

Bonjour, ma chère sœur[1] ; faites, je vous supplie,
Que je parle à Monsieur.

DORINE

                    Il est en compagnie,
Et je doute qu'il puisse à présent voir quelqu'un.

MONSIEUR LOYAL

1720 Je ne suis pas pour être en ces lieux importun.
Mon abord n'aura rien, je crois, qui lui déplaise ;
Et je viens pour un fait dont il sera bien aise.

DORINE

Votre nom ?

MONSIEUR LOYAL

Dites-lui seulement que je viens
De la part de Monsieur Tartuffe, pour son bien[1].

DORINE

1725 C'est un homme qui vient, avec douce manière,
De la part de Monsieur Tartuffe, pour affaire
Dont vous serez, dit-il, bien aise.

CLÉANTE

Il vous faut voir
Ce que c'est que cet homme, et ce qu'il peut vouloir.

ORGON

Pour nous raccommoder il vient ici peut-être :
1730 Quels sentiments aurai-je à lui faire paraître ?

CLÉANTE

Votre ressentiment ne doit point éclater ;
Et s'il parle d'accord, il le faut écouter.

MONSIEUR LOYAL

Salut, Monsieur. Le Ciel perde qui vous veut nuire,
Et vous soit favorable autant que je désire !

ORGON

1735 Ce doux début s'accorde avec mon jugement,
Et présage déjà quelque accommodement.

MONSIEUR LOYAL

Toute votre maison m'a toujours été chère,
Et j'étais serviteur[2] de Monsieur votre père.

ORGON

Monsieur, j'ai grande honte et demande pardon
1740 D'être sans vous connaître ou savoir votre nom.

MONSIEUR LOYAL

Je m'appelle Loyal, natif de Normandie,
Et suis huissier à verge[1], en dépit de l'envie.
J'ai depuis quarante ans, grâce au Ciel, le bonheur
D'en exercer la charge avec beaucoup d'honneur ;
1745 Et je vous viens, Monsieur, avec votre licence,
Signifier l'exploit de certaine ordonnance...

ORGON

Quoi ? vous êtes ici... ?

MONSIEUR LOYAL

                    Monsieur, sans passion :
Ce n'est rien seulement qu'une sommation,
Un ordre de vuider d'ici, vous et les vôtres,
1750 Mettre vos meubles hors, et faire place à d'autres,
Sans délai ni remise, ainsi que besoin est...

ORGON

Moi, sortir de céans ?

MONSIEUR LOYAL

                    Oui, Monsieur, s'il vous plaît.
La maison à présent, comme savez de reste,
Au bon Monsieur Tartuffe appartient sans conteste.
1755 De vos biens désormais il est maître et seigneur,
En vertu d'un contrat duquel je suis porteur :
Il est en bonne forme, et l'on n'y peut rien dire[2].

DAMIS

Certes cette impudence est grande, et je l'admire.

MONSIEUR LOYAL

Monsieur, je ne dois point avoir affaire à vous ;
1760 C'est à Monsieur : il est et raisonnable et doux,
Et d'un homme de bien il sait trop bien l'office,
Pour se vouloir du tout opposer à justice.

ORGON

Mais...

MONSIEUR LOYAL

Oui, Monsieur, je sais que pour un million
Vous ne voudriez pas faire rébellion,
1765 Et que vous souffrirez, en honnête personne,
Que j'exécute ici les ordres qu'on me donne.

DAMIS

Vous pourriez bien ici sur votre noir jupon[1],
Monsieur l'huissier à verge, attirer le bâton.

MONSIEUR LOYAL

Faites que votre fils se taise ou se retire,
1770 Monsieur. J'aurais regret d'être obligé d'écrire,
Et de vous voir couché dans mon procès-verbal.

DORINE

Ce Monsieur Loyal porte un air bien déloyal !

MONSIEUR LOYAL

Pour tous les gens de bien j'ai de grandes tendresses,
Et ne me suis voulu, Monsieur, charger des pièces
1775 Que pour vous obliger et vous faire plaisir,
Que pour ôter par-là le moyen d'en choisir
Qui, n'ayant pas pour vous le zèle qui me pousse,
Auraient pu procéder d'une façon moins douce.

ORGON

Et que peut-on de pis que d'ordonner aux gens
De sortir de chez eux ?

MONSIEUR LOYAL

1780   On vous donne du temps,
Et jusques à demain je ferai surséance
A l'exécution, Monsieur, de l'ordonnance.
Je viendrai seulement passer ici la nuit,
Avec dix de mes gens [1], sans scandale et sans bruit.
1785 Pour la forme, il faudra, s'il vous plaît, qu'on m'ap-
                                              [porte,
Avant que se coucher, les clefs de votre porte.
J'aurai soin de ne pas troubler votre repos,
Et de ne rien souffrir qui ne soit à propos.
Mais demain, du matin, il vous faut être habile
1790 A vuider de céans jusqu'au moindre ustensile :
Mes gens vous aideront, et je les ai pris forts,
Pour vous faire service à tout mettre dehors.
On n'en peut pas user mieux que je fais, je pense ;
Et comme je vous traite avec grande indulgence,
1795 Je vous conjure aussi, Monsieur, d'en user bien,
Et qu'au dû de ma charge on ne me trouble en rien.

ORGON

Du meilleur de mon cœur je donnerais sur l'heure
Les cent plus beaux louis de ce qui me demeure,
Et pouvoir, à plaisir, sur ce mufle assener
1800 Le plus grand coup de poing qui se puisse donner.

CLÉANTE

Laissez, ne gâtons rien.

DAMIS

                          A cette audace étrange,
J'ai peine à me tenir, et la main me démange.

DORINE

Avec un si bon dos, ma foi, Monsieur Loyal,
Quelques coups de bâton ne vous siéraient pas mal.

MONSIEUR LOYAL

1805 On pourrait bien punir ces paroles infâmes,
Mamie, et l'on décrète[1] aussi contre les femmes.

CLÉANTE

Finissons tout cela, Monsieur : c'en est assez ;
Donnez tôt ce papier, de grâce, et nous laissez.

MONSIEUR LOYAL

Jusqu'au revoir. Le Ciel vous tienne tous en joie !

ORGON

1810 Puisse-t-il te confondre, et celui qui t'envoie !

SCÈNE V

ORGON, CLÉANTE, MARIANE, ELMIRE,
MADAME PERNELLE, DORINE, DAMIS

ORGON

Hé bien, vous le voyez, ma mère, si j'ai droit,
Et vous pouvez juger du reste par l'exploit[2] :
Ses trahisons enfin vous sont-elles connues ?

MADAME PERNELLE

Je suis tout ébaubie[3], et je tombe des nues !

DORINE

1815 Vous vous plaignez à tort, à tort vous le blâmez,
Et ses pieux desseins par-là sont confirmés :
Dans l'amour du prochain sa vertu se consomme[4] ;
Il sait que très souvent les biens corrompent l'homme,
Et, par charité pure, il veut vous enlever
1820 Tout ce qui vous peut faire obstacle à vous sauver.

ORGON

Taisez-vous : c'est le mot qu'il vous faut toujours dire.

CLÉANTE

Allons voir quel conseil on doit vous faire élire.

ELMIRE

Allez faire éclater l'audace de l'ingrat[1].
Ce procédé détruit la vertu du contrat ;
1825 Et sa déloyauté va paraître trop noire,
Pour souffrir qu'il en ait le succès qu'on veut croire.

SCÈNE VI

VALÈRE, ORGON, CLÉANTE, ELMIRE,
MARIANE, ETC.

VALÈRE

Avec regret, Monsieur, je viens vous affliger ;
Mais je m'y vois contraint par le pressant danger.
Un ami, qui m'est joint d'une amitié fort tendre,
1830 Et qui sait l'intérêt qu'en vous j'ai lieu de prendre,
A violé pour moi, par un pas délicat,
Le secret que l'on doit aux affaires d'État,
Et me vient d'envoyer un avis dont la suite[2]
Vous réduit au parti d'une soudaine fuite.
1835 Le fourbe qui longtemps a pu vous imposer[3]
Depuis une heure au Prince a su vous accuser,
Et remettre en ses mains, dans les traits qu'il vous jette,
D'un criminel d'État l'importante cassette,
Dont, au mépris, dit-il, du devoir d'un sujet,
1840 Vous avez conservé le coupable secret.
J'ignore le détail du crime qu'on vous donne ;
Mais un ordre est donné contre votre personne ;
Et lui-même est chargé, pour mieux l'exécuter,
D'accompagner celui qui vous doit arrêter.

CLÉANTE

1845 Voilà ses droits armés[1] ; et c'est par où le traître
De vos biens qu'il prétend cherche à se rendre maître.

ORGON

L'homme[2] est, je vous l'avoue, un méchant animal !

VALÈRE

Le moindre amusement[3] vous peut être fatal.
J'ai, pour vous emmener, mon carrosse à la porte,
1850 Avec mille louis qu'ici je vous apporte.
Ne perdons point de temps : le trait est foudroyant,
Et ce sont de ces coups que l'on pare en fuyant.
A vous mettre en lieu sûr je m'offre pour conduite,
Et veux accompagner jusqu'au bout votre fuite.

ORGON

1855 Las ! que ne dois-je point à vos soins obligeants !
Pour vous en rendre grâce il faut un autre temps ;
Et je demande au Ciel de m'être assez propice,
Pour reconnaître un jour ce généreux service.
Adieu : prenez le soin, vous autres...

CLÉANTE

Allez tôt :
1860 Nous songerons, mon frère, à faire ce qu'il faut.

SCÈNE DERNIÈRE

**L'EXEMPT, TARTUFFE, VALÈRE,
ORGON, ELMIRE, MARIANE, ETC.**

TARTUFFE

Tout beau, Monsieur, tout beau, ne courez point si
[vite :

Vous n'irez pas fort loin pour trouver votre gîte
Et de la part du Prince on vous fait prisonnier.

ORGON

Traître, tu me gardais ce trait pour le dernier ;
1865 C'est le coup, scélérat, par où tu m'expédies,
Et voilà couronner toutes tes perfidies.

TARTUFFE

Vos injures n'ont rien à me pouvoir aigrir,
Et je suis pour le Ciel appris à tout souffrir.

CLÉANTE

La modération est grande, je l'avoue.

DAMIS

1870 Comme du Ciel l'infâme impudemment se joue !

TARTUFFE

Tous vos emportements ne sauraient m'émouvoir,
Et je ne songe à rien qu'à faire mon devoir.

MARIANE

Vous avez de ceci grande gloire à prétendre,
Et cet emploi pour vous est fort honnête à prendre.

TARTUFFE

1875 Un emploi ne saurait être que glorieux,
Quand il part du pouvoir qui m'envoie en ces lieux.

ORGON

Mais t'es-tu souvenu que ma main charitable,
Ingrat, t'a retiré d'un état misérable ?

TARTUFFE

Oui, je sais quels secours j'en ai pu recevoir ;
1880 Mais l'intérêt du Prince est mon premier devoir ;

De ce devoir sacré la juste violence
Étouffe dans mon cœur toute reconnaissance,
Et je sacrifierais à de si puissants nœuds
Ami, femme, parents, et moi-même avec eux[1].

ELMIRE

L'imposteur !

DORINE

1885   Comme il sait, de traîtresse manière,
Se faire un beau manteau de tout ce qu'on révère !

CLÉANTE

Mais s'il est si parfait que vous le déclarez,
Ce zèle qui vous pousse et dont vous vous parez,
D'où vient que pour paraître il s'avise d'attendre
1890 Qu'à poursuivre sa femme il ait su vous surprendre,
Et que vous ne songez à l'aller dénoncer
Que lorsque son honneur l'oblige à vous chasser ?
Je ne vous parle point, pour devoir en distraire,
Du don de tout son bien qu'il venait de vous faire ;
1895 Mais le voulant traiter en coupable aujourd'hui,
Pourquoi consentiez-vous à rien prendre de lui ?

TARTUFFE, à l'Exempt.

Délivrez-moi, Monsieur, de la criaillerie,
Et daignez accomplir votre ordre, je vous prie.

L'EXEMPT[2]

Oui, c'est trop demeurer sans doute à l'accomplir :
1900 Votre bouche à propos m'invite à le remplir ;
Et pour l'exécuter, suivez-moi tout à l'heure
Dans la prison qu'on doit vous donner pour demeure.

TARTUFFE

Quoi ? moi, Monsieur ?

L'EXEMPT

Oui, vous.

TARTUFFE

Pourquoi donc la prison?

L'EXEMPT

Ce n'est pas vous à qui j'en veux rendre raison.
1905 Remettez-vous, Monsieur, d'une alarme si chaude.
Nous vivons sous un Prince ennemi de la fraude,
Un Prince dont les yeux se font jour dans les cœurs,
Et que ne peut tromper tout l'art des imposteurs.
D'un fin discernement sa grande âme pourvue[1]
1910 Sur les choses toujours jette une droite vue;
Chez elle jamais rien ne surprend trop d'accès,
Et sa ferme raison ne tombe en nul excès.
Il donne aux gens de bien une gloire immortelle;
Mais sans aveuglement il fait briller ce zèle,
1915 Et l'amour pour les vrais ne ferme point son cœur
A tout ce que les faux doivent donner d'horreur.
Celui-ci n'était pas pour le pouvoir surprendre,
Et de pièges plus fins on le voit se défendre.
D'abord il a percé, par ses vives clartés,
1920 Des replis de son cœur toutes les lâchetés.
Venant vous accuser, il s'est trahi lui-même,
Et par un juste trait de l'équité suprême,
S'est découvert au Prince un fourbe renommé,
Dont sous un autre nom il était informé;
1925 Et c'est un long détail d'actions toutes noires
Dont on pourrait former des volumes d'histoires[2].
Ce monarque, en un mot, a vers vous détesté
Sa lâche ingratitude et sa déloyauté;
A ses autres horreurs il a joint cette suite,
1930 Et ne m'a jusqu'ici soumis à sa conduite
Que pour voir l'impudence aller jusques au bout,
Et vous faire par lui faire raison de tout.

Oui, de tous vos papiers, dont il se dit le maître,
Il veut qu'entre vos mains je dépouille le traître.
1935 D'un souverain pouvoir, il brise les liens
Du contrat qui lui fait un don de tous vos biens,
Et vous pardonne enfin cette offense secrète
Où vous a d'un ami fait tomber la retraite ;
Et c'est le prix qu'il donne au zèle qu'autrefois
1940 On vous vit témoigner en appuyant ses droits[1],
Pour montrer que son cœur sait, quand moins on y
                                              [pense,
D'une bonne action verser la récompense,
Que jamais le mérite avec lui ne perd rien,
Et que mieux que du mal il se souvient du bien.

DORINE

Que le Ciel soit loué !

MADAME PERNELLE

1945   Maintenant je respire.

ELMIRE

Favorable succès !

MARIANE

                Qui l'aurait osé dire ?

ORGON, *à Tartuffe*.

Hé bien ! te voilà, traître...

CLÉANTE

                              Ah ! mon frère, arrêtez,
Et ne descendez point à des indignités ;
A son mauvais destin laissez un misérable,
1950 Et ne vous joignez point au remords qui l'accable :
Souhaitez bien plutôt que son cœur en ce jour
Au sein de la vertu fasse un heureux retour,
Qu'il corrige sa vie en détestant son vice

Et puisse du grand Prince adoucir la justice,
1955 Tandis qu'à sa bonté vous irez à genoux
Rendre ce que demande un traitement si doux.

ORGON

Oui, c'est bien dit : allons à ses pieds avec joie
Nous louer des bontés que son cœur nous déploie
Puis, acquittés un peu de ce premier devoir,
1960 Aux justes soins d'un autre il nous faudra pourvoir,
Et par un doux hymen couronner en Valère
La flamme d'un amant généreux et sincère.

DOM JUAN

OU

LE FESTIN DE PIERRE

COMÉDIE

Par J.-B. P. de MOLIÈRE.

Représentée pour la première fois
le quinzième février 1665,
sur le Théâtre de la Salle du Palais-Royal,
par la Troupe de Monsieur,
Frère Unique du Roi.

LE

FESTIN

DE

PIERRE

COMÉDIE

Par J.-B. P. de Molière.
Édition nouvelle et toute différente
de celle qui a paru jusqu'à présent

A AMSTERDAM

M. DC. LXXXIII

NOTICE

I. HISTOIRE DE LA PIÈCE

Quelques dates d'abord : 15 février 1665, première avec un très grand succès. Mais dès la seconde représentation, la scène du pauvre est amputée. Le relâche de Pâques arrive. A la réouverture. Dom Juan a quitté l'affiche. Il est clair que l'auteur a reçu l'ordre, ou au moins le conseil pressant, de renoncer à Dom Juan.

En avril, une polémique oppose un ennemi de la pièce, l'auteur des Observations sur une comédie de Molière intitulée Le Festin de Pierre, *à deux partisans de Molière.*

Après quoi le silence, jusqu'après la mort de Molière. En 1676, le comédien Champmeslé fabrique une petite pièce en deux actes, Les Fragments de Molière, *en cousant tant bien que mal ensemble quelques scènes de la pièce. En 1677, les comédiens de l'Hôtel Guénégaud demandent à Thomas Corneille d'expurger* Dom Juan *de ses audaces et de le transcrire en vers. Cette transcription sera jouée jusqu'en 1841. L'Odéon (1841), la Comédie-Française (1847) revinrent alors au* Dom Juan *en prose de Molière.*

L'histoire des éditions est complexe aussi. Le privilège pris par Molière (11 mars 1665) n'est pas utilisé. Dom Juan *n'est imprimé qu'après sa mort en 1682. Les éditeurs ont dû édulcorer le texte. Cela ne parut pas suffisant à la censure : il fallut imprimer des « cartons[a] » ; trois exemplaires échappés au cartonnage sont connus, dont celui du lieutenant de police La Reynie.*

En 1683, un libraire d'Amsterdam donne le texte intégral, celui que selon toutes probabilités avaient entendu les spectateurs du 15 février 1665. Ce texte, réimprimé deux fois encore (1694, 1699), est ensuite oublié.

On garde seulement le vague souvenir qu'existait une audacieuse « scène du pauvre ». Mais les éditeurs successifs ne l'ont pas eue entre les mains et ils reproduisent tous l'édition cartonnée de 1682. En 1813 seulement la scène du pauvre de l'édition non cartonnée de 1682, et, en 1819, l'édition d'Amsterdam (1683) sont retrouvées. Est publié ainsi pour la première fois le texte que Molière avait d'abord voulu donner ; c'est naturellement ce texte que nous imprimons ici[b].

II. REVUE DE PRESSE

Tout de suite, la pièce fut très violemment contestée. Il y eut une querelle de Dom Juan, *qui a laissé peu de traces écrites mais dont on entrevoit l'extrême âpreté. Le ton des* Observations sur une comédie de Molière intitulée Le Festin de Pierre *de Rochemont — c'est un pseudonyme — est violent : accusation d'athéisme en bonne forme. Le plus intéressant est son analyse du rôle de Sganarelle, tenu par Molière.*

Sganarelle et Dom Juan se partagent les quatre sortes de l'impiété : l'impiété déclarée qui blasphème ; l'impiété cachée qui n'adore qu'en apparence ; l'impiété qui croit en

---

a. Rappelons qu'un carton est une page qu'on imprime après coup et qu'on insère à la place de la page qu'on a voulu modifier.

b. Notre texte de base est donc 1682 non cartonné ; mais nous l'avons complété en insérant à leur place les passages sacrifiés que nous fait connaître l'édition hollandaise de 1683. — Pour les détails de ces problèmes de texte, voir édition Pléiade, t. II, p. 1291.

Dieu « par manière d'acquit » sans le craindre ; l'impiété qui en apparence défend la religion, mais pour la détruire « en en affaiblissant malicieusement les preuves ou en ravalant la dignité de ses mystères ». Sganarelle a pour sa part trois de ces variétés : il est « libertin et malicieux ». « Le libertin a quelque sentiment de Dieu, mais il n'a point de respect pour ses ordres, ni de crainte pour ses foudres, et le malicieux raisonne faiblement, et traite avec bassesse ou en ridicule les choses saintes. » Il ne croit que le Moine-Bourru et Molière ne peut parer au juste reproche qu'on lui fait d'avoir mis la défense de la religion dans la bouche d'un valet impudent, d'avoir exposé la foi à la risée publique. « Un valet infâme, dit-il encore, fait au badinage de son maître... un Molière habillé en Sganarelle, qui se moque de Dieu et du Diable, qui joue le Ciel et l'Enfer, qui souffle le chaud et le froid, qui confond le vice et la vertu, qui croit et ne croit pas, qui pleure et qui rit, qui reprend et qui approuve, qui est censeur et athée, qui est hypocrite et libertin, qui est homme et démon tout ensemble. »

Une complicité profonde le lie donc à Dom Juan. Il ne faudrait pas pousser beaucoup Rochemont pour lui faire dire que le personnage le plus dangereux n'est pas l'athée qui blasphème, Dom Juan, mais l'athée qui se cache, Sganarelle. Le problème est posé avec vigueur : on détermine les intentions profondes de Molière moins en pénétrant le personnage de Dom Juan que celui de Sganarelle.

Le reste de la « revue de presse », les deux réponses à Rochemont, importent moins. Notons cependant que Conti accusa Le Festin de Pierre *d'être « une école d'athéisme ouverte ».*

III. DE TIRSO DE MOLINA A MOLIÈRE : LE RÔLE DU PÈRE, LE RÔLE D'ELVIRE

La filiation du sujet est connue : une légende puis une comédie espagnoles ; des adaptations italiennes, dont une en commedia dell'arte (1638) ; puis Le Festin de Pierre ou le Fils criminel *de Dorimond (Lyon, 1658) ; et celui de Villiers (1659) ; enfin Molière. Il s'est inspiré surtout de Dorimond et de Villiers, dont les œuvres ne sont pas négligeables, et du scénario des Italiens. Mais il a beaucoup ajouté et renouvelé.*

Il développe l'élément de pastorale en faisant parler ses paysans en leur patois. Surtout, il développe le rôle du père, lui prête des remontrances fermes et touchantes, le rend émouvant. L'horreur un peu élémentaire suscitée par le fils criminel fait ainsi place à un sentiment plus complexe, où entre le mépris pour la vilenie hypocrite de Dom Juan et chez le spectateur le sentiment qu'il a été personnellement trompé.

Le rôle d'Elvire est tout entier une création de Molière. Elle apparaît d'abord en femme offensée qui poursuit un mari infidèle. Puis elle revient, voilée, prête à entrer dans la retraite et à expier. Elle ne veut plus se venger, mais seulement sauver l'âme de Dom Juan, poussée par la charité chrétienne et songeant sans doute au dogme de la réversibilité des mérites et de la communion des saints. Dom Juan n'est pas ému de pitié, mais d'un sentiment littérairement très neuf : les larmes de l'amante abandonnée sont une manière d'aphrodisiaque.

Le rôle du père, celui d'Elvire enrichissent celui de Dom Juan, révèlent en lui le roué, avec sa courtoisie, à l'occasion insultante, et qui est le refus de l'émotion ; avec la négation de la morale : le bien ni le mal n'existent, il n'existe que le plaisir. Le plaisir est dans la conquête, exercice de l'intelligence, complété par le goût de corrompre. Dom Juan ne serait pas déplacé dans Les Liaisons dangereuses.

Elvire reparaît sans doute une troisième fois. Un spectre de femme voilée vient avertir Dom Juan qu'il n'a plus qu'un instant pour se repentir. Dom Juan croit reconnaître cette voix. Nous le croyons aussi : c'est Elvire, représentant toutes les victimes du séducteur, représentant aussi la Grâce une dernière fois offerte, avant de laisser place au Temps, qui fauche tout.

Avec le père, avec Elvire se développe un pathétique qui appartient à Molière seul. Chez lui seul, se déroule une aventure complète de Dom Juan. Premier épisode, une conquête : une petite paysanne sotte et vaniteuse est prise au miroir aux alouettes du mariage, avec une facilité qui rend la conquête dérisoire et avilit le conquérant. Deuxième épisode, un abandon : avec Elvire. L'histoire d'Elvire apporte sa conclusion à l'histoire de Charlotte. La femme séduite devant nous est une paysanne, la femme abandonnée une grande dame. Peu importe : les amantes pour Dom Juan sont interchangeables. L'itinéraire amoureux, sur cette carte de Tendre très simplifiée, est unique : de la curiosité à la conquête, à la satiété, la rupture, pour l'amant; de la tentation à la chute et au désespoir pour l'amante. Cela revient à dire que la vie de Dom Juan est d'une cruelle monotonie; que cette existence, peuplée d'innombrables femmes, interchangeables, est en réalité une solitude. Cette quête toujours recommencée de ce que le séducteur appelle amour le laisse dans l'incapacité d'aimer; elle est une forme de l'impuissance, non physiologique, mais sentimentale. La présence d'Elvire a donné à la pièce une amertume profonde; la présence de Charlotte et de Mathurine ajoute une note dérisoire qui rend l'amertume plus grinçante.

IV. LE PERSONNAGE DE DOM JUAN

Le premier visage de Dom Juan est celui du séducteur : il tient aux libertins de la génération de Théophile, mais annonce aussi l'esprit des Liaisons dangereuses. *Qui voudrait utiliser le langage de la théologie morale du XVIIᵉ siècle reconnaîtrait en son goût de conquête la* libido sentiendi *et la* libido dominandi.

Un autre aspect est l'esprit fort. Il s'exprime par des silences plus que par des professions de foi. Dom Juan ne croit qu'à l'arithmétique. On a dit de Molière même que son credo n'était pas chargé de beaucoup d'articles de foi. Il en

*va de même pour son héros. Le miracle, même fait pour lui
sur mesure, ne le convertit pas. Son athéisme a des formes
prudentes, mais il est définitivement assuré.*

Le spectateur, qui aurait gardé quelque secrète indulgence
pour un athée aux négations feutrées, est scandalisé lorsque
se révèle enfin un troisième visage : celui de l'hypocrite. Il
faut observer qu'à chacun de ces visages un acte est
spécialement consacré : la profession de foi du séducteur se
fait au premier acte (sc. II) ; celle du libertin au troisième
(sc. I) ; celle de l'hypocrite au cinquième (sc. II). Une
progression que, faute d'autre mot, nous appellerions idéo-
logique est ainsi ménagée : le libertinage sentimental amène
au libertinage intellectuel, qui se couronne par l'hypocrisie.
Dans cette progression réside, selon nous, l'unité profonde
de la pièce. Nul doute que Molière n'ait voulu ménager un
crescendo, *rendre son personnage de plus en plus détestable,
et faire de l'hypocrisie le comble de tous ses vices. Cela est de
Molière seul, et point de ses sources.*

Molière n'a pas fait son personnage tout noir : il lui
reconnaît la « générosité de sa caste » ; Dom Juan intervient
en faveur d'un gentilhomme attaqué par des brigands. C'est
méritoire ; c'est peu en face d'un lourd passif.

L'hypocrite s'annonce dès le premier acte. Il est inévitable
que le séducteur se tire d'affaire par le mensonge. La
galanterie le prédispose à l'hypocrisie. Pour se débarrasser
de l'amante encombrante, Dom Juan emploie le langage de
la spiritualité : il la quitte par « un pur motif de conscience » ; « il lui est venu des scrupules » : il ne veut plus
vivre dans « un adultère déguisé ». Cette scène est la
contrepartie de celle par laquelle Tartuffe voulait séduire
Elmire. L'accommodante casuistique fournit les arguments
de la séduction comme ceux de la répudiation.

L'hypocrisie prend la forme du laxisme à l'acte III. A
Dom Carlos qu'il vient de défendre généreusement, Dom
Juan assure : « Je suis si attaché à Dom Juan qu'il ne saurait
se battre que je ne me batte aussi. » Ce jeu sur les mots est
une des méthodes du laxisme, l'équivoque.

L'acte de l'hypocrisie est le cinquième. *Dom Juan fait* « profession » d'hypocrisie. Le mot est celui des entrées en religion. Il est entré dans une Église infernale dont Satan est le chef, dans une anti-Église. « L'hypocrisie, dit-il, est un vice à la mode, et tous les vices à la mode passent pour des vertus. » Soyons hypocrites : ce vice privilégié vous fait entrer dans une « cabale », profiter de son appui. On a même pour soi les dévots de bonne foi ; on peut être impunément méchant sous le manteau de la religion, ameuter contre ses ennemis personnels toute la cabale.

Cette rigueur dans l'analyse, cette lucidité, cette violence ont le ton des placets pour *Le Tartuffe*. La pièce de *Dom Juan* (1665) est à bien des égards un placet pour *Le Tartuffe* alors interdit. La bataille se poursuit ; il ne s'agit plus d'un « pauvre honteux », qui parasite une famille bourgeoise, mais d'un très grand seigneur.

Quand on sait à quel point le théâtre de Molière est ancré dans la réalité, on se demande si *Dom Juan* a eu un modèle. Un nom vient à l'esprit, celui du prince de Conti. La phrase sur les gens qui ont « rhabillé les désordres de leur jeunesse » engage à songer à lui. Jeunesse très peu édifiante, on a parlé d'inceste avec sa sœur, Mme de Longueville. Parmi ses amantes, la femme d'un conseiller au parlement de Bordeaux, que Conti avait fait mettre au couvent, après avoir demandé pardon au mari de façon assez ostentatoire. Il avait « dépouillé le vieil homme », s'était converti. Il avait rompu avec les mondanités, écrit un *Traité de la comédie* qui condamne sans exception ce divertissement profane et attaque directement *Dom Juan* et *L'École des femmes*. Il a fait sommation à Molière, dont il avait été l'hôte et le protecteur en Languedoc, de ne plus donner à sa troupe le titre de troupe du prince de Conti. Sa conversion paraît avoir été très sincère ; mais Molière le croyait-il sincère ? Il le voyait reprendre une importance politique, puisque, dans l'ordre de succession au trône, il avait une bonne place. Il était aussi le personnage le plus titré de la Compagnie du Saint-Sacrement-de-l'Autel.

Même si Dom Juan superpose les portraits individuels de divers hypocrites de haute noblesse, nous croyons que Conti avait fourni la plus large quote-part à ce portrait synthétique.

V. LE RÔLE DE SGANARELLE
ET LE SENS DE LA PIÈCE

Sganarelle sert son maître depuis plusieurs années et il attend sa « récompense » ; il n'a pas été payé de ses services, pas plus que M. Dimanche de ses fournitures. Comme Arsinoé du Misanthrope, *Dom Juan bat ses gens plus volontiers qu'il ne les paie. La pièce se termine sur ce cri : « Mes gages, mes gages ! » Sganarelle est retenu auprès de son maître par le désir bien légitime de recevoir son dû.*

Il est retenu aussi par la peur : « Un grand seigneur méchant homme est une terrible chose ; il faut que je lui sois fidèle en dépit que j'en aie : la crainte en moi fait l'office du zèle… » N'oublions pas que Dom Juan a un spadassin à son service, et que lorsqu'il propose à Sganarelle de le faire tenir à quatre et de le rouer de coups de nerf de bœuf, ce n'est pas une menace en l'air. Il lui faudrait pour quitter son maître, dont il a été malgré lui le complice, un héroïsme qui lui manque. Est-ce impardonnable ? C'est à coup sûr humain.

Au contraire de celui de Dom Juan, son credo *est chargé des articles nécessaires ; voire d'un ou deux de trop ; il croit à Dieu, au Diable, mais aussi au Moine-Bourru et au loup-garou. Cette superstition est-elle un péché ? dans la pensée des simples certainement pas ; dans celle des théologiens du xviiᵉ siècle, il ne semble pas non plus : tout au plus un aspect moins approuvable de la foi du charbonnier, qui est hautement louable.*

Son apologétique, puisqu'il s'y exerce, propose des preuves parfaitement orthodoxes de l'existence de Dieu : le monde postule un créateur ; la constitution admirable de l'homme aussi postule un créateur. Il développe ses arguments dans son langage, qui est fruste. Cette forme rugueuse doit-elle les déconsidérer? Elle peut aussi bien les valoriser dans l'esprit d'une partie du public, qui aime la simplicité et pour qui l'argument des causes finales n'est pas périmé.

Sa morale est simple. Il faut respecter le sacrement de mariage, ne pas se jouer d'un « mystère sacré », ne pas « se jouer du Ciel », ne pas se moquer des choses les plus saintes. Il fait à Dom Juan les remontrances que lui permet sa condition; et cela ne va pas sans risques. Il met en garde autant qu'il peut les naïves Mathurine et Charlotte contre son maître : « Demeurez dans votre village. » (II, 4)

Il n'est pas un héros certes; mais sa fonction auprès de Dom Juan n'est pas celle d'un directeur de conscience qui puisse et qui doive tonner contre le pécheur. Il y a pourtant une occasion où Sganarelle tonne contre le pécheur et lui promet la damnation; en réponse à la profession d'hypocrisie que vient de faire Dom Juan : les phrases se succèdent, enchaînées par des associations de mots. Dans ce désordre, quelques propositions édifiantes s'affirment, dessinant les linéaments d'une pensée confuse : le libertinage est une mode chez les courtisans; mais la mort...; mais l'imprudence des jeunes gens...; mais l'avidité des gens âgés...; mais la misère, corruptrice des pauvres...; et l'inconduite qui nie la loi morale et amène à la damnation. Pensée confuse, désordonnée : en vérité, la forme est celle de la « fatrasie » du Moyen Age. La « fatrasie » n'est sans doute pas le mode d'expression le plus approprié à un discours édifiant. L'émotion explique peut-être que Sganarelle radote; mais une forme pareille risque de discréditer des pensées graves : ces propos bien intentionnés laissent une gêne.

C'est-à-dire que reste intact le problème que pose le rôle de Sganarelle; intact jusqu'à l'extrême fin de la pièce. Après même la disparition de Dom Juan dans les flammes infernales, qui doit inspirer horreur et terreur, le cri « Mes gages, mes gages ! » ramène à la farce.

Un Dom Juan auquel l'hypocrisie enlève la sympathie à quoi il pouvait prétendre, s'il se fût hardiment révolté; un

Sganarelle pourvu de cette foi si enviable qu'est celle du charbonnier ; un dénouement qui punit par une mauvaise mort une mauvaise vie et qui envoie aux enfers le pécheur impénitent vainement sommé de se repentir et qui a refusé la grâce ; voilà une pièce plus qu'irréprochable, édifiante.

Ne l'est-elle pas trop ? Ici, nous voudrions nous référer à une idée qui aidera à formuler une hypothèse. Jean Tritheim appartient à une catégorie de penseurs qui, sans doute, ont marqué les esprits du XVIIᵉ siècle encore plus profondément qu'on ne le pense communément : il est de ces philosophes hermétiques, passionnés de toutes les sciences, épris de liberté, non ligotés par les dogmes, obligés de cacher leur philosophie profonde sous des dehors conformistes, et à qui malheur arriva, à certains la mort même et horrible, lorsqu'ils furent convaincus de penser mal. Pour ménager à la fois les exigences de la vie et les droits de la conscience, ils sont amenés à jouer double jeu. Je ne sais si chez Pomponazzi, Cremonini, Giordano Bruno, Vanini ou Campanella, on rencontrerait une formule aussi éclairante que celle qui se trouve dans la très mystérieuse Polygraphie et universelle écriture cabalistique *de Jean Tritheim ; il passera, dit-il, sous silence « plusieurs et infinis auteurs, grands personnages, tant grecs que latins, gents de non moindre doctrine que réputation, lesquels, travaillant à la description de comédies, tragédies, fables, histoires ou autres écrits, par subtile et prudente invention, sous mesme narration d'écriture et parole, baillaient en un mesme sujet aux doctes et savants, toute autre et différente intelligence qu'aux ignares et indoctes ».*

Si l'on veut de la même pensée une traduction plus moderne, il n'est qu'à s'adresser à L'Œuvre au noir *de Marguerite Yourcenar. Son Zénon est comme la synthèse de ces philosophes. Il a lui aussi observé qu'il était bien malaisé à la fois de cacher et de ne pas laisser transparaître sa pensée profonde. « On finit, dit-il, par tirer vanité d'un sous-entendu qui change tout, comme un signe négatif discrète-*

ment placé devant une somme ; on s'ingénie à faire çà et là d'un mot plus hardi l'équivalent d'un clin d'œil, du soulève-ment de la feuille de vigne ou de la chute d'un masque aussitôt renoué comme si de rien n'était. Un tri s'opère de la sorte parmi nos lecteurs ; les sots nous croient ; d'autres sots, nous croyant plus sots qu'eux, nous quittent ; ceux qui restent se débrouillent dans ce labyrinthe, apprennent à sauter ou à contourner l'obstacle du mensonge. Je serais bien surpris si on ne retrouvait pas jusque dans les textes les plus saints les mêmes subterfuges. Lu ainsi, tout livre devient grimoire. » — *A quoi le capitaine répond :* « *Vous vous exagérez l'hypocrisie des hommes ; la plupart pensent trop peu pour penser double.* »

Nous croirions très volontiers que se trouvent dans Dom Juan *quelques-uns de ces* « *signes qui changent tout* », *qui font de la pièce un grimoire. Molière pensait assez pour penser double.*

L'article de trop dans le credo *de Sganarelle, la croyance au Moine-Bourru et au loup-garou pourrait bien être un de ces* « *clins d'œil* » : *qui croit au diable et à l'enfer peut bien croire au Moine-Bourru ; une créance n'est pas plus sotte que l'autre ; et alors croire au diable, au Moine-Bourru, au loup-garou, au Ciel, tout cela se vaut ; dans la foi ou la crédulité. Foi ou superstition, où s'établit la frontière ?*

La démonstration de Dieu par les causes finales (III, 4) n'est convaincante que pour qui veut bien être convaincu. Elle peut, si l'on veut, établir l'existence d'un dieu person-nel ; elle n'établit point nécessairement que ce dieu soit celui des chrétiens. Elle vaudrait encore si on pensait que l'univers est régi non point par un dieu personnel, mais par une âme du monde, comme le croyaient les philosophes padouans. Au reste, la démonstration finit mal. « *Je veux frapper des mains, hausser le bras, lever les yeux au ciel, baisser la tête, remuer les pieds, aller à droite, à gauche, en avant, en arrière, tourner* », *dit Sganarelle. Sur quoi* « *il se laisse tomber en tournant* » *et Dom Juan peut conclure :* « *Bon ! Voilà ton raisonnement qui a le nez cassé.* » *Et cette chute n'est pas sans jeter quelque impression burlesque, qui discrédite le raisonnement, le montre simpliste et tourne le tout vers la farce. L'effort apologétique a fini de façon dérisoire.*

Autre signe, à l'acte V, la scène II qui montre Sganarelle s'indignant. Dom Juan a fait profession d'hypocrisie avec le plus paisible des cynismes, et Sganarelle s'essaie à la menace : « Il faut que je décharge mon cœur. » Il décharge son cœur en effet, prédit à son maître qu'il sera damné ! Prédiction désordonnée; pensée courte. Démonstration qui ne vaut guère devant la tranquille assurance du libertin qui, une fois encore, raille, avec flegme : « Ô le beau raisonnement ! »

Une idée, obscure certes encore, se fait jour : Dieu n'est point démontrable par la raison; il est accessible aux simples, comme Sganarelle ; peut-être en ont-ils besoin, mais des esprits d'un ordre supérieur, comme Dom Juan, s'accommodent parfaitement d'un monde vide de Dieu.

D'autre part, les dévots, eux, constituent une société crédule, perméable à l'hypocrisie, condamnée pour manque de lucidité et pour ne pas même comprendre le prix de la lucidité. Le sentiment religieux pourrait bien ainsi n'être pas autre chose que le résultat de la crédulité, et le respect de conventions sociales. Superstition pour les uns, terrain propice à l'hypocrisie pour d'autres, voilà la religion.

Dans ces conditions, Dom Juan a bien des justifications, ou au moins des excuses. Il prend le monde comme il est, le méprise comme il mérite de l'être, et l'utilise. Les hommes sont sots et crédules; soit; accommodons-nous de cette sottise pour en tirer le meilleur parti et vivre quiètement. L'élégant cynisme de Dom Juan devient ainsi suprême sagesse. Il est hypocrite, certes ; mais la société qui l'autorise à l'être, qui l'engage à l'être, est bien responsable au moins pour moitié de cette hypocrisie.

Allons plus loin : « Je crois que deux et deux sont quatre, Sganarelle, et que quatre et quatre sont huit. » Sganarelle s'indigne : « La belle croyance que voilà ! Votre religion, à ce que je vois, est donc l'arithmétique ? » On est en droit de ne pas partager l'indignation de Sganarelle, et de juger qu'une explication arithmétique du monde a de quoi séduire les esprits bien faits ; elle en a déjà séduit : l'explication épicurienne du monde par les combinaisons d'atomes n'est pas sans entretenir des rapports étroits avec l' « arithmétique ». Et lorsque Descartes, après avoir précautionneusement excepté du doute les choses de la foi et de la société, organise le monde en tourbillons, son explication mécaniste touche de bien près à l' « arithmétique ».

Nous croirions donc volontiers, pour notre compte, que Dom Juan *est un « grimoire » susceptible d'une double lecture : l'une édifiante et l'autre ésotérique, qui l'est moins.*
Mais alors, il faudrait taxer Molière d'hypocrisie ? Cette hypocrisie ne serait jamais qu'une contre-hypocrisie, dont porte la responsabilité une société qui ne permet pas l'expression ouverte d'idées non conformes au système de pensée en vigueur. Molière ne fait pas autre chose que ce qu'ont fait avant lui bien des penseurs qui s'étaient donné comme règle de vie : Intus ut libet, foris ut moris est (« *A l'intérieur, pense comme il te plaira ; au-dehors, comme il est coutume de penser* »). Qui pourrait le leur reprocher ; qui pourrait le lui reprocher ? et qui trouverait étrange une dualité dont tant de bons esprits s'étaient accommodés ?

Dom Juan *laisse une impression ambiguë; ce n'est pas une pièce facile, ni transparente.* On en sort avec au moins l'impression que les choses ne sont pas simples. Dom Juan *ne laisse pas le spectateur avec la sensation du confort intellectuel.* Cette gêne même n'est pas sans corroborer l'idée que la pièce demande une double lecture, qu'elle s'adresse simultanément à un bon public simple, et à un public avisé qui sait lui donner bien des prolongements, qui ne se laisse pas prendre à une apologétique sommaire, refuse de se tenir au ras du catéchisme et peut trouver à l'impiété du libertin des circonstances atténuantes.

La comparaison des textes (1682 cartonné et non cartonné ; 1683), les éliminations pratiquées, imposent aussi des conclusions. Le texte est devenu assez bénin. Mais il était de l'auteur du Tartuffe, *très surveillé par les bien-pensants ; il sentait le fagot. Restait aussi l'essentiel du contenu de la pièce : un libertin qui a enlevé une religieuse cloîtrée, qui parle à son père avec la plus froide insolence, qui ne croit ni à Dieu ni au Diable, ni aux saints, qui résiste aux miracles les plus éclatants, qui repousse la Grâce et meurt dans l'impénitence finale. Personnage d'autant plus dangereux qu'il pèche avec désinvolture, parfois avec élégance. Redoutable exemple.*

Même amputée avec une sourcilleuse prudence des passages susceptibles de prolongements inquiétants, la pièce gardait de quoi troubler.

DOM JUAN
ou
LE FESTIN DE PIERRE[1]

Comédie

PERSONNAGES

DOM JUAN, *fils de Dom Louis.*
SGANARELLE[2], *valet de Dom Juan.*
ELVIRE, *femme de Dom Juan.*
GUSMAN, *écuyer d'Elvire.*
DOM CARLOS,
DOM ALONSE, } *frères d'Elvire.*
DOM LOUIS, *père de Dom Juan.*
FRANCISQUE, *pauvre.*
CHARLOTTE,
MATHURINE, } *paysannes.*
PIERROT, *paysan.*
LA STATUE *du Commandeur.*
LA VIOLETTE,
RAGOTIN, } *laquais de Dom Juan.*
M. DIMANCHE, *marchand.*
LA RAMÉE, *spadassin.*
SUITE DE *Dom Juan.*
SUITE DE *Dom Carlos et de Dom Alonse, frères.*
UN SPECTRE.

La scène est en Sicile[3].

ACTE PREMIER

SCÈNE PREMIÈRE

SGANARELLE. GUSMAN

SGANARELLE, *tenant une tabatière :* Quoi que puisse dire Aristote et toute la Philosophie, il n'est rien d'égal au tabac : c'est la passion des honnêtes gens, et qui vit sans tabac n'est pas digne de vivre. Non seulement il réjouit et purge les cerveaux humains[1], mais encore il instruit les âmes à la vertu, et l'on apprend avec lui à devenir honnête homme. Ne voyez-vous pas bien, dès qu'on en prend, de quelle manière obligeante on en use avec tout le monde, et comme on est ravi d'en donner à droit et à gauche, partout où l'on se trouve ? On n'attend pas même qu'on en demande, et l'on court au-devant du souhait des gens : tant il est vrai que le tabac inspire des sentiments d'honneur et de vertu à tous ceux qui en prennent. Mais c'est assez de cette matière. Reprenons un peu notre discours. Si bien donc, cher Gusman, que Done Elvire, ta maîtresse, surprise de notre départ, s'est mise en campagne après nous, et son cœur, que mon maître a su toucher trop fortement, n'a pu vivre, dis-tu, sans le venir chercher ici. Veux-tu qu'entre nous je te dise ma pensée ? J'ai peur qu'elle ne soit mal payée de son amour, que son voyage en cette ville produise peu de fruit, et que vous eussiez autant gagné à ne bouger de là.

GUSMAN : Et la raison encore ? Dis-moi, je te prie, Sganarelle, qui peut t'inspirer une peur d'un si mauvais augure ? Ton maître t'a-t-il ouvert son cœur là-dessus, et t'a-t-il dit qu'il eût pour nous quelque froideur qui l'ait obligé à partir ?

SGANARELLE : Non pas ; mais, à vue de pays [1], je connais à peu près le train des choses ; et sans qu'il m'ait encore rien dit, je gagerais presque que l'affaire va là. Je pourrais peut-être me tromper ; mais enfin, sur de tels sujets, l'expérience m'a pu donner quelques lumières.

GUSMAN : Quoi ? ce départ si peu prévu serait une infidélité de Dom Juan ? Il pourrait faire cette injure aux chastes feux de Done Elvire ?

SGANARELLE : Non, c'est qu'il est jeune encore, et qu'il n'a pas le courage...

GUSMAN : Un homme de sa qualité [2] ferait une action si lâche ?

SGANARELLE : Eh oui, sa qualité ! La raison en est belle, et c'est par-là qu'il s'empêcherait des choses [3].

GUSMAN : Mais les saints nœuds du mariage le tiennent engagé.

SGANARELLE : Eh ! mon pauvre Gusman, mon ami, tu ne sais pas encore, crois-moi, quel homme est Dom Juan.

GUSMAN : Je ne sais pas, de vrai, quel homme il peut être, s'il faut qu'il nous ait fait cette perfidie ; et je ne comprends point comme après tant d'amour et tant d'impatience témoignée, tant d'hommages pressants, de vœux, de soupirs et de larmes, tant de lettres passionnées, de protestations ardentes et de serments réitérés, tant de transports enfin et tant d'emportements qu'il a fait paraître, jusques à forcer, dans sa passion, l'obstacle sacré d'un couvent [4], pour mettre Done Elvire en sa puissance, je ne comprends pas, dis-je, comme, après tout cela, il aurait le cœur de pouvoir manquer à sa parole.

SGANARELLE : Je n'ai pas grande peine à le comprendre, moi ; et si tu connaissais le pèlerin [5], tu trouverais la chose assez facile pour lui. Je ne dis pas qu'il ait changé de

sentiments pour Done Elvire, je n'en ai point de certitude
encore : tu sais que, par son ordre, je partis avant lui, et
depuis son arrivée il ne m'a point entretenu ; mais, par
précaution, je t'apprends, *inter nos*, que tu vois en Dom
Juan, mon maître, le plus grand scélérat que la terre ait
jamais porté, un enragé, un chien, un Diable, un Turc, un
Hérétique, qui ne croit ni Ciel, ni saint, ni Dieu, ni loup-
garou[1], qui passe cette vie en véritable bête brute, en
pourceau d'Épicure[2], en vrai Sardanapale[3], qui ferme
l'oreille à toutes les remontrances chrétiennes qu'on lui
peut faire, et traite de billevesées tout ce que nous croyons.
Tu me dis qu'il a épousé ta maîtresse : crois qu'il aurait plus
fait pour contenter sa passion, et qu'avec elle il aurait
encore épousé toi, son chien et son chat. Un mariage ne lui
coûte rien à contracter ; il ne se sert point d'autres pièges
pour attraper les belles, et c'est un épouseur à toutes
mains[4]. Dame, damoiselle, bourgeoise, paysanne, il ne
trouve rien de trop chaud ni de trop froid pour lui ; et si je
te disais le nom de toutes celles qu'il a épousées en divers
lieux, ce serait un chapitre à durer jusques au soir. Tu
demeures surpris et changes de couleur à ce discours ; ce
n'est là qu'une ébauche du personnage, et pour en achever
le portrait, il faudrait bien d'autres coups de pinceau. Suffit
qu'il faut que le courroux du Ciel l'accable quelque jour ;
qu'il me vaudrait bien mieux d'être au diable que d'être à
lui, et qu'il me fait voir tant d'horreurs, que je souhaiterais
qu'il fût déjà je ne sais où. Mais un grand seigneur méchant
homme est une terrible chose ; il faut que je lui sois fidèle,
en dépit que j'en aie : la crainte en moi fait l'office du zèle,
bride mes sentiments, et me réduit d'applaudir bien
souvent à ce que mon âme déteste. Le voilà qui vient se
promener dans ce palais : séparons-nous ; écoute, au moins
je te fais cette confidence avec franchise, et cela m'est sorti
un peu bien vite de la bouche ; mais s'il fallait qu'il en vînt
quelque chose à ses oreilles, je dirais hautement que **tu**
aurais menti.

SCÈNE II

DOM JUAN, SGANARELLE

DOM JUAN : Quel homme te parlait là ? Il a bien de l'air, ce me semble, du bon Gusman de Done Elvire.

SGANARELLE : C'est quelque chose aussi à peu près de cela.

DOM JUAN : Quoi ? c'est lui ?

SGANARELLE : Lui-même.

DOM JUAN : Et depuis quand est-il en cette ville ?

SGANARELLE : D'hier au soir.

DOM JUAN : Et quel sujet l'amène ?

SGANARELLE : Je crois que vous jugez assez ce qui le peut inquiéter.

DOM JUAN : Notre départ sans doute ?

SGANARELLE : Le bonhomme en est tout mortifié, et m'en demandait le sujet.

DOM JUAN : Et quelle réponse as-tu faite ?

SGANARELLE : Que vous ne m'en aviez rien dit.

DOM JUAN : Mais encore, quelle est ta pensée là-dessus ? Que t'imagines-tu de cette affaire ?

SGANARELLE : Moi, je crois, sans vous faire tort, que vous avez quelque nouvel amour en tête.

DOM JUAN : Tu le crois ?

SGANARELLE : Oui.

DOM JUAN : Ma foi ! tu ne te trompes pas, et je dois t'avouer qu'un autre objet a chassé Elvire de ma pensée.

SGANARELLE : Eh ! mon Dieu ! je sais mon Dom Juan sur le bout du doigt, et connais votre cœur pour le plus grand coureur du monde : il se plaît à se promener de liens en liens, et n'aime guère à demeurer en place.

DOM JUAN : Et ne trouves-tu pas, dis-moi, que j'ai raison d'en user de la sorte ?

SGANARELLE : Eh ! Monsieur.

DOM JUAN : Quoi ? Parle.

SGANARELLE : Assurément que vous avez raison, si vous le voulez ; on ne peut pas aller là contre. Mais si vous ne le vouliez pas, ce serait peut-être une autre affaire.

DOM JUAN : Eh bien ! je te donne la liberté de parler et de me dire tes sentiments.

SGANARELLE · En ce cas, Monsieur, je vous dirai franchement que je n'approuve point votre méthode, et que je trouve fort vilain d'aimer de tous côtés comme vous faites.

DOM JUAN : Quoi ? tu veux qu'on se lie à demeurer au premier objet qui nous prend, qu'on renonce au monde pour lui, et qu'on n'ait plus d'yeux pour personne ? La belle chose de vouloir se piquer d'un faux honneur d'être fidèle, de s'ensevelir pour toujours dans une passion, et d'être mort dès sa jeunesse à toutes les autres beautés qui nous peuvent frapper les yeux ! Non, non : la constance n'est bonne que pour des ridicules ; toutes les belles ont droit de nous charmer, et l'avantage d'être rencontrée la première ne doit point dérober aux autres les justes prétentions qu'elles ont toutes sur nos cœurs. Pour moi, la beauté me ravit partout où je la trouve, et je cède facilement à cette douce violence dont elle nous entraîne. J'ai beau être engagé, l'amour que j'ai pour une belle n'engage point mon âme à faire injustice aux autres ; je conserve des yeux pour voir le mérite de toutes, et rends à chacune les hommages et les tributs où la nature nous oblige. Quoi qu'il en soit, je ne puis refuser mon cœur à tout ce que je vois d'aimable ; et dès qu'un beau visage me le demande, si j'en avais dix mille, je les donnerais tous. Les inclinations naissantes, après tout, ont des charmes inexplicables, et tout le plaisir de l'amour est dans le changement. On goûte une douceur extrême à réduire[1], par cent hommages, le cœur d'une jeune beauté, à voir de jour en jour les petits progrès qu'on y fait, à combattre par des transports, par des larmes et des soupirs, l'innocente pudeur d'une âme qui a peine à rendre les armes, à forcer pied à pied toutes les petites résistances qu'elle nous oppose, à vaincre les scrupules dont elle se fait un honneur et la mener doucement où nous avons envie de la faire venir. Mais lorsqu'on en est maître une fois, il n'y a plus rien à dire ni rien à souhaiter ; tout le beau de la passion est fini, et nous nous endormons dans la tranquillité d'un tel amour, si quelque objet nouveau ne vient réveiller nos désirs, et présenter à notre cœur les charmes attrayants d'une conquête à faire. Enfin, il n'est rien de si doux que de triompher de la résistance d'une belle personne, et j'ai sur ce sujet l'ambition des conquérants, qui volent perpétuellement de victoire en victoire, et ne peuvent se résoudre à borner leurs souhaits. Il n'est rien qui puisse arrêter l'impétuosité de mes désirs : je me sens un cœur à aimer toute la terre ; et comme Alexandre [1], je souhaiterais qu'il y eût d'autres mondes, pour y pouvoir étendre mes conquêtes amoureuses.

SGANARELLE : Vertu de ma vie, comme vous débitez [2] ! Il semble que vous avez appris cela par cœur, et vous parlez tout comme un livre.

DOM JUAN : Qu'as-tu à dire là-dessus ?

SGANARELLE : Ma foi, j'ai à dire…, je ne sais ; car vous tournez les choses d'une manière, qu'il semble que vous avez raison ; et cependant il est vrai que vous ne l'avez pas. J'avais les plus belles pensées du monde, et vos discours m'ont brouillé tout cela. Laissez faire : une autre fois je mettrai mes raisonnements par écrit, pour disputer avec vous.

DOM JUAN : Tu feras bien.

SGANARELLE : Mais, Monsieur, cela serait-il de la permission que vous m'avez donnée, si je vous disais que je suis tant soit peu scandalisé de la vie que vous menez ?

DOM JUAN : Comment ? quelle vie est-ce que je mène ?

SGANARELLE : Fort bonne. Mais, par exemple, de vous voir tous les mois vous marier comme vous faites…

DOM JUAN : Y a-t-il rien de plus agréable ?

SGANARELLE : Il est vrai, je conçois que cela est fort agréable et fort divertissant, et je m'en accommoderais assez, moi, s'il n'y avait point de mal, mais, Monsieur, se jouer ainsi d'un mystère [1] sacré, et...

DOM JUAN : Va, va, c'est une affaire entre le Ciel et moi, et nous la démêlerons bien ensemble, sans que tu t'en mettes en peine.

SGANARELLE : Ma foi ! Monsieur, j'ai toujours ouï dire que c'est une méchante raillerie que de se railler du Ciel, et que les libertins ne font jamais une bonne fin.

DOM JUAN : Holà ! maître sot, vous savez que je vous ai dit que je n'aime pas les faiseurs de remontrances.

SGANARELLE : Je ne parle pas aussi à vous, Dieu m'en garde. Vous savez ce que vous faites, vous ; et si vous ne croyez rien, vous avez vos raisons ; mais il y a de certains petits impertinents dans le monde, qui sont libertins sans savoir pourquoi, qui font les esprits forts, parce qu'ils croient que cela leur sied bien ; et si j'avais un maître comme cela, je lui dirais fort nettement, le regardant en face : « Osez-vous bien ainsi vous jouer au Ciel, et ne tremblez-vous point de vous moquer comme vous faites des choses les plus saintes ? C'est bien à vous, petit ver de terre, petit mirmidon [2] que vous êtes (je parle au maître que j'ai dit), c'est bien à vous à vouloir vous mêler de tourner en raillerie ce que tous les hommes révèrent ? Pensez-vous que pour être de qualité, pour avoir une perruque blonde et bien frisée, des plumes à votre chapeau, un habit bien doré, et des rubans couleur de feu (ce n'est pas à vous que je parle, c'est à l'autre), pensez-vous, dis-je, que vous en soyez plus habile homme, que tout vous soit permis, et qu'on n'ose vous dire vos vérités ? Apprenez de moi, qui suis votre valet, que le Ciel punit tôt ou tard les impies, qu'une méchante vie amène une méchante mort, et que... »

DOM JUAN : Paix !

SGANARELLE : De quoi est-il question ?

DOM JUAN : Il est question de te dire qu'une beauté me tient au cœur, et qu'entraîné par ses appas, je l'ai suivie jusques en cette ville.

SGANARELLE : Et n'y craignez-vous rien, Monsieur, de la mort de ce commandeur [1] que vous tuâtes il y a six mois ?

DOM JUAN : Et pourquoi craindre ? Ne l'ai-je pas bien tué [2] ?

SGANARELLE : Fort bien, le mieux du monde, et il aurait tort de se plaindre.

DOM JUAN : J'ai eu ma grâce de cette affaire.

SGANARELLE : Oui, mais cette grâce n'éteint pas peut-être le ressentiment des parents et des amis, et...

DOM JUAN : Ah ! n'allons point songer au mal qui nous peut arriver, et songeons seulement à ce qui nous peut donner du plaisir. La personne dont je te parle est une jeune fiancée, la plus agréable du monde, qui a été conduite ici par celui même qu'elle y vient épouser ; et le hasard me fit voir ce couple d'amants trois ou quatre jours avant leur voyage. Jamais je n'ai vu deux personnes être si contents l'un de l'autre, et faire éclater plus d'amour. La tendresse visible de leurs mutuelles ardeurs me donna de l'émotion ; j'en fus frappé au cœur et mon amour commença par la jalousie. Oui, je ne pus souffrir d'abord de les voir si bien ensemble ; le dépit alarma [3] mes désirs, et je me figurai un plaisir extrême à pouvoir troubler leur intelligence, et rompre cet attachement, dont la délicatesse de mon cœur se tenait offensée ; mais jusques ici tous mes efforts ont été inutiles, et j'ai recours au dernier remède. Cet époux prétendu [4] doit aujourd'hui régaler sa maîtresse d'une promenade sur mer. Sans t'en avoir rien dit, toutes choses sont préparées pour satisfaire mon amour, et j'ai une petite barque et des gens, avec quoi fort facilement je prétends enlever la belle.

SGANARELLE : Ha ! Monsieur...

DOM JUAN : Hen ?

SGANARELLE : C'est fort bien à vous, et vous le prenez comme il faut. Il n'est rien tel en ce monde que de se contenter.

DOM JUAN : Prépare-toi donc à venir avec moi, et prends soin toi-même d'apporter toutes mes armes, afin que...

Ah! rencontre fâcheuse. Traître, tu ne m'avais pas dit qu'elle était ici elle-même.

SGANARELLE : Monsieur, vous ne me l'avez pas demandé.

DOM JUAN : Est-elle folle, de n'avoir pas changé d'habit, et de venir en ce lieu-ci avec son équipage de campagne[1]?

SCÈNE III

DONE ELVIRE, DOM JUAN, SGANARELLE

DONE ELVIRE : Me ferez-vous la grâce, Dom Juan, de vouloir bien me reconnaître? et puis-je au moins espérer que vous daigniez tourner le visage de ce côté?

DOM JUAN : Madame, je vous avoue que je suis surpris, et que je ne vous attendais pas ici.

DONE ELVIRE : Oui, je vois bien que vous ne m'y attendiez pas; et vous êtes surpris, à la vérité, mais tout autrement que je ne l'espérais; et la manière dont vous le paraissez me persuade pleinement ce que je refusais de croire. J'admire ma simplicité et la faiblesse de mon cœur à douter d'une trahison que tant d'apparences me confirmaient. J'ai été assez bonne, je le confesse, ou plutôt assez sotte pour me vouloir tromper moi-même, et travailler à démentir mes yeux et mon jugement. J'ai cherché des raisons pour excuser à ma tendresse[2] le relâchement d'amitié qu'elle voyait en vous; et je me suis forgé exprès cent sujets légitimes d'un départ si précipité, pour vous justifier du crime dont ma raison vous accusait. Mes justes soupçons chaque jour avaient beau me parler : j'en rejetais la voix qui vous rendait criminel à mes yeux, et j'écoutais avec plaisir mille chimères ridicules qui vous peignaient innocent à mon cœur. Mais enfin cet abord ne me permet plus de douter, et le coup d'œil qui m'a reçue m'apprend bien plus de choses que je ne voudrais en savoir. Je serai bien aise pourtant d'ouïr de votre bouche les raisons de votre départ. Parlez, Dom Juan, je vous prie, et voyons de quel air vous saurez vous justifier !

DOM JUAN : Madame, voilà Sganarelle qui sait pourquoi je suis parti.

SGANARELLE : Moi, Monsieur ? Je n'en sais rien, s'il vous plaît.

DONE ELVIRE : Hé bien ! Sganarelle, parlez. Il n'importe de quelle bouche j'entende ces raisons.

DOM JUAN, *faisant signe d'approcher à Sganarelle :* Allons, parle donc à Madame.

SGANARELLE : Que voulez-vous que je dise ?

DONE ELVIRE : Approchez, puisqu'on le veut ainsi, et me dites un peu les causes d'un départ si prompt.

DOM JUAN : Tu ne répondras pas ?

SGANARELLE : Je n'ai rien à répondre. Vous vous moquez de votre serviteur.

DOM JUAN : Veux-tu répondre, te dis-je ?

SGANARELLE : Madame...

DONE ELVIRE : Quoi ?

SGANARELLE, *se retournant vers son maître :* Monsieur...

DOM JUAN : Si...

SGANARELLE : Madame, les conquérants, Alexandre et les autres mondes sont causes de notre départ. Voilà, Monsieur, tout ce que je puis dire.

DONE ELVIRE : Vous plaît-il, Dom Juan, nous éclaircir ces beaux mystères ?

DOM JUAN : Madame, à vous dire la vérité...

DONE ELVIRE : Ah ! que vous savez mal vous défendre pour un homme de cour, et qui doit être accoutumé à ces sortes de choses ! J'ai pitié de vous voir la confusion que vous avez. Que ne vous armez-vous le front d'une noble effronterie ? Que ne me jurez-vous que vous êtes toujours dans les mêmes sentiments pour moi, que vous m'aimez toujours avec une ardeur sans égale, et que rien n'est capable de vous détacher de moi que la mort ? Que ne me dites-vous que des affaires de la dernière conséquence vous ont obligé à partir sans m'en donner avis ; qu'il faut que, malgré vous, vous demeuriez ici quelque temps, et que je n'ai qu'à m'en retourner d'où je viens, assurée que vous suivrez mes pas le plus tôt qu'il vous sera possible ; qu'il est certain que vous brûlez de me rejoindre, et qu'éloigné de moi, vous souffrez ce que souffre un corps qui est séparé de son âme ? Voilà comme il faut vous défendre, et non pas être interdit comme vous êtes.

DOM JUAN : Je vous avoue, Madame, que je n'ai point le talent de dissimuler, et que je porte un cœur sincère. Je ne vous dirai point que je suis toujours dans les mêmes sentiments pour vous, et que je brûle de vous rejoindre, puisque enfin il est assuré que je ne suis parti que pour vous fuir ; non point par les raisons que vous pouvez vous figurer, mais par un pur motif de conscience [1], et pour ne croire pas [2] qu'avec vous davantage je puisse vivre sans péché. Il m'est venu des scrupules [3], Madame, et j'ai ouvert les yeux de l'âme sur ce que je faisais. J'ai fait réflexion que, pour vous épouser, je vous ai dérobée à la clôture [4] d'un couvent, que vous avez rompu des vœux qui vous engageaient autre part, et que le Ciel est fort jaloux de ces sortes de choses. Le repentir m'a pris, et j'ai craint le courroux céleste ; j'ai cru que notre mariage n'était qu'un adultère déguisé, qu'il nous attirerait quelque disgrâce d'en haut, et qu'enfin je devais tâcher de vous oublier, et vous donner moyen de retourner à vos premières chaînes. Voudriez-vous, Madame, vous opposer à une si sainte pensée, et que j'allasse, en vous retenant, me mettre le Ciel sur les bras, que par... ?

DONE ELVIRE : Ah ! scélérat, c'est maintenant que je te connais tout entier ; et pour mon malheur, je te connais lorsqu'il n'en est plus temps, et qu'une telle connaissance ne peut plus me servir qu'à me désespérer. Mais sache que ton crime ne demeurera pas impuni, et que le même Ciel dont tu te joues me saura venger de ta perfidie.

DOM JUAN : Sganarelle, le Ciel !

SGANARELLE : Vraiment oui, nous nous moquons bien de cela, nous autres.

DOM JUAN : Madame...

DONE ELVIRE : Il suffit. Je n'en veux pas ouïr davantage, et je m'accuse même d'en avoir trop entendu. C'est une lâcheté que de se faire expliquer trop sa honte ; et, sur de tels sujets, un noble cœur, au premier mot, doit prendre son parti. N'attends pas que j'éclate ici en reproches et en injures : non, non, je n'ai point un courroux à exhaler en paroles vaines, et toute sa chaleur se réserve pour sa vengeance. Je te le dis encore, le Ciel te punira, perfide, de l'outrage que tu me fais ; et si le Ciel n'a rien que tu puisses appréhender, appréhende du moins la colère d'une femme offensée.

SGANARELLE : Si le remords le pouvait prendre !

DOM JUAN, *après une petite réflexion :* Allons songer à l'exécution de notre entreprise amoureuse.

SGANARELLE : Ah ! quel abominable maître me vois-je obligé de servir !

ACTE II

SCÈNE PREMIÈRE

CHARLOTTE, PIERROT

CHARLOTTE : Nostre-dinse[1], Piarrot, tu t'es trouvé là bien à point.

PIERROT : Parquienne, il ne s'en est pas falu l'époisseur d'une éplinque, qu'ils ne se sayant nayez tous deux.

CHARLOTTE : C'est donc le coup de vent da matin qui les avoit ranversez dans la mar.

PIERROT : Aga guien[2], Charlotte, je m'en vas te conter tout fin drait comme cela est venu : car, comme dit l'autre, je les ay le premier avisez, avisez le premier je les ay. Enfin donc, j'estions sur le bord de la mar, moy et le gros Lucas, et je nous amusions à batifoler avec des mottes de tarre que je nous jesquions à la teste : car comme tu sçais bian, le gros Lucas aime à batifoler, et moy par fouas je batifole itou. En batifolant donc, pisque batifoler y a, j'ay apparceu de tout loin queuque chose qui groüilloit dans gliau, et qui venoit comme envars nou par secousse. Je voyois cela fixiblement, et pis tout d'un coup je voyois que je ne voyois plus rien. Eh, Lucas, çay-je fait, je pense que ula des hommes qui nageant là-bas. Voire, ce ma til fait, t'as esté au trépassement d'un chat, t'as la veuë trouble[3]. Pas san-quienne, çay je fait, je n'ay point la veuë trouble, ce sont

des hommes. Point du tout, ce ma til fait, t'as la barluë[1].
Veux tu gager, çay je fait, que je nay point la barluë, çay je
fait, et que sont deux hommes, çay je fait, qui nageant droit
icy, çay je fait. Morquenne, ce ma til fait, je gage que non.
Ô çà, cay je fait, veux tu gager dix sols que si? Je le veux
bian, ce ma til fait, et pour te montrer, ula argent su jeu, ce
ma til fait, Moy, je n'ay point esté ny fou, ny estourdy, j'ay
bravement bouté à tarre quatre pièces tapées[2], et cinq sols
en doubles[3], jergniguenne aussi hardiment que si j'avois
avalé un varre de vin : car je ses hazardeux moy, et je vas à
la debandade[4]. Je sçavois bian ce que je faisois pourtant,
queuque gniais ! Enfin donc, je n'avons pas putost eü gagé
que j'avon veu les deux hommes tout à plain qui nous
faisiant signe de les aller querir, et moy de tirer auparavant
les enjeux. Allons, Lucas, çay je dit, tu vois bian qu'ils nous
appellont : allons viste à leu secours. Non, ce ma til dit, ils
mont fait pardre. Ô donc tanquia, qua la par fin pour le
faire court, je l'ay tant sarmonné, que je nous sommes
boutez dans une barque, et pis j'avons tant fait cahin, caha,
que je les avons tirez de gliau, et pis je les avons menez
cheux nous auprés du feu, et pis ils se sant dépoüillez tous
nuds pour se secher, et pis il y en est venu encor deux de la
mesme bande qui sequiant sauvez tout seuls, et pis
Maturine est arrivée là à qui l'en a fait les doux yeux. Vla
justement, Charlotte, comme tout ça s'est fait.

CHARLOTTE : Ne m'as-tu pas dit, Piarrot, qu'il y en a un
qu'est bien pû mieux fait que les autres ?

PIERROT : Oüy, c'est le Maître, il faut que ce soit
queuque gros gros Monsieur, car il a du dor à son habit tout
de pis le haut jusqu'en bas, et ceux qui le servont sont des
Monsieux eux-mesme, et stapandant, tout gros Monsieur
qu'il est, il seroit par ma fique[5] nayé si je n'aviomme esté
là.

CHARLOTTE : Ardez un peu.

PIERROT : Ô Parquenne, sans nous, il en avoit pour sa
maine[6] de féves.

CHARLOTTE : Est-il encore cheux toy tout nu, Piarrot ?

PIERROT : Nannain, ils l'avont r'habillé tout devant nous. Mon quieu, je n'en avois jamais veu s'habiller, que d'histoires et d'angigorniaux[1] boutont ces Messieus-là les Courtisans, je me pardrois là dedans pour moy, et j'estois tout ebobi de voir ça. Quien, Charlotte, ils avont des cheveux qui ne tenont point à leu teste, et ils boutont ça aprés tout comme un gros bonnet de filace. Ils ant des chemises qui ant des manches où j'entrerions tout brandis[2] toy et moy. En glieu d'haut de chausse, ils portont un garderobe[3] aussi large que d'icy à Pasque, en glieu de pourpoint, de petites brassieres, qui ne leu venont pas usqu'au brichet[4], et en glieu de rabas un grand mouchoir de cou à reziau[5] aveuc quatre grosses houpes de linge qui leu pendont sur l'estomaque. Ils avont itou d'autres petits rabats au bout des bras, et de grands entonnois de passement[6] aux jambes, et parmy tout ça tant de rubans, tant de rubans, que c'est une vraye piquié. Ignia pas jusqu'aux souliers[7] qui n'en soiont farcis tout de pis un bout jusqu'à l'autre, et ils sont faits d'eune façon que je me romprois le cou aveuc.

CHARLOTTE : Par ma fy, Piarrot, il faut que j'aille voir un peu ça.

PIERROT : Ô acoute un peu auparavant, Charlotte, j'ay queuque autre chose à te dire, moy.

CHARLOTTE : Et bian, dy, qu'est-ce que c'est ?

PIERROT : Vois-tu, Charlotte, il faut, comme dit l'autre, que je débonde mon cœur. Je taime, tu le sçais bian, et je somme pour estre mariez ensemble, mais marquenne, je ne suis point satisfait de toy.

CHARLOTTE : Quement ? qu'est-ce que c'est donc qu'iglia ?

PIERROT : Iglia que tu me chagraignes l'esprit franchement.

CHARLOTTE : Et quement donc ?

PIERROT : Testiguienne, tu ne maimes point.

CHARLOTTE : Ah, ah, n'est-ce que ça ?

PIERROT : Oüy, ce n'est que ça, et c'est bian assez.

CHARLOTTE : Mon quieu, Piarrot, tu me viens toujou dire la mesme chose.

PIERROT : Je te dis toujou la mesme chose, parce que c'est toujou la mesme chose, et si ce n'estoit pas toujou la mesme chose, je ne te dirois pas toujou la mesme chose.

CHARLOTTE : Mais, qu'est-ce qu'il te faut ? que veux-tu ?

PIERROT : Jerniquenne, je veux que tu m'aimes.

CHARLOTTE : Est-ce que je ne taime pas ?

PIERROT : Non, tu ne maimes pas, et si je fais tout ce que je pis pour ça. Je tachete, sans reproche, des rubans à tous les Marciers qui passont [1], je me romps le cou à taller denicher des marles, je fais joüer pour toy les Vielleux quand ce vient ta feste, et tout ça comme si je me frapois la teste contre un mur. Vois-tu, ça n'est ny biau ny honneste de naimer pas les gens qui nous aimont.

CHARLOTTE : Mais, mon guieu, je taime aussi.

PIERROT : Oüy, tu maimes dune belle deguaine [2].

CHARLOTTE : Quement veux tu donc qu'on fasse ?

PIERROT : Je veux que l'en fasse comme l'en fait quand l'en aime comme il faut.

CHARLOTTE : Ne taimay-je pas aussi comme il faut ?

PIERROT : Non, quand ça est, ça se void, et l'en fait mille petites singeries aux personnes quand on les aime du bon du cœur. Regarde la grosse Thomasse [3] comme elle est assotée du jeune Robain, alle est toujou autour de ly à lagacer, et ne le laisse jamais en repos. Toujou al ly fait queuque niche, ou ly baille quelque taloche en passant, et l'autre jour qu'il estoit assis sur un escabiau, al fut le tirer de dessous ly, et le fit choir tout de son long par tarre. Jarny vla où len voit les gens qui aimont, mais toy, tu ne me dis jamais mot, t'es toujou là comme eune vraye souche de bois, et je passerois vingt fois devant toy que tu ne te groüillerois pas pour me bailler le moindre coup, ou me dire la moindre chose. Ventrequenne, ça n'est pas bian, aprés tout, et t'es trop froide pour les gens.

CHARLOTTE : Que veux-tu que j'y fasse ? c'est mon himeur, et je ne me pis refondre.

PIERROT : Ignia himeur qui quienne, quand en a de l'amiquié pour les personnes, lan en baille toujou queuque petite signifiance.

CHARLOTTE : Enfin, je t'aime tout autant que je pis, et si tu n'es pas content de ça, tu n'as qu'à en aimer queuquautre.

PIERROT : Eh bien, vla pas mon conte? Testigué, si tu m'aimois, me dirois-tu ça?

CHARLOTTE : Pourquoy me viens-tu aussi tarabuster l'esprit?

PIERROT : Morqué, queu mal te fais-je? je ne te demande qu'un peu d'amiquié.

CHARLOTTE : Et bian, laisse faire aussi, et ne me presse point tant, peut-estre que ça viendra tout d'un coup sans y songer.

PIERROT : Touche donc là, Charlotte.

CHARLOTTE : Et bien, quien.

PIERROT : Promets-moy donc que tu tâcheras de maimer davantage.

CHARLOTTE : J'y feray tout ce que je pourray, mais il faut que ça vienne de luy-mesme. Piarrot, est-ce là ce Monsieur?

PIERROT : Oüy, le ula.

CHARLOTTE : Ah, mon quieu, qu'il est genty, et que ç'auroit esté dommage qu'il eust été nayé.

PIERROT : Je revians tout à l'heure, je m'en vas boire chopaine, pour me rebouter tant soit peu de la fatigue, que j'ays eüe.

SCÈNE II

DOM JUAN, SGANARELLE, CHARLOTTE

DOM JUAN : Nous avons manqué notre coup, Sganarelle, et cette bourrasque imprévue a renversé avec notre barque le projet que nous avions fait; mais, à te dire vrai, la paysanne que je viens de quitter répare ce malheur, et je lui ai trouvé des charmes qui effacent de mon esprit tout le chagrin que me donnait le mauvais succès de notre entreprise. Il ne faut pas que ce cœur m'échappe, et j'y ai déjà jeté des dispositions à ne pas me souffrir longtemps de pousser des soupirs.

SGANARELLE : Monsieur, j'avoue que vous m'étonnez. A peine sommes-nous échappés d'un péril de mort qu'au lieu de rendre grâce au Ciel de la pitié qu'il a daigné prendre de nous, vous travaillez tout de nouveau à attirer sa colère par vos fantaisies accoutumées et vos amours cr...[1]. Paix ! coquin que vous êtes ; vous ne savez ce que vous dites, et Monsieur sait ce qu'il fait. Allons.

DOM JUAN, *apercevant Charlotte* : Ah ! ah ! d'où sort cette autre paysanne, Sganarelle ? As-tu rien vu de plus joli ? et ne trouves-tu pas, dis-moi, que celle-ci vaut bien l'autre ?

SGANARELLE : Assurément. Autre pièce nouvelle.

DOM JUAN : D'où me vient, la belle, une rencontre si agréable ? Quoi ? dans ces lieux champêtres, parmi ces arbres et ces rochers, on trouve des personnes faites comme vous êtes ?

CHARLOTTE : Vous voyez, Monsieur.

DOM JUAN : Êtes-vous de ce village ?

CHARLOTTE : Oui, Monsieur.

DOM JUAN : Et vous y demeurez ?

CHARLOTTE : Oui, Monsieur.

DOM JUAN : Vous vous appelez ?

CHARLOTTE : Charlotte, pour vous servir.

DOM JUAN : Ah ! la belle personne, et que ses yeux sont pénétrants !

CHARLOTTE : Monsieur, vous me rendez toute honteuse.

DOM JUAN : Ah ! n'ayez point de honte d'entendre dire vos vérités. Sganarelle, qu'en dis-tu ? Peut-on rien voir de plus agréable ? Tournez-vous un peu, s'il vous plaît. Ah ! que cette taille est jolie ! Haussez un peu la tête, de grâce. Ah ! que ce visage est mignon ! Ouvrez vos yeux entièrement. Ah ! qu'ils sont beaux ! Que je voie un peu vos dents, je vous prie. Ah ! qu'elles sont amoureuses, et ces lèvres appétissantes ! Pour moi, je suis ravi, et je n'ai jamais vu une si charmante personne.

CHARLOTTE : Monsieur, cela vous plaît à dire, et je ne sais pas si c'est pour vous railler de moi.

DOM JUAN : Moi, me railler de vous ? Dieu m'en garde ! Je vous aime trop pour cela, et c'est du fond du cœur que je vous parle.

CHARLOTTE : Je vous suis bien[1] obligée, si ça est.

DOM JUAN : Point du tout ; vous ne m'êtes point obligée de tout ce que je dis, et ce n'est qu'à votre beauté que vous en êtes redevable.

CHARLOTTE : Monsieur, tout ça est trop bien dit pour moi, et je n'ai pas d'esprit pour vous répondre.

DOM JUAN : Sganarelle, regarde un peu ses mains.

CHARLOTTE : Fi ! Monsieur, elles sont noires comme je ne sais quoi.

DOM JUAN : Ha ! que dites-vous là ? Elles sont les plus belles du monde ; souffrez que je les baise, je vous prie.

CHARLOTTE : Monsieur, c'est trop d'honneur que vous me faites, et si j'avais su ça tantôt, je n'aurais pas manqué de les laver avec du son.

DOM JUAN : Et dites-moi un peu, belle Charlotte, vous n'êtes pas mariée sans doute ?

CHARLOTTE : Non, Monsieur ; mais je dois bientôt l'être avec Piarrot, le fils de la voisine Simonette.

DOM JUAN : Quoi ? une personne comme vous serait la femme d'un simple paysan ! Non, non : c'est profaner tant de beautés, et vous n'êtes pas née pour demeurer dans un village. Vous méritez sans doute une meilleure fortune, et le Ciel, qui le connaît bien, m'a conduit ici tout exprès pour empêcher ce mariage, et rendre justice à vos charmes ; car enfin, belle Charlotte, je vous aime de tout mon cœur, et il ne tiendra qu'à vous que je vous arrache de ce misérable lieu, et ne vous mette dans l'état où vous méritez d'être. Cet amour est bien prompt sans doute ; mais quoi ? c'est un effet, Charlotte, de votre grande beauté, et l'on vous aime autant en un quart d'heure qu'on ferait une autre en six mois.

CHARLOTTE : Aussi vrai, Monsieur, je ne sais comment faire quand vous parlez. Ce que vous dites me fait aise, et j'aurais toutes les envies du monde de vous croire ; mais on m'a toujou[1] dit qu'il ne faut jamais croire les monsieux, et que vous autres courtisans êtes des enjoleus, qui ne songez qu'à abuser les filles.

DOM JUAN : Je ne suis pas de ces gens-là.

SGANARELLE : Il n'a garde.

CHARLOTTE : Voyez-vous, Monsieur, il n'y a pas plaisir à se laisser abuser. Je suis une pauvre paysanne ; mais j'ai l'honneur en recommandation, et j'aimerais mieux me voir morte que de me voir déshonorée.

DOM JUAN : Moi, j'aurais l'âme assez méchante pour abuser une personne comme vous ? Je serais assez lâche pour vous déshonorer ? Non, non : j'ai trop de conscience pour cela. Je vous aime, Charlotte, en tout bien et en tout honneur ; et pour vous montrer que je vous dis vrai, sachez que je n'ai point d'autre dessein que de vous épouser : en voulez-vous un plus grand témoignage ? M'y voilà prêt quand vous voudrez ; et je prends à témoin l'homme que voilà de la parole que je vous donne.

SGANARELLE : Non, non, ne craignez point : il se mariera avec vous tant que vous voudrez.

DOM JUAN : Ah ! Charlotte, je vois bien que vous ne me connaissez pas encore. Vous me faites grand tort de juger de moi par les autres ; et s'il y a des fourbes dans le monde, des gens qui ne cherchent qu'à abuser des filles, vous devez me tirer du nombre, et ne pas mettre en doute la sincérité de ma foi. Et puis votre beauté vous assure de tout. Quand on est faite comme vous, on doit être à couvert de toutes ces sortes de crainte ; vous n'avez point l'air, croyez-moi, d'une personne qu'on abuse ; et pour moi, je l'avoue, je me percerais le cœur de mille coups, si j'avais eu la moindre pensée de vous trahir.

CHARLOTTE : Mon Dieu ! je ne sais si vous dites vrai, ou non ; mais vous faites que l'on vous croit.

DOM JUAN : Lorsque vous me croirez, vous me rendrez justice assurément, et je vous réitère encore la promesse que je vous ai faite. Ne l'acceptez-vous pas, et ne voulez-vous pas consentir à être ma femme ?

CHARLOTTE : Oui, pourvu que ma tante le veuille.

DOM JUAN : Touchez donc là, Charlotte, puisque vous le voulez bien de votre part.

CHARLOTTE : Mais au moins, Monsieur, ne m'allez pas tromper, je vous prie : il y aurait de la conscience à vous[1], et vous voyez comme j'y vais à la bonne foi.

DOM JUAN : Comment ? Il semble que vous doutiez encore de ma sincérité ! Voulez-vous que je fasse des serments épouvantables ? Que le Ciel...

CHARLOTTE : Mon Dieu, ne jurez point, je vous crois.

DOM JUAN : Donnez-moi donc un petit baiser pour gage de votre parole.

CHARLOTTE : Oh ! Monsieur, attendez que je soyons mariés, je vous prie ; après ça, je vous baiserai tant que vous voudrez.

DOM JUAN : Eh bien ! belle Charlotte, je veux tout ce que vous voulez ; abandonnez-moi seulement votre main, et souffrez que, par mille baisers, je lui exprime le ravissement où je suis...

SCÈNE III

DOM JUAN, SGANARELLE, PIERROT, CHARLOTTE

PIERROT, *se mettant entre deux et poussant Dom Juan :* Tout doucement, Monsieur, tenez-vous, s'il vous plaît. Vous vous échauffez trop, et vous pourriez gagner la purésie[2].

DOM JUAN, *repoussant rudement Pierrot :* Qui m'amène cet impertinent ?

PIERROT : Je vous dis qu'ou[1] vous tegniez, et qu'ou ne caressiais point nos accordées.

DOM JUAN *continue de le repousser :* Ah ! que de bruit !

PIERROT : Jerniquenne ! ce n'est pas comme ça qu'il faut pousser les gens.

CHARLOTTE, *prenant Pierrot par le bras :* Et laisse-le faire aussi, Piarrot.

PIERROT : Quement ? que je le laisse faire ? Je ne veux pas, moi.

DOM JUAN : Ah !

PIERROT : Testiguenne ! parce qu'ous estes Monsieu, ous viendrez caresser nos femmes à notre barbe ? Allez-v's-en caresser les vôtres.

DOM JUAN : Heu ?

PIERROT : Heu. *(Dom Juan lui donne un soufflet.)* Testigué ! ne me frappez pas. *(Autre soufflet.)* Oh ! jerni-gué ! *(Autre soufflet.)* Ventrequé ! *(Autre soufflet.)* Palsan-qué ! Morquenne ! ça n'est pas bian de battre les gens, et ce n'est pas là la récompense de v's avoir sauvé d'estre nayé.

CHARLOTTE : Piarrot, ne te fâche point.

PIERROT : Je me veux fâcher ; et t'es une vilaine, toi, d'endurer qu'on te cajole.

CHARLOTTE : Oh ! Piarrot, ce n'est pas ce que tu penses. Ce monsieur veut m'épouser, et tu ne dois pas te bouter en colère.

PIERROT : Quement ? Jerni ! Tu m'es promise.

CHARLOTTE : Ça n'y fait rien, Piarrot. Si tu m'aimes ne dois-tu pas estre bien aise que je devienne Madame ?

PIERROT : Jerniqué ! non. J'aime mieux te voir crevée que de te voir à un autre.

CHARLOTTE : Va, va, Piarrot, ne te mets point en peine : si je sis Madame, je te ferai gagner queuque chose, et tu apporteras du beurre et du fromage cheux nous.

PIERROT : Ventrequenne ! je gni en porterai jamais, quand tu m'en poyrais deux fois autant. Est-ce donc comme ça que t'écoutes ce qu'il te dit ? Morquenne ! si j'avais su ça tantost, je me serais bian gardé de le tirer de gliau, et je gli aurais baillé un bon coup d'aviron sur la teste.

DOM JUAN, *s'approchant de Pierrot pour le frapper :* Qu'est-ce que vous dites ?

PIERROT, *s'éloignant derrière Charlotte :* Jerniquenne ! je ne crains personne.

DOM JUAN *passe du côté où est Pierrot :* Attendez-moi un peu.

PIERROT *repasse de l'autre côté de Charlotte :* Je me moque de tout, moi.

DOM JUAN *court après Pierrot :* Voyons cela.

PIERROT *se sauve encore derrière Charlotte :* J'en avons bien vu d'autres.

DOM JUAN : Houais !

SGANARELLE : Eh ! Monsieur, laissez là ce pauvre misérable. C'est conscience de le battre. Écoute, mon pauvre garçon, retire-toi, et ne lui dis rien.

PIERROT *passe devant Sganarelle, et dit fièrement à Dom Juan :* Je veux lui dire, moi.

DOM JUAN *lève la main pour donner un soufflet à Pierrot, qui baisse la tête et Sganarelle reçoit le soufflet :* Ah ! je vous apprendrai.

SGANARELLE, *regardant Pierrot qui s'est baissé pour éviter le soufflet :* Peste soit du maroufle !

DOM JUAN : Te voilà payé de ta charité.

PIERROT : Jarni ! je vas dire à sa tante tout ce ménage-ci.

DOM JUAN : Enfin je m'en vais être le plus heureux de tous les hommes, et je ne changerais pas mon bonheur à toutes les choses du monde. Que de plaisirs quand vous serez ma femme ! et que...

SCÈNE IV

DOM JUAN, SGANARELLE, CHARLOTTE, MATHURINE

SGANARELLE, *apercevant Mathurine :* Ah ! ah !

MATHURINE, *à Dom Juan :* Monsieur, que faites-vous

donc là avec Charlotte ? Est-ce que vous lui parlez d'amour aussi ?

DOM JUAN, *à Mathurine :* Non, au contraire, c'est elle qui me témoignait une envie d'être ma femme, et je lui répondais que j'étais engagé à vous.

CHARLOTTE : Qu'est-ce que c'est donc que vous veut Mathurine ?

DOM JUAN, *bas, à Charlotte :* Elle est jalouse de me voir vous parler, et voudrait bien que je l'épousasse ; mais je lui dis que c'est vous que je veux.

MATHURINE : Quoi ? Charlotte...

DOM JUAN, *bas, à Mathurine :* Tout ce que vous lui direz sera inutile ; elle s'est mis cela dans la tête.

CHARLOTTE : Quement donc ! Mathurine...

DOM JUAN, *bas, à Charlotte :* C'est en vain que vous lui parlerez ; vous ne lui ôterez point cette fantaisie.

MATHURINE : Est-ce que... ?

DOM JUAN, *bas, à Mathurine :* Il n'y a pas moyen de lui faire entendre raison.

CHARLOTTE : Je voudrais...

DOM JUAN, *bas, à Charlotte :* Elle est obstinée comme tous les diables.

MATHURINE : Vramant...

DOM JUAN, *bas, à Mathurine :* Ne lui dites rien, c'est une folle.

CHARLOTTE : Je pense...

DOM JUAN, *bas, à Charlotte :* Laissez-la là, c'est une extravagante.

MATHURINE : Non, non : il faut que je lui parle.

CHARLOTTE : Je veux voir un peu ses raisons.

MATHURINE : Quoi ?...

DOM JUAN, *bas, à Mathurine :* Je gage qu'elle va vous dire que je lui ai promis de l'épouser.

CHARLOTTE : Je...

DOM JUAN, *bas, à Charlotte :* Gageons qu'elle vous soutiendra que je lui ai donné parole de la prendre pour femme.

MATHURINE : Hola ! Charlotte, ça n'est pas bien de courir sur le marché[1] des autres.

CHARLOTTE : Ça n'est pas honnête, Mathurine, d'être jalouse que Monsieur me parle.

MATHURINE : C'est moi que Monsieur a vue la première.

CHARLOTTE : S'il vous a vue la première, il m'a vue la seconde, et m'a promis de m'épouser.

DOM JUAN, *bas, à Mathurine :* Eh bien ! que vous ai-je dit ?

MATHURINE : Je vous baise les mains, c'est moi, et non pas vous, qu'il a promis d'épouser.

DOM JUAN, *bas, à Charlotte :* N'ai-je pas deviné ?

CHARLOTTE : A d'autres, je vous prie ; c'est moi, vous dis-je.

MATHURINE : Vous vous moquez des gens ; c'est moi, encore un coup.

CHARLOTTE : Le vlà qui est pour le dire, si je n'ai pas raison.

MATHURINE : Le vlà qui est pour me démentir, si je ne dis pas vrai.

CHARLOTTE : Est-ce, Monsieur, que vous lui avez promis de l'épouser ?

DOM JUAN, *bas, à Charlotte :* Vous vous raillez de moi.

MATHURINE : Est-il vrai, Monsieur, que vous lui avez donné parole d'être son mari ?

DOM JUAN, *bas, à Mathurine :* Pouvez-vous avoir cette pensée ?

CHARLOTTE : Vous voyez qu'al le soutient.

DOM JUAN, *bas, à Charlotte :* Laissez-la faire.

MATHURINE : Vous êtes témoin comme al l'assure.

DOM JUAN, *bas, à Mathurine :* Laissez-la dire.

CHARLOTTE : Non, non : il faut savoir la vérité.

MATHURINE : Il est question de juger ça.

CHARLOTTE : Oui, Mathurine, je veux que Monsieur vous montre votre bec jaune[2].

MATHURINE : Oui, Charlotte, je veux que Monsieur vous rende un peu camuse.

CHARLOTTE . Monsieur, vuidez la querelle, s'il vous plaît.

MATHURINE : Mettez-nous d'accord, Monsieur.

CHARLOTTE, *à Mathurine* : Vous allez voir.

MATHURINE, *à Charlotte* : Vous allez voir vous-même.

CHARLOTTE, *à Dom Juan* : Dites.

MATHURINE, *à Dom Juan* : Parlez.

DOM JUAN, *embarrassé, leur dit à toutes deux* : Que voulez-vous que je dise ? Vous soutenez également toutes deux que je vous ai promis de vous prendre pour femmes. Est-ce que chacune de vous ne sait pas ce qui en est, sans qu'il soit nécessaire que je m'explique davantage ? Pourquoi m'obliger là-dessus à des redites ? Celle à qui j'ai promis effectivement n'a-t-elle pas en elle-même de quoi se moquer des discours de l'autre, et doit-elle se mettre en peine, pourvu que j'accomplisse ma promesse ? Tous les discours n'avancent point les choses ; il faut faire et non pas dire, et les effets décident mieux que les paroles. Aussi n'est-ce rien que par-là que je vous veux mettre d'accord, et l'on verra, quand je me marierai, laquelle des deux a mon cœur. (*Bas, à Mathurine :*) Laissez-lui croire ce qu'elle voudra. (*Bas, à Charlotte :*) Laissez-la se flatter dans son imagination. (*Bas, à Mathurine :*) Je vous adore. (*Bas, à Charlotte :*) Je suis tout à vous. (*Bas, à Mathurine :*) Tous les visages sont laids auprès du vôtre. (*Bas, à Charlotte :*) On ne peut plus souffrir les autres quand on vous a vue. J'ai un petit ordre à donner ; je viens vous retrouver dans un quart d'heure.

CHARLOTTE, *à Mathurine* : Je suis celle qu'il aime, au moins.

MATHURINE : C'est moi qu'il épousera.

SGANARELLE : Ah ! pauvres filles que vous êtes, j'ai pitié de votre innocence, et je ne puis souffrir de vous voir courir à votre malheur. Croyez-moi l'une et l'autre : ne vous amusez point à tous les contes qu'on vous fait, et demeurez dans votre village.

DOM JUAN, *revenant* : Je voudrais bien savoir pourquoi Sganarelle ne me suit pas.

SGANARELLE : Mon maître est un fourbe ; il n'a dessein que de vous abuser, et en a bien abusé d'autres ; c'est l'épouseur du genre humain, et... *(Il aperçoit Dom Juan.)* Cela est faux ; et quiconque vous dira cela, vous lui devez dire qu'il en a menti. Mon maître n'est point l'épouseur du genre humain, il n'est point fourbe, il n'a pas dessein de vous tromper, et n'en a point abusé d'autres. Ah ! tenez, le voilà ; demandez-le plutôt à lui-même.

DOM JUAN : Oui.

SGANARELLE : Monsieur, comme le monde est plein de médisants, je vais au-devant des choses ; et je leur disais que, si quelqu'un leur venait dire du mal de vous, elles se gardassent bien de le croire, et ne manquassent pas de lui dire qu'il en aurait menti.

DOM JUAN : Sganarelle.

SGANARELLE : Oui, Monsieur est homme d'honneur, je le garantis tel.

DOM JUAN : Hon !

SGANARELLE : Ce sont des impertinents.

SCÈNE V

DOM JUAN, LA RAMÉE, CHARLOTTE, MATHURINE, SGANARELLE

LA RAMÉE : Monsieur, je viens vous avertir qu'il ne fait pas bon ici pour vous.

DOM JUAN : Comment ?

LA RAMÉE : Douze hommes à cheval vous cherchent, qui doivent arriver ici dans un moment ; je ne sais pas par quel moyen ils peuvent vous avoir suivi ; mais j'ai appris cette nouvelle d'un paysan qu'ils ont interrogé, et auquel ils vous ont dépeint. L'affaire presse, et le plus tôt que vous pourrez sortir d'ici sera le meilleur.

DOM JUAN, *à Charlotte et Mathurine :* Une affaire pressante m'oblige de partir d'ici ; mais je vous prie de vous ressouvenir de la parole que je vous ai donnée, et de croire que vous aurez de mes nouvelles avant qu'il soit demain au soir. Comme la partie n'est pas égale, il faut user de stratagème, et éluder adroitement le malheur qui me cherche. Je veux que Sganarelle se revête de mes habits, et moi...

SGANARELLE : Monsieur, vous vous moquez. M'exposer à être tué sous vos habits, et...

DOM JUAN : Allons vite, c'est trop d'honneur que je vous fais, et bien heureux est le valet qui peut avoir la gloire de mourir pour son maître.

SGANARELLE : Je vous remercie d'un tel honneur. Ô Ciel, puisqu'il s'agit de mort, fais-moi la grâce de n'être point pris pour un autre !

ACTE III

SCÈNE PREMIÈRE

DOM JUAN, *en habit de campagne,*
SGANARELLE, *en médecin.*

SGANARELLE : Ma foi, Monsieur, avouez que j'ai eu raison, et que nous voilà l'un et l'autre déguisés à merveille. Votre premier dessein n'était point du tout à propos, et ceci nous cache bien mieux que tout ce que vous vouliez faire.

DOM JUAN : Il est vrai que te voilà bien, et je ne sais où tu as été déterrer cet attirail ridicule.

SGANARELLE : Oui? C'est l'habit d'un vieux médecin, qui a été laissé en gage au lieu où je l'ai pris, et il m'en a coûté de l'argent pour l'avoir. Mais savez-vous, Monsieur, que cet habit me met déjà en considération, que je suis salué des gens que je rencontre, et que l'on me vient consulter ainsi qu'un habile homme?

DOM JUAN : Comment donc?

SGANARELLE : Cinq ou six paysans et paysannes, en me voyant passer, me sont venus demander mon avis sur différentes maladies.

DOM JUAN : Tu leur as répondu que tu n'y entendais rien?

SGANARELLE : Moi? Point du tout. J'ai voulu soutenir l'honneur de mon habit : j'ai raisonné sur le mal, et leur ai fait des ordonnances à chacun.

DOM JUAN : Et quels remèdes encore leur as-tu ordonnés ?

SGANARELLE : Ma foi ! Monsieur, j'en ai pris par où j'en ai pu attraper ; j'ai fait mes ordonnances à l'aventure, et ce serait une chose plaisante si les malades guérissaient, et qu'on m'en vînt remercier.

DOM JUAN : Et pourquoi non ? Par quelle raison n'aurais-tu pas les mêmes privilèges qu'ont tous les autres médecins ? Ils n'ont pas plus de part que toi aux guérisons des malades, et tout leur art est pure grimace. Ils ne font rien que recevoir la gloire des heureux succès, et tu peux profiter comme eux du bonheur du malade, et voir attribuer à tes remèdes tout ce qui peut venir des faveurs du hasard et des forces de la nature[1].

SGANARELLE : Comment, Monsieur, vous êtes aussi impie en médecine ?

DOM JUAN : C'est une des grandes erreurs qui soit parmi les hommes.

SGANARELLE : Quoi ? vous ne croyez pas au séné[2], ni à la casse[3], ni au vin émétique[4] ?

DOM JUAN : Et pourquoi veux-tu que j'y croie ?

SGANARELLE : Vous avez l'âme bien mécréante. Cependant vous voyez, depuis un temps, que le vin émétique fait bruire ses fuseaux[5]. Ses miracles ont converti les plus incrédules esprits[6], et il n'y a pas trois semaines que j'en ai vu, moi qui vous parle, un effet merveilleux.

DOM JUAN : Et quel ?

SGANARELLE : Il y avait un homme qui, depuis six jours, était à l'agonie ; on ne savait plus que lui ordonner, et tous les remèdes ne faisaient rien ; on s'avisa à la fin de lui donner de l'émétique.

DOM JUAN : Il réchappa, n'est-ce pas ?

SGANARELLE : Non, il mourut.

DOM JUAN : L'effet est admirable.

SGANARELLE : Comment ? il y avait six jours entiers qu'il ne pouvait mourir, et cela le fit mourir tout d'un coup. Voulez-vous rien de plus efficace ?

DOM JUAN : Tu as raison.

SGANARELLE : Mais laissons là la médecine, où vous ne croyez point, et parlons des autres choses, car cet habit me donne de l'esprit, et je me sens en humeur de disputer contre vous : vous savez bien que vous me permettez les disputes, et que vous ne me défendez que les remontrances.

DOM JUAN : Eh bien ?

SGANARELLE : Je veux savoir un peu vos pensées à fond. Est-il possible que vous ne croyiez point du tout au Ciel ?

DOM JUAN : Laissons cela.

SGANARELLE : C'est-à-dire que non. Et à l'Enfer ?

DOM JUAN : Eh !

SGANARELLE : Tout de même [1]. Et au diable [2], s'il vous plaît ?

DOM JUAN : Oui, oui.

SGANARELLE : Aussi peu. Ne croyez-vous point l'autre vie ?

DOM JUAN : Ah ! ah ! ah !

SGANARELLE : Voilà un homme que j'aurai bien de la peine à convertir. Et dites-moi un peu, le Moine-Bourru [3], qu'en croyez-vous, eh !

DOM JUAN : La peste soit du fat !

SGANARELLE : Et voilà ce que je ne puis souffrir, car il n'y a rien de plus vrai que le Moine-Bourru, et je me ferais pendre pour celui-là. Mais encore faut-il croire quelque chose dans le monde : qu'est-ce donc que vous croyez ?

DOM JUAN : Ce que je crois ?

SGANARELLE : Oui.

DOM JUAN : Je crois que deux et deux sont quatre, Sganarelle, et que quatre et quatre sont huit [4].

SGANARELLE : La belle croyance et les beaux articles de foi que voici ! Votre religion, à ce que je vois, est donc l'arithmétique ? Il faut avouer qu'il se met d'étranges folies dans la tête des hommes, et que pour avoir bien étudié on en est bien moins sage le plus souvent. Pour moi, Monsieur, je n'ai point étudié comme vous, Dieu merci, et personne ne saurait se vanter de m'avoir jamais rien appris ; mais avec mon petit sens et mon petit jugement, je vois les choses mieux que tous les livres, et je comprends fort bien que ce monde que nous voyons n'est pas un champignon, qui soit venu tout seul en une nuit. Je voudrais bien vous demander qui a fait ces arbres-là, ces rochers, cette terre, et ce ciel que voilà là-haut, et si tout cela s'est bâti de lui-même. Vous voilà vous, par exemple, vous êtes là : est-ce que vous vous êtes fait tout seul, et n'a-t-il pas fallu que votre père ait engrossé votre mère pour vous faire ? Pouvez-vous voir toutes ces inventions dont la machine de l'homme est composée sans admirer de quelle façon cela est agencé l'un dans l'autre : ces nerfs, ces os, ces veines, ces artères, ces... ce poumon, ce cœur, ce foie, et tous ces autres ingrédients qui sont là, et qui...[1]. Ah ! dame, interrompez-moi donc si vous voulez : je ne saurais disputer si l'on ne m'interrompt ; vous vous taisez exprès et me laissez parler par belle malice.

DOM JUAN : J'attends que ton raisonnement soit fini.

SGANARELLE : Mon raisonnement est qu'il y a quelque chose d'admirable dans l'homme, quoi que vous puissiez dire, que tous les savants ne sauraient expliquer. Cela n'est-il pas merveilleux que me voilà ici, et que j'aie quelque chose dans la tête qui pense cent choses différentes en un moment, et fait de mon corps tout ce qu'elle veut ? Je veux frapper des mains, hausser le bras, lever les yeux au ciel, baisser la tête, remuer les pieds, aller à droit, à gauche, en avant, en arrière, tourner...

Il se laisse tomber en tournant.

DOM JUAN : Bon ! voilà ton raisonnement qui a le nez cassé.

SGANARELLE : Morbleu ! je suis bien sot de m'amuser à raisonner avec vous. Croyez ce que vous voudrez : il m'importe bien que vous soyez damné !

DOM JUAN : Mais tout en raisonnant, je crois que nous sommes égarés. Appelle un peu cet homme que voilà là-bas, pour lui demander le chemin.

SGANARELLE : Holà ! ho, l'homme ! ho, mon compère ! ho, l'ami ! un petit mot s'il vous plaît.

SCÈNE II

DOM JUAN, SGANARELLE, UN PAUVRE[1]

SGANARELLE : Enseignez-nous un peu le chemin qui mène à la ville.

LE PAUVRE : Vous n'avez qu'à suivre cette route, Messieurs, et détourner à main droite quand vous serez au bout de la forêt. Mais je vous donne avis que vous devez vous tenir sur vos gardes, et que depuis quelque temps il y a des voleurs ici autour.

DOM JUAN : Je te suis bien obligé, mon ami, et je te rends grâce de tout mon cœur.

LE PAUVRE : Si vous vouliez, Monsieur, me secourir de quelque aumône ?

DOM JUAN : Ah ! ah ! ton avis est intéressé, à ce que je vois.

LE PAUVRE : Je suis un pauvre homme, Monsieur, retiré tout seul dans ce bois depuis dix ans, et je ne manquerai pas de prier le Ciel qu'il vous donne toute sorte de biens.

DOM JUAN : Eh ! prie-le qu'il te donne un habit, sans te mettre en peine des affaires des autres.

SGANARELLE : Vous ne connaissez pas Monsieur, bonhomme ; il ne croit qu'en deux et deux sont quatre et en quatre et quatre sont huit.

DOM JUAN : Quelle est ton occupation parmi ces arbres ?

LE PAUVRE : De prier le Ciel tout le jour pour la prospérité des gens de bien qui me donnent quelque chose.

DOM JUAN : Il ne se peut donc pas que tu ne sois bien à ton aise ?

LE PAUVRE : Hélas ! Monsieur, je suis dans la plus grande nécessité du monde.

DOM JUAN : Tu te moques : un homme qui prie le Ciel

tout le jour ne peut pas manquer d'être bien dans ses affaires.

LE PAUVRE : Je vous assure, Monsieur, que le plus souvent je n'ai pas un morceau de pain à mettre sous les dents.

DOM JUAN : Voilà qui est étrange, et tu es bien mal reconnu de tes soins. Ah ! ah ! je m'en vais te donner un louis d'or tout à l'heure, pourvu que tu veuilles jurer.

LE PAUVRE : Ah ! Monsieur, voudriez-vous que je commisse un tel péché ?

DOM JUAN : Tu n'as qu'à voir si tu veux gagner un louis d'or ou non. En voici un que je te donne, si tu jures ; tiens, il faut jurer.

LE PAUVRE : Monsieur !

DOM JUAN : A moins de cela, tu ne l'auras pas.

SGANARELLE : Va, va, jure un peu, il n'y a pas de mal.

DOM JUAN : Prends, le voilà ; prends, te dis-je, mais jure donc[1].

LE PAUVRE : Non, Monsieur, j'aime mieux mourir de faim.

DOM JUAN : Va, va, je te le donne pour l'amour de l'humanité[2]. Mais que vois-je là ? un homme attaqué par trois autres ? La partie est trop inégale, et je ne dois pas souffrir cette lâcheté.

Il court au lieu du combat.

SCÈNE III

DOM JUAN, DOM CARLOS, SGANARELLE

SGANARELLE : Mon maître est un vrai enragé d'aller se présenter à un péril qui ne le cherche pas ; mais, ma foi ! le secours a servi, et les deux ont fait fuir les trois.

DOM CARLOS, *l'épée à la main :* On voit, par la fuite de ces voleurs, de quel secours est votre bras. Souffrez,

Monsieur, que je vous rende grâce d'une action si géné-
reuse, et que...

DOM JUAN, *revenant l'épée à la main :* Je n'ai rien fait,
Monsieur, que vous n'eussiez fait en ma place. Notre
propre honneur est intéressé dans de pareilles aventures[1],
et l'action de ces coquins était si lâche que c'eût été y
prendre part que de ne s'y pas opposer. Mais par quelle
rencontre vous êtes-vous trouvé entre leurs mains ?

DOM CARLOS : Je m'étais par hasard égaré d'un frère et
de tous ceux de notre suite ; et comme je cherchais à les
rejoindre, j'ai fait rencontre de ces voleurs, qui d'abord ont
tué mon cheval, et qui, sans votre valeur, en auraient fait
autant de moi.

DOM JUAN : Votre dessein est-il d'aller du côté de la
ville ?

DOM CARLOS : Oui, mais sans y vouloir entrer ; et nous
nous voyons obligés, mon frère et moi, à tenir la campagne
pour une de ces fâcheuses affaires qui réduisent les
gentilshommes à se sacrifier, eux et leur famille, à la
sévérité de leur honneur, puisque enfin le plus doux succès
en est toujours funeste, et que, si l'on ne quitte pas la vie,
on est contraint de quitter le Royaume ; et c'est en quoi je
trouve la condition d'un gentilhomme malheureuse, de ne
pouvoir point s'assurer sur toute la prudence et toute
l'honnêteté de sa conduite, d'être asservi par les lois de
l'honneur au dérèglement de la conduite d'autrui, et de
voir sa vie, son repos et ses biens dépendre de la fantaisie
du premier téméraire qui s'avisera de lui faire une de ces
injures pour qui un honnête homme doit périr[2].

DOM JUAN : On a cet avantage, qu'on fait courir le
même risque et passer mal aussi le temps à ceux qui
prennent fantaisie de nous venir faire une offense de gaieté
de cœur. Mais ne serait-ce point une indiscrétion que de
vous demander quelle peut être votre affaire ?

DOM CARLOS : La chose en est aux termes de n'en plus
faire de secret, et lorsque l'injure a une fois éclaté, notre
honneur ne va point à vouloir cacher notre honte, mais à

faire éclater notre vengeance, et à publier même le dessein que nous en avons. Ainsi, Monsieur, je ne feindrai point de vous dire que l'offense que nous cherchons à venger est une sœur séduite et enlevée d'un couvent, et que l'auteur de cette offense est un Dom Juan Tenorio, fils de Dom Louis Tenorio. Nous le cherchons depuis quelques jours, et nous l'avons suivi ce matin sur le rapport d'un valet qui nous a dit qu'il sortait à cheval, accompagné de quatre ou cinq, et qu'il avait pris le long de cette côte; mais tous nos soins ont été inutiles, et nous n'avons pu découvrir ce qu'il est devenu.

DOM JUAN : Le connaissez-vous, Monsieur, ce Dom Juan dont vous parlez?

DOM CARLOS : Non, quant à moi. Je ne l'ai jamais vu, et je l'ai seulement ouï dépeindre à mon frère; mais la renommée n'en dit pas force bien, et c'est un homme dont la vie...

DOM JUAN : Arrêtez, Monsieur, s'il vous plaît. Il est un peu de mes amis[1], et ce serait à moi une espèce de lâcheté que d'en ouïr dire du mal.

DOM CARLOS : Pour l'amour de vous, Monsieur, je n'en dirai rien du tout, et c'est bien la moindre chose que je vous doive, après m'avoir sauvé la vie, que de me taire devant vous d'une personne que vous connaissez, lorsque je ne puis en parler sans en dire du mal; mais, quelque ami que vous lui soyez, j'ose espérer que vous n'approuverez pas son action, et ne trouverez pas étrange que nous cherchions d'en prendre la vengeance.

DOM JUAN : Au contraire, je vous y veux servir, et vous épargner des soins inutiles. Je suis ami de Dom Juan, je ne puis pas m'en empêcher; mais il n'est pas raisonnable qu'il offense impunément des gentilshommes, et je m'engage à vous faire faire raison par lui.

DOM CARLOS : Et quelle raison peut-on faire à ces sortes d'injures?

DOM JUAN : Toute celle que votre honneur peut souhaiter; et, sans vous donner la peine de chercher Dom Juan davantage, je m'oblige à le faire trouver au lieu que vous voudrez, et quand il vous plaira.

DOM CARLOS : Cet espoir est bien doux, Monsieur, à des cœurs offensés ; mais, après ce que je vous dois, ce me serait une trop sensible douleur que vous fussiez de la partie[1].

DOM JUAN : Je suis si attaché à Dom Juan qu'il ne saurait se battre que je ne me batte aussi ; mais enfin j'en réponds comme de moi-même, et vous n'avez qu'à dire quand vous voulez qu'il paraisse et vous donne satisfaction.

DOM CARLOS : Que ma destinée est cruelle ! Faut-il que je vous doive la vie, et que Dom Juan soit de vos amis ?

SCÈNE IV

DOM ALONSE, *et trois Suivants*,
DOM CARLOS, DOM JUAN, SGANARELLE

DOM ALONSE : Faites boire là mes chevaux, et qu'on les amène après nous ; je veux un peu marcher à pied. Ô Ciel ! que vois-je ici ! Quoi ? mon frère, vous voilà avec notre ennemi mortel ?

DOM CARLOS : Notre ennemi mortel ?

DOM JUAN, *se reculant de trois pas et mettant fièrement la main sur la garde de son épée :* Oui, je suis Dom Juan moi-même, et l'avantage du nombre ne m'obligera pas à vouloir déguiser mon nom.

DOM ALONSE : Ah ! traître, il faut que tu périsses, et...

DOM CARLOS : Ah ! mon frère, arrêtez. Je lui suis redevable de la vie ; et sans le secours de son bras, j'aurais été tué par des voleurs que j'ai trouvés.

DOM ALONSE : Et voulez-vous que cette considération empêche notre vengeance ? Tous les services que nous rend une main ennemie ne sont d'aucun mérite pour engager notre âme ; et s'il faut mesurer l'obligation à l'injure, votre reconnaissance, mon frère, est ici ridicule ; et comme l'honneur est infiniment plus précieux que la vie, c'est ne devoir rien proprement que d'être redevable de la vie à qui nous a ôté l'honneur.

DOM CARLOS : Je sais la différence, mon frère, qu'un gentilhomme doit toujours mettre entre l'un et l'autre, et la reconnaissance de l'obligation n'efface point en moi le ressentiment de l'injure ; mais souffrez que je lui rende ici ce qu'il m'a prêté, que je m'acquitte sur-le-champ de la vie que je lui dois, par un délai de notre vengeance, et lui laisse la liberté de jouir, durant quelques jours, du fruit de son bienfait.

DOM ALONSE : Non, non, c'est hasarder notre vengeance que de la reculer et l'occasion de la prendre peut ne plus revenir. Le Ciel nous l'offre ici, c'est à nous d'en profiter. Lorsque l'honneur est blessé mortellement, on ne doit point songer à garder aucunes mesures ; et si vous répugnez à prêter votre bras à cette action, vous n'avez qu'à vous retirer et laisser à ma main la gloire d'un tel sacrifice.

DOM CARLOS : De grâce, mon frère...

DOM ALONSE : Tous ces discours sont superflus : il faut qu'il meure.

DOM CARLOS : Arrêtez-vous, dis-je, mon frère. Je ne souffrirai point du tout qu'on attaque ses jours, et je jure le Ciel que je le défendrai ici contre qui que ce soit, et je saurai lui faire un rempart de cette même vie qu'il a sauvée ; et pour adresser vos coups, il faudra que vous me perciez.

DOM ALONSE : Quoi ? vous prenez le parti de notre ennemi contre moi ; et loin d'être saisi à son aspect des mêmes transports que je sens, vous faites voir pour lui des sentiments pleins de douceur ?

DOM CARLOS : Mon frère, montrons de la modération dans une action légitime, et ne vengeons point notre honneur avec cet emportement que vous témoignez. Ayons du cœur dont nous soyons les maîtres, une valeur qui n'ait rien de farouche, et qui se porte aux choses par une pure délibération de notre raison, et non point par le mouvement d'une aveugle colère. Je ne veux point, mon frère, demeurer redevable à mon ennemi, et je lui ai une obligation dont il faut que je m'acquitte avant toute chose. Notre vengeance, pour être différée, n'en sera pas moins éclatante : au contraire, elle en tirera de l'avantage ; et cette occasion de l'avoir pu prendre la fera paraître plus juste aux yeux de tout le monde.

DOM ALONSE : Ô l'étrange faiblesse, et l'aveuglement effroyable d'hasarder ainsi les intérêts de son honneur pour la ridicule pensée d'une obligation chimérique !

DOM CARLOS : Non, mon frère, ne vous mettez pas en peine. Si je fais une faute, je saurai bien la réparer, et je me charge de tout le soin de notre honneur ; je sais à quoi il nous oblige, et cette suspension d'un jour, que ma reconnaissance lui demande, ne fera qu'augmenter l'ardeur que j'ai de le satisfaire. Dom Juan, vous voyez que j'ai soin de vous rendre le bien que j'ai reçu de vous, et vous devez par là juger du reste, croire que je m'acquitte avec même chaleur de ce que je dois, et que je ne serais pas moins exact à vous payer l'injure que le bienfait. Je ne veux point vous obliger ici à expliquer vos sentiments, et je vous donne la liberté de penser à loisir aux résolutions que vous avez à prendre. Vous connaissez assez la grandeur de l'offense que vous nous avez faite, et je vous fais juge vous-même des réparations qu'elle demande. Il est des moyens doux pour nous satisfaire ; il en est de violents et de sanglants ; mais enfin, quelque choix que vous fassiez, vous m'avez donné parole de me faire faire raison par Dom Juan : songez à me la faire, je vous prie, et vous ressouvenez que, hors d'ici, je ne dois plus qu'à mon honneur.

DOM JUAN : Je n'ai rien exigé de vous, et vous tiendrai ce que j'ai promis.

DOM CARLOS : Allons, mon frère : un moment de douceur ne fait aucune injure à la sévérité de notre devoir.

SCÈNE V

DOM JUAN, SGANARELLE

DOM JUAN : Holà, hé, Sganarelle !

SGANARELLE : Plaît-il ?

DOM JUAN : Comment ? coquin, tu fuis quand on m'attaque ?

SGANARELLE : Pardonnez-moi, Monsieur ; je viens seulement d'ici près. Je crois que cet habit est purgatif, et que c'est prendre médecine que de le porter.

DOM JUAN : Peste soit l'insolent ! Couvre au moins ta poltronnerie d'un voile plus honnête. Sais-tu bien qui est celui à qui j'ai sauvé la vie ?

SGANARELLE : Moi ? Non.

DOM JUAN : C'est un frère d'Elvire.

SGANARELLE : Un...

DOM JUAN : Il est assez honnête homme, il en a bien usé, et j'ai regret d'avoir démêlé avec lui.

SGANARELLE : Il vous serait aisé de pacifier toutes choses.

DOM JUAN : Oui ; mais ma passion est usée pour Done Elvire, et l'engagement ne compatit point avec mon humeur. J'aime la liberté en amour, tu le sais, et je ne saurais me résoudre à renfermer mon cœur entre quatre murailles. Je te l'ai dit vingt fois, j'ai une pente naturelle à me laisser aller à tout ce qui m'attire. Mon cœur est à toutes les belles, et c'est à elles à le prendre tour à tour et à le garder tant qu'elles le pourront. Mais quel est le superbe édifice que je vois entre ces arbres ?

SGANARELLE : Vous ne le savez pas ?

DOM JUAN : Non, vraiment.

SGANARELLE : Bon ! c'est le tombeau que le Commandeur faisait faire lorsque vous le tuâtes.

DOM JUAN : Ah ! tu as raison. Je ne savais pas que c'était de ce côté-ci qu'il était. Tout le monde m'a dit des merveilles de cet ouvrage, aussi bien que de la statue du Commandeur, et j'ai envie de l'aller voir.

SGANARELLE : Monsieur, n'allez point là.

DOM JUAN : Pourquoi ?

SGANARELLE : Cela n'est pas civil, d'aller voir un homme que vous avez tué.

DOM JUAN : Au contraire, c'est une visite dont je lui veux faire civilité, et qu'il doit recevoir de bonne grâce, s'il est galant homme. Allons, entrons dedans.

> *Le tombeau s'ouvre, où l'on voit un superbe mausolée et la statue du Commandeur.*

SGANARELLE : Ah ! que cela est beau ! Les belles statues ! le beau marbre ! les beaux piliers ! Ah ! que cela est beau ! Qu'en dites-vous, Monsieur ?

DOM JUAN : Qu'on ne peut voir aller plus loin l'ambition d'un homme mort ; et ce que je trouve admirable, c'est qu'un homme qui s'est passé, durant sa vie, d'une assez simple demeure, en veuille avoir une si magnifique pour quand il n'en a plus que faire.

SGANARELLE : Voici la statue du Commandeur.

DOM JUAN : Parbleu ! le voilà bon[1], avec son habit d'empereur romain !

SGANARELLE : Ma foi, Monsieur, voilà qui est bien fait. Il semble qu'il est en vie, et qu'il s'en va parler. Il jette des regards sur nous qui me feraient peur, si j'étais tout seul, et je pense qu'il ne prend pas plaisir de nous voir.

DOM JUAN : Il aurait tort, et ce serait mal recevoir l'honneur que je lui fais. Demande-lui s'il veut venir souper avec moi.

SGANARELLE : C'est une chose dont il n'a pas besoin, je crois.

DOM JUAN : Demande-lui, te dis-je.

SGANARELLE : Vous moquez-vous ? Ce serait être fou que d'aller parler à une statue.

DOM JUAN : Fais ce que je te dis.

SGANARELLE : Quelle bizarrerie ! Seigneur Commandeur... je ris de ma sottise, mais c'est mon maître qui me la fait faire. Seigneur Commandeur, mon maître Dom Juan vous demande si vous voulez lui faire l'honneur de venir souper avec lui. *(La Statue baisse la tête.)* Ha!

DOM JUAN : Qu'est-ce? qu'as-tu? Dis donc, veux-tu parler?

SGANARELLE *fait le même signe que lui a fait la Statue et baisse la tête* : La Statue...

DOM JUAN : Eh bien! que veux-tu dire, traître?

SGANARELLE : Je vous dis que la Statue...

DOM JUAN : Eh bien! la Statue? je t'assomme, si tu ne parles.

SGANARELLE : La Statue m'a fait signe.

DOM JUAN : La peste le coquin!

SGANARELLE : Elle m'a fait signe, vous dis-je : il n'est rien de plus vrai. Allez-vous-en lui parler vous-même pour voir. Peut-être...

DOM JUAN : Viens, maraud, viens, je te veux bien faire toucher au doigt ta poltronnerie. Prends garde. Le Seigneur Commandeur voudrait-il venir souper avec moi?

La Statue baisse encore la tête.

SGANARELLE : Je ne voudrais pas en tenir dix pistoles[1] Eh bien! Monsieur?

DOM JUAN : Allons, sortons d'ici.

SGANARELLE : Voilà de mes esprits forts[2], qui ne veulent rien croire.

ACTE IV

SCÈNE PREMIÈRE

DOM JUAN, SGANARELLE

DOM JUAN : Quoi qu'il en soit, laissons cela : c'est une bagatelle, et nous pouvons avoir été trompés par un faux jour, ou surpris de quelque vapeur[1] qui nous ait troublé la vue.

SGANARELLE : Eh ! Monsieur, ne cherchez point à démentir ce que nous avons vu des yeux que voilà. Il n'est rien de plus véritable que ce signe de tête ; et je ne doute point que le Ciel, scandalisé de votre vie, n'ait produit ce miracle pour vous convaincre, et pour vous retirer de...

DOM JUAN : Écoute. Si tu m'importunes davantage de tes sottes moralités, si tu me dis encore le moindre mot là-dessus, je vais appeler quelqu'un, demander un nerf de bœuf, te faire tenir par trois ou quatre, et te rouer de mille coups. M'entends-tu bien ?

SGANARELLE : Fort bien, Monsieur, le mieux du monde. Vous vous expliquez clairement ; c'est ce qu'il y a de bon en vous, que vous n'allez point chercher de détours : vous dites les choses avec une netteté admirable.

DOM JUAN : Allons, qu'on me fasse souper le plus tôt que l'on pourra. Une chaise, petit garçon.

SCÈNE II

DOM JUAN, LA VIOLETTE, SGANARELLE

LA VIOLETTE : Monsieur, voilà votre marchand[1], M. Dimanche, qui demande à vous parler.

SGANARELLE : Bon, voilà ce qu'il nous faut, qu'un compliment de créancier. De quoi s'avise-t-il de nous venir demander de l'argent, et que ne lui disais-tu que Monsieur n'y est pas ?

LA VIOLETTE : Il y a trois quarts d'heure que je le lui dis ; mais il ne veut pas le croire, et s'est assis là-dedans pour attendre.

SGANARELLE : Qu'il attende, tant qu'il voudra.

DOM JUAN : Non, au contraire, faites-le entrer. C'est une fort mauvaise politique que de se faire celer aux créanciers. Il est bon de les payer de quelque chose, et j'ai le secret de les renvoyer satisfaits sans leur donner un double[2].

SCÈNE III

DOM JUAN, M. DIMANCHE, SGANARELLE, SUITE

DOM JUAN, *faisant de grandes civilités* : Ah ! Monsieur Dimanche, approchez. Que je suis ravi de vous voir, et que je veux de mal à mes gens de ne vous pas faire entrer d'abord ! J'avais donné ordre qu'on ne me fît parler personne ; mais cet ordre n'est pas pour vous, et vous êtes en droit de ne trouver jamais de porte fermée chez moi.

M. DIMANCHE : Monsieur, je vous suis fort obligé.

DOM JUAN, *parlant à ses laquais* : Parbleu ! coquins, je vous apprendrai à laisser M. Dimanche dans une antichambre, et je vous ferai connaître les gens.

M. DIMANCHE : Monsieur, cela n'est rien.

DOM JUAN : Comment ? vous dire que je n'y suis pas, à M. Dimanche, au meilleur de mes amis ?

M. DIMANCHE : Monsieur, je suis votre serviteur. J'étais venu...

DOM JUAN : Allons vite, un siège pour M. Dimanche

M. DIMANCHE : Monsieur, je suis bien comme cela.

DOM JUAN : Point, point, je veux que vous soyez assis contre moi.

M. DIMANCHE : Cela n'est point nécessaire.

DOM JUAN : Otez ce pliant[1], et apportez un fauteuil.

M. DIMANCHE : Monsieur, vous vous moquez, et...

DOM JUAN : Non, non, je sais ce que je vous dois, et je ne veux point qu'on mette de différence entre nous deux.

M. DIMANCHE : Monsieur...

DOM JUAN : Allons, asseyez-vous.

M. DIMANCHE : Il n'est pas besoin, Monsieur, et je n'ai qu'un mot à vous dire. J'étais...

DOM JUAN : Mettez-vous là, vous dis-je.

M. DIMANCHE : Non, Monsieur, je suis bien. Je viens pour...

DOM JUAN : Non, je ne vous écoute point si vous n'êtes assis.

M. DIMANCHE : Monsieur, je fais ce que vous voulez. Je...

DOM JUAN : Parbleu ! Monsieur Dimanche, vous vous portez bien.

M. DIMANCHE : Oui, Monsieur, pour vous rendre service. Je suis venu...

DOM JUAN : Vous avez un fonds de santé admirable, des lèvres fraîches, un teint vermeil, et des yeux vifs.

M. DIMANCHE : Je voudrais bien...

DOM JUAN : Comment se porte Madame Dimanche, votre épouse ?

M. DIMANCHE : Fort bien, Monsieur, Dieu merci.

DOM JUAN : C'est une brave femme.

M. DIMANCHE : Elle est votre servante, Monsieur. Je venais...

DOM JUAN : Et votre petite fille Claudine, comment se porte-t-elle ?

M. DIMANCHE : Le mieux du monde.

DOM JUAN : La jolie petite fille que c'est ! je l'aime de tout mon cœur.

M. DIMANCHE : C'est trop d'honneur que vous lui faites, Monsieur. Je vous...

DOM JUAN : Et le petit Colin, fait-il toujours bien du bruit avec son tambour ?

M. DIMANCHE : Toujours de même, Monsieur. Je...

DOM JUAN : Et votre petit chien Brusquet ? gronde-t-il toujours aussi fort, et mord-il toujours bien aux jambes les gens qui vont chez vous ?

M. DIMANCHE : Plus que jamais, Monsieur, et nous ne saurions en chevir[1].

DOM JUAN : Ne vous étonnez pas si je m'informe des nouvelles de toute la famille, car j'y prends beaucoup d'intérêt.

M. DIMANCHE : Nous vous sommes, Monsieur, infiniment obligés. Je...

DOM JUAN, *lui tendant la main* : Touchez donc là[2], Monsieur Dimanche. Êtes-vous bien de mes amis ?

M. DIMANCHE : Monsieur, je suis votre serviteur.

DOM JUAN : Parbleu ! je suis à vous de tout mon cœur.

M. DIMANCHE : Vous m'honorez trop. Je...

DOM JUAN : Il n'y a rien que je ne fisse pour vous.

M. DIMANCHE : Monsieur, vous avez trop de bonté pour moi.

DOM JUAN : Et cela sans intérêt, je vous prie de le croire.

M. DIMANCHE : Je n'ai point mérité cette grâce assurément. Mais, Monsieur...

DOM JUAN : Oh ! çà, Monsieur Dimanche, sans façon, voulez-vous souper avec moi ?

M. DIMANCHE : Non, Monsieur, il faut que je m'en retourne tout à l'heure. Je...

DOM JUAN, *se levant :* Allons, vite un flambeau pour

conduire M. Dimanche et que quatre ou cinq de mes gens prennent des mousquetons pour l'escorter.

M. DIMANCHE, *se levant de même* : Monsieur, il n'est pas nécessaire, et je m'en irai bien tout seul. Mais...

Sganarelle ôte les sièges promptement.

DOM JUAN : Comment ? Je veux qu'on vous escorte, et je m'intéresse trop à votre personne. Je suis votre serviteur, et de plus votre débiteur.

M. DIMANCHE : Ah ! Monsieur...

DOM JUAN : C'est une chose que je ne cache pas, et je le dis à tout le monde.

M. DIMANCHE : Si...

DOM JUAN : Voulez-vous que je vous reconduise ?

M. DIMANCHE : Ah ! Monsieur, vous vous moquez Monsieur...

DOM JUAN : Embrassez-moi donc, s'il vous plaît. Je vous prie encore une fois d'être persuadé que je suis tout à vous, et qu'il n'y a rien au monde que je ne fisse pour votre service. *(Il sort.)*

SGANARELLE : Il faut avouer que vous avez en Monsieur un homme qui vous aime bien.

M. DIMANCHE : Il est vrai ; il me fait tant de civilités et tant de compliments que je ne saurais jamais lui demander de l'argent.

SGANARELLE : Je vous assure que toute sa maison périrait pour vous ; et je voudrais qu'il vous arrivât quelque chose, que quelqu'un s'avisât de vous donner des coups de bâton ; vous verriez de quelle manière...

M. DIMANCHE : Je le crois ; mais, Sganarelle, je vous prie de lui dire un petit mot de mon argent.

SGANARELLE : Oh ! ne vous mettez pas en peine, il vous payera le mieux du monde.

M. DIMANCHE : Mais vous, Sganarelle, vous me devez quelque chose en votre particulier.

SGANARELLE : Fi ! ne parlez pas de cela.

M. DIMANCHE : Comment ? Je...

SGANARELLE : Ne sais-je pas bien que je vous dois ?

M. DIMANCHE : Oui, mais...

SGANARELLE : Allons, Monsieur Dimanche, je vais vous éclairer.

M. DIMANCHE : Mais mon argent...

SGANARELLE, *prenant M. Dimanche par le bras* : Vous moquez-vous ?

M. DIMANCHE : Je veux...

SGANARELLE, *le tirant* : Eh !

M. DIMANCHE : J'entends...

SGANARELLE, *le poussant* : Bagatelles.

M. DIMANCHE : Mais...

SGANARELLE, *le poussant* : Fi !

M. DIMANCHE : Je...

SGANARELLE, *le poussant tout à fait hors du théâtre* : Fi ! vous dis-je.

SCÈNE IV

DOM LOUIS, DOM JUAN,
LA VIOLETTE, SGANARELLE

LA VIOLETTE : Monsieur, voilà Monsieur votre père.

DOM JUAN : Ah ! me voici bien : il me fallait cette visite pour me faire enrager.

DOM LOUIS : Je vois bien que je vous embarrasse et que vous vous passeriez fort aisément de ma venue. A dire vrai, nous nous incommodons étrangement l'un et l'autre ; et si vous êtes las de me voir, je suis bien las aussi de vos déportements[1]. Hélas ! que nous savons peu ce que nous faisons quand nous ne laissons pas au Ciel le soin des choses qu'il nous faut, quand nous voulons être plus avisés que lui, et que nous venons à l'importuner par nos souhaits aveugles et nos demandes inconsidérées ! J'ai souhaité un fils avec des ardeurs nonpareilles ; je l'ai demandé sans relâche avec des transports incroyables ; et ce fils, que j'obtiens en fatiguant le Ciel de vœux, est le chagrin et le supplice de cette vie même dont je croyais qu'il devait être la joie et la consolation. De quel œil, à votre avis, pensez-vous que je puisse voir cet amas d'actions indignes, dont on a peine, aux yeux du monde, d'adoucir le mauvais visage, cette suite continuelle de méchantes affaires, qui nous réduisent, à toutes heures, à lasser les bontés du Souverain, et qui ont épuisé auprès de lui le mérite de mes services et le crédit de mes amis ? Ah ! quelle bassesse est la vôtre ! Ne rougissez-vous point de mériter si peu votre naissance ? Êtes-vous en droit, dites-moi, d'en tirer quelque vanité ? Et qu'avez-vous fait dans le monde pour être gentilhomme ? Croyez-vous qu'il suffise d'en porter le nom et les armes, et que ce nous soit une gloire d'être sorti d'un sang noble lorsque nous vivons en infâmes ? Non, non, la naissance n'est rien où la vertu n'est pas[1]. Aussi nous n'avons part à la gloire de nos ancêtres qu'autant que nous nous efforçons de leur ressembler ; et cet éclat de leurs actions qu'ils répandent sur nous nous impose un engagement de leur faire le même honneur, de suivre les pas qu'ils nous tracent, et de ne point dégénérer de leurs vertus, si nous voulons être estimés leurs véritables descendants. Ainsi vous descendez en vain des aïeux dont vous êtes né : ils vous désavouent pour leur sang, et tout ce qu'ils ont fait d'illustre ne vous donne aucun avantage ; au contraire, l'éclat n'en rejaillit sur vous qu'à votre déshonneur, et leur gloire est un flambeau qui éclaire aux yeux d'un chacun la honte de vos actions[2]. Apprenez enfin qu'un gentilhomme qui vit mal est un monstre dans la nature, que la vertu est le premier titre de noblesse[3], que je regarde bien moins au nom qu'on signe qu'aux actions qu'on fait, et que je ferais plus d'état du fils d'un crocheteur qui serait honnête homme que du fils d'un monarque qui vivrait comme vous.

DOM JUAN : Monsieur, si vous étiez assis, vous en seriez mieux pour parler.

DOM LOUIS : Non, insolent, je ne veux point m'asseoir, ni parler davantage, et je vois bien que toutes mes paroles ne font rien sur ton âme. Mais sache, fils indigne, que la tendresse paternelle est poussée à bout par tes actions, que je saurai, plus tôt que tu ne penses, mettre une borne à tes dérèglements, prévenir sur toi le courroux du Ciel, et laver par ta punition [1] la honte de t'avoir fait naître. *(Il sort.)*

SCÈNE V

DOM JUAN, SGANARELLE

DOM JUAN : Eh ! mourez le plus tôt que vous pourrez, c'est le mieux que vous puissiez faire. Il faut que chacun ait son tour, et j'enrage de voir des pères qui vivent autant que leurs fils. *(Il se met dans son fauteuil.)*

SGANARELLE : Ah ! Monsieur, vous avez tort.

DOM JUAN : J'ai tort ?

SGANARELLE : Monsieur...

DOM JUAN *se lève de son siège* : J'ai tort ?

SGANARELLE : Oui, Monsieur, vous avez tort d'avoir souffert ce qu'il vous a dit, et vous le deviez mettre dehors par les épaules. A-t-on jamais rien vu de plus impertinent ? Un père venir faire des remontrances à son fils, et lui dire de corriger ses actions, de se ressouvenir de sa naissance, de mener une vie d'honnête homme, et cent autres sottises de pareille nature ! Cela se peut-il souffrir à un homme comme vous, qui savez comme il faut vivre ? J'admire votre patience ; et si j'avais été en votre place, je l'aurais envoyé promener. Ô complaisance maudite ! à quoi me réduis-tu ?

DOM JUAN : Me fera-t-on souper bientôt ?

SCÈNE VI

DOM JUAN, DONE ELVIRE, RAGOTIN, SGANARELLE

RAGOTIN : Monsieur, voici une dame voilée qui vient vous parler.

DOM JUAN : Que pourrait-ce être ?

SGANARELLE : Il faut voir.

DONE ELVIRE : Ne soyez point surpris, Dom Juan, de me voir à cette heure et dans cet équipage. C'est un motif pressant qui m'oblige à cette visite, et ce que j'ai à vous dire ne veut point du tout de retardement. Je ne viens point ici pleine de ce courroux que j'ai tantôt fait éclater, et vous me voyez bien changée de ce que j'étais ce matin[1]. Ce n'est plus cette Done Elvire qui faisait des vœux contre vous, et dont l'âme irritée ne jetait que menaces et ne respirait que vengeance. Le Ciel a banni de mon âme toutes ces indignes ardeurs que je sentais pour vous, tous ces transports tumultueux d'un attachement criminel, tous ces honteux emportements d'un amour terrestre et grossier ; et il n'a laissé dans mon cœur pour vous qu'une flamme épurée de tout le commerce des sens, une tendresse toute sainte, un amour détaché de tout, qui n'agit point pour soi, et ne se met en peine que de votre intérêt.

DOM JUAN, *à Sganarelle :* Tu pleures, je pense.

SGANARELLE : Pardonnez-moi.

DONE ELVIRE : C'est ce parfait et pur amour qui me conduit ici pour votre bien, pour vous faire part d'un avis du Ciel, et tâcher de vous retirer du précipice où vous courez. Oui, Dom Juan, je sais tous les dérèglements de votre vie, et ce même Ciel, qui m'a touché le cœur et fait jeter les yeux sur les égarements de ma conduite, m'a inspiré de vous venir trouver, et de vous dire, de sa part, que vos offenses ont épuisé sa miséricorde, que sa colère redoutable est prête de tomber sur vous, qu'il est en vous de l'éviter par un prompt repentir, et que peut-être vous n'avez pas encore un jour à vous pouvoir soustraire au plus grand de tous les malheurs[2]. Pour moi, je ne tiens plus à vous par aucun attachement du monde ; je suis revenue, grâces au Ciel, de toutes mes folles pensées ; ma retraite est résolue, et je ne demande qu'assez de vie pour pouvoir expier la faute que j'ai faite, et mériter, par une austère pénitence, le pardon de l'aveuglement où m'ont plongée les transports d'une passion condamnable. Mais, dans cette retraite, j'aurais une douleur extrême qu'une personne que j'ai chérie tendrement devînt un exemple funeste de la justice du Ciel ; et ce me sera une joie incroyable si je puis vous porter à détourner de dessus votre tête l'épouvantable coup qui vous menace. De grâce, Dom Juan, accordez-moi, pour dernière faveur, cette douce consolation ; ne me refusez point votre salut, que je vous demande avec larmes ; et si vous n'êtes point touché de votre intérêt, soyez-le au moins de mes prières, et m'épargnez le cruel déplaisir de vous voir condamner à des supplices éternels.

SGANARELLE : Pauvre femme !

DONE ELVIRE : Je vous ai aimé avec une tendresse extrême, rien au monde ne m'a été si cher que vous ; j'ai oublié mon devoir pour vous, j'ai fait toutes choses pour vous ; et toute la récompense que je vous en demande, c'est de corriger votre vie, et de prévenir votre perte. Sauvez-vous, je vous prie, ou pour l'amour de vous, ou pour l'amour de moi. Encore une fois, Dom Juan, je vous le demande avec larmes ; et si ce n'est assez des larmes d'une personne que vous avez aimée, je vous en conjure par tout ce qui est le plus capable de vous toucher[1].

SGANARELLE : Cœur de tigre !

DONE ELVIRE : Je m'en vais, après ce discours, et voilà tout ce que j'avais à vous dire.

DOM JUAN : Madame, il est tard, demeurez ici : on vous y logera le mieux qu'on pourra.

DONE ELVIRE : Non, Dom Juan, ne me retenez pas davantage.

DOM JUAN . Madame, vous me ferez plaisir de demeurer, je vous assure.

DONE ELVIRE : Non, vous dis-je, ne perdons point de temps en discours superflus. Laissez-moi vite aller, ne faites aucune instance pour me conduire, et songez seulement à profiter de mon avis.

SCÈNE VII

DOM JUAN, SGANARELLE, SUITE

DOM JUAN : Sais-tu bien que j'ai encore senti quelque peu d'émotion pour elle, que j'ai trouvé de l'agrément dans cette nouveauté bizarre, et que son habit négligé, son air languissant et ses larmes ont réveillé en moi quelques petits restes d'un feu éteint ?

SGANARELLE : C'est-à-dire que ses paroles n'ont fait aucun effet sur vous.

DOM JUAN : Vite à souper.

SGANARELLE : Fort bien.

DOM JUAN, *se mettant à table* : Sganarelle, il faut songer à s'amender pourtant.

SGANARELLE : Oui dea !

DOM JUAN : Oui, ma foi ! il faut s'amender ; encore vingt ou trente ans de cette vie-ci, et puis nous songerons à nous.

SGANARELLE : Oh !

DOM JUAN : Qu'en dis-tu ?

SGANARELLE : Rien. Voilà le souper.

> *Il prend un morceau d'un des plats qu'on apporte et le met dans sa bouche.*

DOM JUAN : Il me semble que tu as la joue enflée · qu'est-ce que c'est ? Parle donc, qu'as-tu là ?

SGANARELLE : Rien.

DOM JUAN : Montre un peu. Parbleu ! c'est une fluxion qui lui est tombée sur la joue. Vite une lancette pour percer cela. Le pauvre garçon n'en peut plus, et cet abcès le pourrait étouffer. Attends : voyez comme il était mûr. Ah ! coquin que vous êtes !

SGANARELLE : Ma foi ! Monsieur, je voulais voir si votre cuisinier n'avait point mis trop de sel ou trop de poivre.

DOM JUAN : Allons, mets-toi là, et mange. J'ai affaire de toi quand j'aurai soupé. Tu as faim à ce que je vois.

SGANARELLE *se met à table*[1] : Je le crois bien, Monsieur : je n'ai point mangé depuis ce matin. Tâtez de cela, voilà qui est le meilleur du monde.

> *Un laquais ôte les assiettes de Sganarelle d'abord qu'il y a dessus à manger.*

Mon assiette, mon assiette ! tout doux, s'il vous plaît. Vertubleu ! petit compère, que vous êtes habile à donner des assiettes nettes ! et vous, petit la Violette, que vous savez présenter à boire à propos !

> *Pendant qu'un laquais donne à boire à Sganarelle, l'autre laquais ôte encore son assiette.*

DOM JUAN : Qui peut frapper de cette sorte ?

SGANARELLE : Qui diable nous vient troubler dans notre repas ?

DOM JUAN : Je veux souper en repos au moins, et qu'on ne laisse entrer personne.

SGANARELLE : Laissez-moi faire, je m'y en vais moi-même.

DOM JUAN : Qu'est-ce donc ? Qu'y a-t-il ?

SGANARELLE, *baissant la tête comme a fait la Statue* : Le... qui est là !

DOM JUAN : Allons voir, et montrons que rien ne me saurait ébranler.

SGANARELLE : Ah ! pauvre Sganarelle, où te cacheras-tu ?

SCÈNE VIII

DOM JUAN, LA STATUE
DU COMMANDEUR, *qui vient se mettre à table*,
SGANARELLE, SUITE

DOM JUAN : Une chaise et un couvert, vite donc. *(A Sganarelle.)* Allons, mets-toi à table.

SGANARELLE : Monsieur, je n'ai plus de faim.

DOM JUAN : Mets-toi là, te dis-je. A boire. A la santé du Commandeur : je te la porte[1], Sganarelle. Qu'on lui donne du vin.

SGANARELLE : Monsieur, je n'ai pas soif.

DOM JUAN : Bois, et chante ta chanson, pour régaler le Commandeur.

SGANARELLE : Je suis enrhumé, Monsieur.

DOM JUAN : Il n'importe. Allons. Vous autres, venez, accompagnez sa voix.

LA STATUE : Dom Juan, c'est assez. Je vous invite à venir demain souper avec moi. En aurez-vous le courage ?

DOM JUAN : Oui, j'irai, accompagné du seul Sganarelle.

SGANARELLE : Je vous rends grâce, il est demain jeûne pour moi.

DOM JUAN, *à Sganarelle :* Prends ce flambeau.

LA STATUE : On n'a pas besoin de lumière, quand on est conduit par le Ciel.

ACTE V

SCÈNE PREMIÈRE

DOM LOUIS, DOM JUAN, SGANARELLE

DOM LOUIS : Quoi ? mon fils, serait-il possible que la bonté du Ciel eût exaucé mes vœux ? Ce que vous me dites est-il bien vrai ? ne m'abusez-vous point d'un faux espoir, et puis-je prendre quelque assurance sur la nouveauté surprenante d'une telle conversion ?

DOM JUAN, *faisant l'hypocrite :* Oui, vous me voyez revenu de toutes mes erreurs ; je ne suis plus le même d'hier au soir, et le Ciel tout d'un coup a fait en moi un changement qui va surprendre tout le monde : il a touché mon âme et dessillé mes yeux, et je regarde avec horreur le long aveuglement où j'ai été, et les désordres criminels de la vie que j'ai menée. J'en repasse dans mon esprit toutes les abominations, et m'étonne comme le Ciel les a pu souffrir si longtemps, et n'a pas vingt fois sur ma tête laissé tomber les coups de sa justice redoutable. Je vois les grâces que sa bonté m'a faites en ne me punissant point de mes crimes[1] ; et je prétends en profiter comme je dois, faire éclater aux yeux du monde un soudain changement de vie, réparer par-là le scandale[2] de mes actions passées, et m'efforcer d'en obtenir du Ciel une pleine rémission. C'est à quoi je vais travailler ; et je vous prie, Monsieur, de vouloir bien contribuer à ce dessein, et de m'aider vous-même à faire choix d'une personne qui me serve de guide [1], et sous la conduite de qui je puisse marcher sûrement dans le chemin où je m'en vais entrer.

DOM LOUIS : Ah ! mon fils, que la tendresse d'un père est aisément rappelée, et que les offenses d'un fils s'évanouissent vite au moindre mot de repentir ! Je ne me souviens plus déjà de tous les déplaisirs que vous m'avez donnés, et tout est effacé par les paroles que vous venez de me faire entendre. Je ne me sens pas, je l'avoue ; je jette des larmes de joie ; tous mes vœux sont satisfaits, et je n'ai plus rien désormais à demander au Ciel. Embrassez-moi, mon fils, et persistez, je vous conjure, dans cette louable pensée. Pour moi, j'en vais tout de ce pas porter l'heureuse nouvelle à votre mère, partager avec elle les doux transports du ravissement où je suis, et rendre grâce au Ciel des saintes résolutions qu'il a daigné vous inspirer.

SCÈNE II

DOM JUAN, SGANARELLE

SGANARELLE : Ah ! Monsieur, que j'ai de joie de vous voir converti ! Il y a longtemps que j'attendais cela, et voilà, grâce au Ciel, tous mes souhaits accomplis.

DOM JUAN : La peste le benêt !

SGANARELLE : Comment, le benêt ?

DOM JUAN : Quoi ? tu prends pour de bon argent ce que je viens de dire, et tu crois que ma bouche était d'accord avec mon cœur ?

SGANARELLE : Quoi ? ce n'est pas… Vous ne… Votre… Oh ! quel homme ! quel homme ! quel homme !

DOM JUAN : Non, non, je ne suis point changé, et mes sentiments sont toujours les mêmes.

SGANARELLE : Vous ne vous rendez pas à la surprenante merveille de cette statue mouvante et parlante ?

DOM JUAN : Il y a bien quelque chose là-dedans que je ne

comprends pas ; mais quoi que ce puisse être, cela n'est pas capable ni de convaincre mon esprit, ni d'ébranler mon âme ; et si j'ai dit que je voulais corriger ma conduite et me jeter dans un train de vie exemplaire, c'est un dessein que j'ai formé par pure politique, un stratagème utile, une grimace nécessaire où je veux me contraindre, pour ménager un père dont j'ai besoin, et me mettre à couvert, du côté des hommes, de cent fâcheuses aventures qui pourraient m'arriver. Je veux bien, Sganarelle, t'en faire confidence, et je suis bien aise d'avoir un témoin du fond de mon âme et des véritables motifs qui m'obligent à faire les choses.

SGANARELLE : Quoi ? vous ne croyez rien du tout, et vous voulez cependant vous ériger en homme de bien ?

DOM JUAN : Et pourquoi non ? Il y en a tant d'autres comme moi, qui se mêlent de ce métier, et qui se servent du même masque pour abuser le monde !

SGANARELLE : Ah ! quel homme ! quel homme !

DOM JUAN : Il n'y a plus de honte maintenant à cela : l'hypocrisie est un vice à la mode, et tous les vices à la mode passent pour vertus. Le personnage d'homme de bien est le meilleur de tous les personnages qu'on puisse jouer aujourd'hui, et la profession[1] d'hypocrite a de merveilleux avantages. C'est un art de qui l'imposture est toujours respectée ; et quoiqu'on la découvre, on n'ose rien dire contre elle. Tous les autres vices des hommes sont exposés à la censure, et chacun a la liberté de les attaquer hautement ; mais l'hypocrisie est un vice privilégié, qui, de sa main, ferme la bouche à tout le monde, et jouit en repos d'une impunité souveraine[2]. On lie, à force de grimaces[3], une société étroite avec tous les gens du parti. Qui en choque un se les jette tous sur les bras ; et ceux que l'on sait même agir de bonne foi là-dessus, et que chacun connaît pour être véritablement touchés[4], ceux-là, dis-je, sont toujours les dupes des autres ; ils donnent hautement dans le panneau des grimaciers et appuient aveuglément les singes de leurs actions. Combien crois-tu que j'en connaisse

qui, par ce stratagème, ont rhabillé[1] adroitement les
désordres de leur jeunesse, qui se sont fait un bouclier du
manteau de la religion, et, sous cet habit respecté, ont la
permission d'être les plus méchants hommes du monde ?
On a beau savoir leurs intrigues et les connaître pour ce
qu'ils sont, ils ne laissent pas pour cela d'être en crédit
parmi les gens ; et quelque baissement de tête, un soupir
mortifié, et deux roulements d'yeux rajustent dans le monde
tout ce qu'ils peuvent faire. C'est sous cet abri favorable
que je veux me sauver, et mettre en sûreté mes affaires. Je
ne quitterai point mes douces habitudes ; mais j'aurai soin
de me cacher et me divertirai à petit bruit. Que si je viens à
être découvert, je verrai, sans me remuer, prendre mes
intérêts à toute la cabale, et je serai défendu par elle envers
et contre tous. Enfin c'est là le vrai moyen de faire
impunément tout ce que je voudrai. Je m'érigerai en
censeur des actions d'autrui, jugerai mal de tout le monde,
et n'aurai bonne opinion que de moi. Dès qu'une fois on
m'aura choqué tant soit peu, je ne pardonnerai jamais et
garderai tout doucement une haine irréconciliable. Je ferai
le vengeur des intérêts du Ciel[2], et, sous ce prétexte
commode, je pousserai[3] mes ennemis, je les accuserai
d'impiété, et saurai déchaîner contre eux des zélés indiscrets, qui, sans connaissance de cause, crieront en public
contre eux, qui les accableront d'injures, et les damneront
hautement de leur autorité privée. C'est ainsi qu'il faut
profiter des faiblesses des hommes, et qu'un sage esprit
s'accommode aux vices de son siècle.

SGANARELLE : Ô Ciel ! qu'entends-je ici ? Il ne vous
manquait plus que d'être hypocrite pour vous achever de
tout point, et voilà le comble des abominations. Monsieur,
cette dernière-ci m'emporte et je ne puis m'empêcher de
parler. Faites-moi tout ce qu'il vous plaira, battez-moi,
assommez-moi de coups, tuez-moi, si vous voulez : il faut
que je décharge mon cœur[4], et qu'en valet fidèle je vous
dise ce que je dois. Sachez, Monsieur, que tant va la cruche
à l'eau qu'enfin elle se brise ; et comme dit fort bien cet

auteur que je ne connais pas, l'homme est en ce monde ainsi que l'oiseau sur la branche ; la branche est attachée à l'arbre ; qui s'attache à l'arbre suit de bons préceptes ; les bons préceptes valent mieux que les belles paroles ; les belles paroles se trouvent à la cour ; à la cour sont les courtisans ; les courtisans suivent la mode ; la mode vient de la fantaisie ; la fantaisie est une faculté de l'âme ; l'âme est ce qui nous donne la vie ; la vie finit par la mort ; la mort nous fait penser au Ciel ; le Ciel est au-dessus de la terre ; la terre n'est point la mer ; la mer est sujette aux orages ; les orages tourmentent les vaisseaux ; les vaisseaux ont besoin d'un bon pilote ; un bon pilote a de la prudence ; la prudence n'est point dans les jeunes gens ; les jeunes gens doivent obéissance aux vieux ; les vieux aiment les richesses ; les richesses font les riches ; les riches ne sont pas pauvres ; les pauvres ont de la nécessité, nécessité n'a point de loi ; qui n'a point de loi vit en bête brute ; et par conséquent, vous serez damné à tous les diables.

DOM JUAN : Ô le beau raisonnement !

SGANARELLE : Après cela, si vous ne vous rendez, tant pis pour vous.

SCÈNE III

DOM CARLOS, DOM JUAN, SGANARELLE

DOM CARLOS : Dom Juan, je vous trouve à propos, et suis bien aise de vous parler ici plutôt que chez vous, pour vous demander vos résolutions. Vous savez que ce soin me regarde, et que je me suis en votre présence chargé de cette affaire. Pour moi je ne le cèle point, je souhaite fort que les choses aillent dans la douceur ; et il n'y a rien que je ne fasse pour porter votre esprit à vouloir prendre cette voie, et pour vous voir publiquement confirmer à ma sœur le nom de votre femme.

DOM JUAN, *d'un ton hypocrite :* Hélas ! je voudrais bien,

de tout mon cœur, vous donner la satisfaction que vous
souhaitez ; mais le Ciel s'y oppose directement : il a inspiré
à mon âme le dessein de changer de vie, et je n'ai point
d'autres pensées maintenant que de quitter entièrement
tous les attachements du monde, de me dépouiller au plus
tôt de toutes sortes de vanités, et de corriger désormais par
une austère conduite tous les dérèglements criminels où
m'a porté le feu d'une aveugle jeunesse.

DOM CARLOS : Ce dessein, Dom Juan, ne choque point
ce que je dis ; et la compagnie d'une femme légitime peut
bien s'accommoder avec les louables pensées que le Ciel
vous inspire.

DOM JUAN : Hélas ! point du tout. C'est un dessein que
votre sœur elle-même a pris : elle a résolu sa retraite et
nous avons été touchés tous deux en même temps.

DOM CARLOS : Sa retraite ne peut nous satisfaire, pou-
vant être imputée au mépris que vous feriez d'elle et de
notre famille ; et notre honneur demande qu'elle vive avec
vous.

DOM JUAN : Je vous assure que cela ne se peut. J'en
avais, pour moi, toutes les envies du monde, et je me suis
même encore aujourd'hui conseillé[1] au Ciel pour cela ;
mais, lorsque je l'ai consulté j'ai entendu une voix qui m'a
dit que je ne devais point songer à votre sœur, et qu'avec
elle assurément je ne ferais point mon salut.

DOM CARLOS : Croyez-vous, Dom Juan, nous éblouir par
ces belles excuses ?

DOM JUAN : J'obéis à la voix du Ciel.

DOM CARLOS : Quoi ? vous voulez que je me paye d'un
semblable discours ?

DOM JUAN : C'est le Ciel qui le veut ainsi.

DOM CARLOS : Vous aurez fait sortir ma sœur d'un
couvent, pour la laisser ensuite ?

DOM JUAN : Le Ciel l'ordonne de la sorte.

DOM CARLOS : Nous souffrirons cette tache en notre
famille ?

DOM JUAN : Prenez-vous-en au Ciel.

DOM CARLOS : Et quoi ? toujours le Ciel ?

DOM JUAN : Le Ciel le souhaite comme cela.

DOM CARLOS : Il suffit, Dom Juan, je vous entends. Ce n'est pas ici que je veux vous prendre, et le lieu ne le souffre pas ; mais, avant qu'il soit peu, je saurai vous trouver.

DOM JUAN : Vous ferez ce que vous voudrez ; vous savez que je ne manque point de cœur, et que je sais me servir de mon épée quand il le faut. Je m'en vais passer tout à l'heure dans cette petite rue écartée qui mène au grand couvent ; mais je vous déclare, pour moi, que ce n'est point moi qui me veux battre : le Ciel m'en défend la pensée ; et si vous m'attaquez, nous verrons ce qui en arrivera[1].

DOM CARLOS : Nous verrons, de vrai, nous verrons.

SCÈNE IV

DOM JUAN, SGANARELLE

SGANARELLE : Monsieur, quel diable de style prenez-vous là ? Ceci est bien pis que le reste, et je vous aimerais bien mieux encore comme vous étiez auparavant. J'espérais toujours de votre salut ; mais c'est maintenant que j'en désespère ; et je crois que le Ciel, qui vous a souffert jusques ici, ne pourra souffrir du tout cette dernière horreur.

DOM JUAN : Va, va, le Ciel n'est pas si exact que tu penses ; et si toutes les fois que les hommes...

SGANARELLE : Ah, Monsieur, c'est le Ciel qui vous parle, et c'est un avis qu'il vous donne.

DOM JUAN : Si le Ciel me donne un avis, il faut qu'il parle un peu plus clairement, s'il veut que je l'entende.

SCÈNE V

DOM JUAN, UN SPECTRE, *en femme voilée*[1],
SGANARELLE

LE SPECTRE : Dom Juan n'a plus qu'un moment à pouvoir profiter de la miséricorde du Ciel; et s'il ne se repent ici, sa perte est résolue.

SGANARELLE : Entendez-vous, Monsieur?

DOM JUAN : Qui ose tenir ces paroles? Je crois connaître cette voix.

SGANARELLE : Ah! Monsieur, c'est un spectre : je le reconnais au marcher.

DOM JUAN : Spectre, fantôme, ou diable, je veux voir ce que c'est.

Le Spectre change de figure et représente le Temps avec sa faux à la main.

SGANARELLE . Ô Ciel! voyez-vous, Monsieur, ce changement de figure?

DOM JUAN : Non, non, rien n'est capable de m'imprimer de la terreur, et je veux éprouver avec mon épée si c'est un corps ou un esprit.

Le Spectre s'envole dans le temps que Dom Juan le veut frapper.

SGANARELLE : Ah! Monsieur, rendez-vous à tant de preuves, et jetez-vous vite dans le repentir.

DOM JUAN : Non, non, il ne sera pas dit, quoi qu'il arrive, que je sois capable de me repentir. Allons, suis-moi.

SCÈNE VI

LA STATUE, DOM JUAN, SGANARELLE

LA STATUE : Arrêtez, Dom Juan : vous m'avez hier donné parole de venir manger avec moi.

DOM JUAN : Oui. Où faut-il aller ?

LA STATUE : Donnez-moi la main.

DOM JUAN : La voilà.

LA STATUE : Dom Juan, l'endurcissement au péché traîne une mort funeste, et les grâces du Ciel que l'on renvoie ouvrent un chemin à sa foudre.

DOM JUAN : Ô Ciel ! que sens-je ? Un feu invisible me brûle, je n'en puis plus et tout mon corps devient...

SGANARELLE : Ah ! mes gages, mes gages [1] ! voilà par sa mort un chacun satisfait : Ciel offensé, lois violées, filles séduites, familles déshonorées, parents outragés, femmes mises à mal, maris poussés à bout, tout le monde est content. Il n'y a que moi seul de malheureux. Mes gages, mes gages, mes gages !

LE
MISANTHROPE

COMÉDIE

Par J.-B. P. de MOLIÈRE.

A PARIS
Chez Jean Ribou, au Palais, vis-à-vis
la Porte de l'Église de la Sainte-Chapelle,
à l'Image Saint Louis.

M. DC. LXVII

AVEC PRIVILÈGE DU ROI

LE

MISANTHROPE

COMÉDIE

Par J.-B. P. Molière.

**Représentée pour la première fois
à Paris, sur le Théâtre
du Palais-Royal, le 4 du mois
de juin 1666
par la Troupe du Roi.**

NOTICE

L'histoire extérieure du Misanthrope *tient en quelques dates. Dès 1664, le premier acte était peut-être écrit. De la pièce, il n'est plus fait mention ensuite jusqu'à la première représentation, le 4 juin 1666. Elle remporte un succès honnête, sans beaucoup plus : on approche de l'été, qui n'est pas favorable au théâtre. Les recettes remontent à partir de septembre,* Le Médecin malgré lui *aidant. Le 21 octobre, elle est jouée pour la dernière fois : elle avait eu trente-quatre représentations. Il y en aura quatre en 1667 ; deux en 1668 ; vingt-quatre de 1669 à la mort de Molière ; deux cent quatre-vingt-dix-neuf ensuite, jusqu'à la fin du règne de Louis XIV.*

La distribution est connue de façon indirecte. Molière jouait Alceste. Son inventaire après décès décrit son costume : « Une boîte où sont les habits du Misanthrope, consistant en haut-de-chausses et juste-au-corps de brocart rayé or et soie gris, doublé de tabis, garni de ruban vert ; la veste de brocart d'or ; les bas de soie et jarretières. » *Il était donc* « l'homme aux rubans verts », *Alceste.*

Les rôles de Célimène, d'Arsinoé et d'Éliante ont dû être tenus par Mlle Molière, par la de Brie et par la Du Parc. Le reste de la distribution ne peut être établi que de façon conjecturale grâce à la connaissance des acteurs de la troupe et de leur emploi habituel.

Dès le 21 juin 1666, Molière prenait un privilège pour Le Misanthrope *; il avait fait vite : craignait-il quelque piraterie ? Il cède son privilège au libraire Ribou. Le 24 décembre*

1666, la pièce est achevée d'imprimer; elle est précédée d'une Lettre *écrite sur la comédie du* Misanthrope. *L'auteur en est Donneau de Visé. Il n'est pas impossible que Molière ait eu la main forcée pour accueillir une* Lettre *louangeuse certes, mais de qualité médiocre.*

L'histoire intérieure, pour ainsi dire, du Misanthrope *est certainement plus complexe et moins aisément connaissable. Des sources livresques nombreuses ont été repérées[a], sans qu'il soit toujours aisé de distinguer ce qui est chez Molière imitations conscientes, réminiscences ou rencontres entre lui et d'autres auteurs, amenées par la communauté des préoccupations. La pièce apparaît ainsi comme le reflet de la culture même de Molière, qui était riche et profonde. L'analyse fait, d'autre part, apparaître qu'il n'a emprunté son sujet à personne, mais l'a inventé et organisé lui-même.*

A côté des sources livresques, les sources que l'on pourrait dire vivantes, Boileau reconnaissait qu'il avait été le modèle de Molière pour la scène du sonnet. Que M. de Montausier ait aussi posé pour Alceste est attesté par une tradition ancienne qui ne paraît pas irrecevable, d'autant qu'il avait déjà été le Mégabate de Mlle de Scudéry, dans Artamène *ou* le Grand Cyrus *et la parenté d'humeur entre Mégabate et Alceste est certaine.*

Plus instructives sans doute, les attaches médicales de la pièce. Molière songea un temps à l'appeler L'Atrabilaire amoureux. *Il se réfère ainsi à la théorie des humeurs, qui est le fondement même de la physiologie, de la médecine, de la caractérologie du XVIIᵉ siècle. Le corps humain est irrigué par quatre liquides : le sang, le flegme ou pituite, la bile, la bile noire ou mélancolie. Suivant que l'un ou l'autre de ces liquides, de ces « humeurs », domine, on est sanguin, flegmatique, mélancolique ou atrabilaire, bilieux. Mais à côté de l'humeur dominante, les autres exercent leur*

a. L'étude de R. Jasinski, *Molière et le Misanthrope*, 1951, nous paraît avoir épuisé la question et situé tous les problèmes dans une optique très juste.

influence compensatrice, modératrice, et la « tempèrent ».
Le tempérament individuel n'est pas autre chose que ce
dosage des humeurs.

> Mais ces quatre humeurs dans les hommes
> Se mélangeant diversement ;
> Et leurs combinaisons en tous tant que nous sommes
> Décident le tempérament.
> Il est bien aisé de connaître
> L'humeur qui domine le plus :
> L'habitude du corps la fait assez paraître ;
> Mais de savoir quels peuvent être
> D'un mélange infini les rapports absolus,
> Quel est de chaque humeur le flux et le reflux,
> C'est le partage d'un grand maître.
> Esculape ne fait ce don qu'à ses élus.

Ainsi dit un Aphorisme de l'École de Salerne. *Ce
compendium médical, qui a connu le même succès que les*
Aphorismes d'Hippocrate, *est dans la traduction de Bruzen
de La Martinière. « Le déséquilibre des humeurs est
l' " intempérie ", source des maladies », dit Furetière. Il
n'était pas nécessaire d'être médecin, ni même malade, pour
connaître la théorie des humeurs. On en parlait partout, et
elle se trouve dans les ouvrages les plus inattendus : César
Ripa explique, dans son* Iconologie, *comment représenter
les divers tempéraments et tel traité de direction enseigne à
diriger différemment les pénitents suivant que l'un ou l'autre
des quatre tempéraments est le leur.*

C'est dire que le public du XVIIᵉ *siècle donnait tout leur
sens à des mots comme « atrabilaire » certes, mais aussi
« noirs accès » (v. 98), « humeur noire », « chagrin profond » (v. 91). Ces mots ont perdu leur résonance médicale
pour le lecteur moderne, habitué à un vocabulaire différent,
parce qu'il a une culture, ou une teinture, médicale différente. Cette résonance était évidente en 1666.*

Molière reprendra pour la préciser et la prolonger la

description de la mélancolie et de ses suites : les médecins ne laisseront pas ignorer à M. de Pourceaugnac que sa mélancolie hypocondriaque le mène tout droit à la folie.

Alceste n'en est pas là. Au moins est-il atteint d'une mélancolie que le vocabulaire moderne appellerait neurasthénie. Si elle ne doit pas, apparemment, l'amener à la folie, au moins va-t-il se retirer dans quelque maison de campagne, au « désert ». Cette fuite loin du monde, pour une civilisation aussi sociable que celle du XVIIᵉ siècle français, pour un homme aussi sociable que Molière, est déraison, sinon démence.

Le tempérament mélancolique établit un lien discret, mais étroit, entre Alceste et Molière. Ils sont hypocondriaques l'un et l'autre, disposés à la neurasthénie, aux dépressions nerveuses. Que tel ait bien été le cas de Molière, en témoigne ce pamphlet féroce, et bien renseigné, Élomire hypocondre. En témoigne aussi l'attention que Molière porte à l'hypocondrie[a] : la consultation médicale dont bénéficiera M. de Pourceaugnac est d'une précision et d'une technicité étonnantes : il faut que Molière ait sollicité les conseils d'un médecin, ou étudié des ouvrages de médecine, ou transposé une consultation à lui donnée personnellement.

On croirait assez, soit dit en passant, que les années 1665-1666 sont celles où Molière prend conscience que ce qu'il croyait troubles passagers est maladie durable, avec quoi il faut composer, se résigner à vivre : il s'installe bon gré mal gré dans la maladie : de là les railleries de Sganarelle contre la médecine, de là L'Amour médecin *et l'aspect médical du* Misanthrope.

Alceste souffre donc d'une « intempérie » provenant de la prédominance de l'atrabile, ou mélancolie, sur ses autres humeurs. L'explication physiologique du caractère a été clairement indiquée dans la première scène ; Philinte a même prononcé le mot « maladie » (v. 105) avec quelque vivacité

---

a. L'hypocondrie est l'inflammation de tout le bas-ventre due à la bile noire ou mélancolie ; elle a comme conséquence le déséquilibre mental.

*mais avec la sensation de ne point tellement exagérer.
Molière a fourni les éléments d'une explication physiologico-
médicale du caractère : il ne s'y attarde pas — et sans doute
serait-il étonné que nous nous y soyons à ce point attardé —;
les conséquences psychologiques du tempérament vont se
développer sans que l'on revienne à ces considérations
physiologiques. Le « tempérament » va désormais se traduire en actes.*

*Le comportement général d'Alceste est la révolte ; elle a
des formes multiples, parce qu'il est engagé dans une
aventure difficile pour un caractère entier, l'aventure de
vivre. Le monde est un dialogue ; il sait mal dialoguer avec
les autres ; avec lui-même guère mieux.*

*L'amour est une des formes de son aventure. Sans
compter la prude Arsinoé qui s'offre, il peut aimer la sincère
Éliante, il peut aimer Célimène. Avec une admirable sponta-
néité, qui est bien dans la nature, il est allé à la femme la
moins faite pour lui. Experte en l'art de tenir en haleine
plusieurs prétendants à la fois, elle le fait souffrir. Au vrai,
elle n'est pas amoureuse, elle est amoureuse de l'amour et
l'amour que lui offre Alceste, trop exigeant, trop exclusif, lui
fait peur. Elle n'a pas tort et Molière ne l'a pas accablée. Le
vers*

La solitude effraie une âme de vingt ans.

(v. 1774)

comporte une large absolution.

*Autre aventure, un procès. Nous connaissons mieux
l'adversaire que le procès. Beaucoup de mots injurieux sont
employés à son égard : il a fait carrière par la brigue, il s'est
poussé dans le monde par de « sales emplois » ; expert à
manier la calomnie, il présente Alceste pour le perdre
comme l'auteur d'un « livre abominable ». C'est dire qu'il
est de la lignée de Tartuffe, et de Dom Juan converti à
l'hypocrisie. Le Misanthrope se rattache très directement à la*

querelle du Tartuffe *dans laquelle, chronologiquement, il s'insère.*

Amour et procès sont deux épisodes, dans une aventure plus générale, qui est de vivre dans une société très polie, donc très exigeante. Il a manqué à Alceste les leçons d'une Sanseverina qui lui aurait dit, comme à Fabrice : « Imagine qu'on t'enseigne les règles du jeu de whist. » Il n'accepte pas les règles d'un jeu social qui demande louvoiements, concessions. Il se heurte donc et se meurtrit à tous les obstacles et se révolte contre les hommes, contre les mœurs, contre la vie.

L'aventure de vivre est pour lui plus difficile que pour personne : pour les raisons physiologiques déjà dites, qui lui font voir le monde en noir ; pour des raisons éthiques aussi. Il est en tout exigeant : en amour, en amitié, dans le simple commerce mondain et jusqu'en poésie. La sombre vision qu'il a du monde est l'envers même d'un idéal trop rigoureux. Il attendait trop des hommes et il y a en lui un Don Quichotte désabusé, un optimiste triste, retombé de très haut.

Philinte le flegmatique (v. 166) tient de son tempérament les chances du bonheur. Il sait bien lui aussi que le monde est mal fait ; mais ces malfaçons comportent en contrepartie qu'il est bien amusant à observer, pour peu que l'on soit pourvu d'ironie. Alceste, au contraire, refuse les satisfactions et les consolations de l'ironie. On a soutenu que Philinte était le véritable misanthrope. C'est à peine un paradoxe.

Il a été dit que vieillir, c'était pourrir par certains endroits, durcir par d'autres. Philinte accepte de vieillir, Alceste refuse ; d'où ce portrait d'un personnage sympathique, qui impose le respect, attendrissant, désarmé, un peu pitoyable, un peu ridicule, parfois agaçant, admirablement humain.

Le premier placet pour Le Tartuffe *contient un mot qui va loin : Molière attaque « les faux-monnayeurs en dévotion » ; le texte même de la comédie contient la formule ; il ne faut pas estimer « la fausse monnaie à l'égal de la bonne ». Les faux-monnayeurs détruisent les valeurs de la société, faus-*

*sant le commerce normal des hommes. C'est un procès pour
faux monnayage généralisé que le Misanthrope intente à la
société.*

Les liens entre le climat de la pièce et l'humeur de Molière
sont certains pour peu que l'on veuille bien se rappeler le
contexte : *Le Tartuffe* interdit, Dom Juan *obscurément
étouffé*, une campagne de calomnies, orchestrée, se dévelop-
pant contre Molière. De cette campagne, nous ne connaissons que les épisodes qui ont laissé trace écrite ; ce ne peut
être que bien peu de chose dans un ensemble de rumeurs,
d'insinuations de bouche à oreille. Encore ces épisodes sont-
ils de taille. C'est le curé Roullé demandant pour Molière le
feu du bûcher en attendant les flammes infernales. C'est
Montfleury présentant au roi une requête contre Molière :
« Il l'accuse d'avoir épousé la fille et d'avoir autrefois
couché avec la mère. » Ce sont les gras esbaudissements
parce que Molière à son tour est de la « grande confrérie »,
en attendant l'insinuation d'inceste. On peut devenir misanthrope pour moins que cela.

Faut-il chercher aussi dans Le Misanthrope *des reflets de
la vie sentimentale de l'auteur ? Ses difficultés avec une
femme plus jeune que lui sont connues par deux textes,
tardifs et qui appellent des réserves. Cela peut donner la
tentation de les rejeter, mais n'en confère pas nécessairement
le droit. Faute de lettres, faute de mémoires, on est bien
obligé de se contenter de sources impures ; le tout est de s'en
servir avec prudence.*

L'un de ces textes est La Fameuse Comédienne, *d'un
auteur inconnu, ennemi féroce d'Armande Béjart, remariée
après son veuvage avec un comédien, Guérin. L'autre est
dans la* Vie de Molière *par Grimarest. Selon eux, Armande
donnait à son mari des sujets de jalousie et vers 1666 ils
vivaient séparés de cœur, sinon de corps et de biens.
« Molière, après avoir essuyé beaucoup de froideurs et de
discussions domestiques, fit son possible pour se renfermer
dans son travail et dans ses amis, sans se mettre en peine de
la conduite de sa femme », écrit Grimarest. Le Misanthrope*

transcrirait ainsi la douloureuse histoire d'un amour qui agonise et d'un ménage qui se disloque. Rien de tout cela n'est impossible.

On voit en tout cas la multitude des aspects et des résonances d'une pièce riche d'une expérience humaine profonde et douloureuse.

LE MISANTHROPE

Comédie

ACTEURS [1]

ALCESTE, *amant de Célimène.*
PHILINTE [2], *ami d'Alceste.*
ORONTE, *amant de Célimène.*
CÉLIMÈNE, *amante d'Alceste.*
ÉLIANTE, *cousine de Célimène.*
ARSINOÉ [3], *amie de Célimène.*
ACASTE
CLITANDRE } *marquis.*
BASQUE, *valet de Célimène.*
UN GARDE *de la maréchaussée de France.*
DU BOIS, *valet d'Alceste.*

La scène est à Paris.

ACTE PREMIER

SCÈNE PREMIÈRE

PHILINTE, ALCESTE

PHILINTE

Qu'est-ce donc? Qu'avez-vous?

ALCESTE

Laissez-moi, je vous prie.

PHILINTE

Mais encor dites-moi quelle bizarrerie...[1].

ALCESTE

Laissez-moi là, vous dis-je, et courez vous cacher.

PHILINTE

Mais on entend les gens, au moins, sans se fâcher.

ALCESTE

5 Moi, je veux me fâcher, et ne veux point entendre.

PHILINTE

Dans vos brusques chagrins[2] je ne puis vous compren-
[dre,
Et quoique amis enfin, je suis tout des premiers...

ALCESTE

Moi, votre ami ? Rayez cela de vos papiers
J'ai fait jusques ici profession de l'être ;
10 Mais après ce qu'en vous je viens de voir paraître,
Je vous déclare net que je ne le suis plus,
Et ne veux nulle place en des cœurs corrompus.

PHILINTE

Je suis donc bien coupable, Alceste, à votre compte ?

ALCESTE

Allez, vous devriez mourir de pure honte ;
15 Une telle action ne saurait s'excuser,
Et tout homme d'honneur s'en doit scandaliser.
Je vous vois accabler un homme de caresses,
Et témoigner pour lui les dernières tendresses ;
De protestations, d'offres et de serments,
20 Vous chargez[1] la fureur de vos embrassements ;
Et quand je vous demande après quel est cet homme,
A peine pouvez-vous dire comme il se nomme ;
Votre chaleur pour lui tombe en vous séparant,
Et vous me le traitez, à moi, d'indifférent.
25 Morbleu ! c'est une chose indigne, lâche, infâme,
De s'abaisser ainsi jusqu'à trahir son âme ;
Et si, par un malheur, j'en avais fait autant,
Je m'irais, de regret, pendre tout à l'instant.

PHILINTE

Je ne vois pas, pour moi, que le cas soit pendable,
30 Et je vous supplierai d'avoir pour agréable
Que je me fasse un peu grâce sur votre arrêt,
Et ne me pende pas pour cela, s'il vous plaît.

ALCESTE

Que la plaisanterie est de mauvaise grâce !

PHILINTE

Mais, sérieusement, que voulez-vous qu'on fasse ?

ALCESTE

35 Je veux qu'on soit sincère, et qu'en homme d'honneur,
On ne lâche aucun mot qui ne parte du cœur.

PHILINTE

Lorsqu'un homme vous vient embrasser avec joie,
Il faut bien le payer de la même monnoie,
Répondre, comme on peut, à ses empressements,
40 Et rendre offre pour offre, et serments pour serments.

ALCESTE

Non, je ne puis souffrir cette lâche méthode
Qu'affectent la plupart de vos gens à la mode ;
Et je ne hais rien tant que les contorsions
De tous ces grands faiseurs de protestations,
45 Ces affables donneurs d'embrassades frivoles,
Ces obligeants diseurs d'inutiles paroles,
Qui de civilités avec tous font combat,
Et traitent du même air l'honnête homme et le fat.
Quel avantage a-t-on qu'un homme vous caresse,
50 Vous jure amitié, foi, zèle, estime, tendresse,
Et vous fasse de vous un éloge éclatant,
Lorsqu'au premier faquin il court en faire autant ?
Non, non, il n'est point d'âme un peu bien située
Qui veuille d'une estime ainsi prostituée ;
55 Et la plus glorieuse a des régals[1] peu chers,
Dès qu'on voit qu'on nous mêle avec tout l'univers :
Sur quelque préférence une estime se fonde,
Et c'est n'estimer rien qu'estimer tout le monde.
Puisque vous y donnez, dans ces vices du temps,
60 Morbleu ! vous n'êtes pas pour être de mes gens[2] ;
Je refuse d'un cœur la vaste complaisance[3]
Qui ne fait de mérite aucune différence ;

Je veux qu'on me distingue ; et pour le trancher net,
L'ami du genre humain n'est point du tout mon fait.

PHILINTE

65 Mais quand on est du monde, il faut bien que l'on rende
Quelques dehors civils[1] que l'usage demande.

ALCESTE

Non, vous dis-je, on devrait châtier, sans pitié,
Ce commerce honteux de semblants d'amitié.
Je veux que l'on soit homme, et qu'en toute rencontre
70 Le fond de notre cœur dans nos discours se montre,
Que ce soit lui qui parle, et que nos sentiments
Ne se masquent jamais sous de vains compliments.

PHILINTE

Il est bien des endroits où la pleine franchise
Deviendrait ridicule et serait peu permise ;
75 Et parfois, n'en déplaise à votre austère honneur,
Il est bon de cacher ce qu'on a dans le cœur.
Serait-il à propos et de la bienséance
De dire à mille gens tout ce que d'eux on pense ?
Et quand on a quelqu'un qu'on hait ou qui déplaît,
80 Lui doit-on déclarer la chose comme elle est ?

ALCESTE

Oui.

PHILINTE

Quoi ? vous iriez dire à la vieille Émilie
Qu'à son âge il sied mal de faire la jolie,
Et que le blanc qu'elle a scandalise chacun ?

ALCESTE

Sans doute.

PHILINTE

A Dorilas, qu'il est trop importun,
85 Et qu'il n'est, à la cour, oreille qu'il ne lasse
A conter sa bravoure et l'éclat de sa race ?

ALCESTE

Fort bien.

PHILINTE

Vous vous moquez.

ALCESTE

Je ne me moque point,
Et je vais n'épargner personne sur ce point.
Mes yeux sont trop blessés, et la cour et la ville
90 Ne m'offrent rien qu'objets à m'échauffer la bile :
J'entre en une humeur noire[1], et un chagrin profond,
Quand je vois vivre entre eux les hommes comme ils
[font ;
Je ne trouve partout que lâche flatterie,
Qu'injustice, intérêt, trahison, fourberie ;
95 Je n'y puis plus tenir, j'enrage, et mon dessein
Est de rompre en visière[2] à tout le genre humain.

PHILINTE

Ce chagrin philosophe est un peu trop sauvage,
Je ris des noirs accès où je vous envisage,
Et crois voir en nous deux, sous mêmes soins nourris,
100 Ces deux frères que peint *L'École des maris*[3],
Dont...

ALCESTE

Mon Dieu ! laissons là vos comparaisons fades.

PHILINTE

Non : tout de bon, quittez toutes ces incartades[4].
Le monde par vos soins ne se changera pas ;

Et puisque la franchise a pour vous tant d'appas,
105 Je vous dirai tout franc que cette maladie,
Partout où vous allez, donne la comédie,
Et qu'un si grand courroux contre les mœurs du temps
Vous tourne en ridicule auprès de bien des gens.

ALCESTE

Tant mieux, morbleu ! tant mieux, c'est ce que je
[demande,
110 Ce m'est un fort bon signe, et ma joie en est grande :
Tous les hommes me sont à tel point odieux,
Que je serais fâché d'être sage à leurs yeux.

PHILINTE

Vous voulez un grand mal à la nature humaine !

ALCESTE

Oui, j'ai conçu pour elle une effroyable haine.

PHILINTE

115 Tous les pauvres mortels, sans nulle exception,
Seront enveloppés dans cette aversion ?
Encore en est-il bien, dans le siècle où nous sommes...

ALCESTE

Non : elle est générale, et je hais tous les hommes :
Les uns, parce qu'ils sont méchants et malfaisants,
120 Et les autres, pour être aux méchants complaisants[1],
Et n'avoir pas pour eux ces haines vigoureuses
Que doit donner le vice aux âmes vertueuses.
De cette complaisance on voit l'injuste excès
Pour le franc scélérat avec qui j'ai procès :
125 Au travers de son masque on voit à plein le traître ;
Partout il est connu pour tout ce qu'il peut être ;
Et ses roulements d'yeux et son ton radouci
N'imposent qu'à des gens qui ne sont point d'ici.
On sait que ce pied-plat[2], digne qu'on le confonde,

130 Par de sales emplois s'est poussé dans le monde,
Et que par eux son sort de splendeur revêtu
Fait gronder le mérite et rougir la vertu.
Quelques titres honteux qu'en tous lieux on lui donne,
Son misérable honneur ne voit pour lui personne[1];
135 Nommez-le fourbe, infâme, et scélérat maudit,
Tout le monde en convient, et nul n'y contredit.
Cependant sa grimace est partout bienvenue :
On l'accueille, on lui rit, partout il s'insinue ;
Et s'il est, par la brigue, un rang à disputer,
140 Sur le plus honnête homme on le voit l'emporter.
Têtebleu ! ce me sont de mortelles blessures,
De voir qu'avec le vice on garde des mesures ;
Et parfois il me prend des mouvements soudains
De fuir dans un désert l'approche des humains.

PHILINTE

145 Mon Dieu, des mœurs du temps mettons-nous moins en
[peine,
Et faisons un peu grâce à la nature humaine ;
Ne l'examinons point dans la grande rigueur,
Et voyons ses défauts avec quelque douceur.
Il faut, parmi le monde, une vertu traitable ;
150 A force de sagesse, on peut être blâmable ;
La parfaite raison fuit toute extrémité,
Et veut que l'on soit sage avec sobriété[2].
Cette grande roideur des vertus des vieux âges
Heurte trop notre siècle et les communs usages ;
155 Elle veut aux mortels trop de perfection :
Il faut fléchir au temps sans obstination ;
Et c'est une folie à nulle autre seconde
De vouloir se mêler de corriger le monde.
J'observe, comme vous, cent choses tous les jours,
160 Qui pourraient mieux aller, prenant un autre cours ;
Mais quoi qu'à chaque pas je puisse voir paraître,
En courroux, comme vous, on ne me voit point être ;
Je prends tout doucement les hommes comme ils sont

J'accoutume mon âme à souffrir ce qu'ils font ;
165 Et je crois qu'à la cour, de même qu'à la ville,
Mon flegme[1] est philosophe autant que votre bile.

ALCESTE

Mais ce flegme, Monsieur, qui raisonne si bien,
Ce flegme pourra-t-il ne s'échauffer de rien ?
Et s'il faut, par hasard, qu'un ami vous trahisse,
170 Que, pour avoir vos biens, on dresse un artifice,
Ou qu'on tâche à semer de méchants bruits de vous,
Verrez-vous tout cela sans vous mettre en courroux ?

PHILINTE

Oui, je vois ces défauts dont votre âme murmure
Comme vices unis à l'humaine nature ;
175 Et mon esprit enfin n'est pas plus offensé
De voir un homme fourbe, injuste, intéressé,
Que de voir des vautours affamés de carnage,
Des singes malfaisants, et des loups pleins de rage.

ALCESTE

Je me verrai trahir, mettre en pièces, voler
180 Sans que je sois... Morbleu ! je ne veux point parler
Tant ce raisonnement est plein d'impertinence.

PHILINTE

Ma foi ! vous ferez bien de garder le silence.
Contre votre partie éclatez un peu moins,
Et donnez au procès une part de vos soins.

ALCESTE

185 Je n'en donnerai point, c'est une chose dite.

PHILINTE

Mais qui voulez-vous donc qui pour vous sollicite[2] ?

ALCESTE

Qui je veux ? La raison, mon bon droit, l'équité.

PHILINTE

Aucun juge par vous ne sera visité ?

ALCESTE

Non. Est-ce que ma cause est injuste ou douteuse ?

PHILINTE

190 J'en demeure d'accord ; mais la brigue est fâcheuse,
Et...

ALCESTE

Non ; j'ai résolu de n'en pas faire un pas.
J'ai tort, ou j'ai raison.

PHILINTE

Ne vous y fiez pas.

ALCESTE

Je ne remuerai point.

PHILINTE

Votre partie est forte,
Et peut, par sa cabale, entraîner...

ALCESTE

Il n'importe.

PHILINTE

Vous vous tromperez.

ALCESTE

195   Soit. J'en veux voir le succès[1].

PHILINTE

Mais...

ALCESTE

J'aurai le plaisir de perdre mon procès.

PHILINTE

Mais enfin...

ALCESTE

Je verrai, dans cette plaiderie[1],
Si les hommes auront assez d'effronterie,
Seront assez méchants, scélérats et pervers,
200 Pour me faire injustice aux yeux de l'univers.

PHILINTE

Quel homme !

ALCESTE

Je voudrais, m'en coûtât-il grand-chose
Pour la beauté du fait avoir perdu ma cause.

PHILINTE

On se rirait de vous, Alceste, tout de bon,
Si l'on vous entendait parler de la façon.

ALCESTE

Tant pis pour qui rirait.

PHILINTE

205   Mais cette rectitude
Que vous voulez en tout avec exactitude,
Cette pleine droiture, où vous vous renfermez,
La trouvez-vous ici dans ce que vous aimez ?
Je m'étonne, pour moi, qu'étant, comme il le semble,
210 Vous et le genre humain si fort brouillés ensemble,
Malgré tout ce qui peut vous le rendre odieux,
Vous ayez pris chez lui ce qui charme vos yeux ;
Et ce qui me surprend encore davantage,
C'est cet étrange choix où votre cœur s'engage.

215 La sincère Éliante a du penchant pour vous,
   La prude Arsinoé vous voit d'un œil fort doux :
   Cependant à leurs vœux votre âme se refuse,
   Tandis qu'en ses liens Célimène l'amuse,
   De qui l'humeur coquette[1] et l'esprit médisant
220 Semble si fort donner dans les mœurs d'à présent.
   D'où vient que, leur portant une haine mortelle,
   Vous pouvez bien souffrir ce qu'en[2] tient cette belle ?
   Ne sont-ce plus défauts dans un objet si doux ?
   Ne les voyez-vous pas ? ou les excusez-vous ?

ALCESTE

225 Non, l'amour que je sens pour cette jeune veuve
   Ne ferme point mes yeux aux défauts qu'on lui treuve[3],
   Et je suis, quelque ardeur qu'elle m'ait pu donner,
   Le premier à les voir, comme à les condamner.
   Mais, avec tout cela, quoi que je puisse faire,
230 Je confesse mon faible, elle a l'art de me plaire :
   J'ai beau voir ses défauts, et j'ai beau l'en blâmer,
   En dépit qu'on en ait, elle se fait aimer ;
   Sa grâce est la plus forte ; et sans doute ma flamme
   De ces vices du temps pourra purger son âme.

PHILINTE

235 Si vous faites cela, vous ne ferez pas peu.
   Vous croyez être donc aimé d'elle ?

ALCESTE

                                    Oui, parbleu !
   Je ne l'aimerais pas, si je ne croyais l'être.

PHILINTE

   Mais si son amitié pour vous se fait paraître,
   D'où vient que vos rivaux vous causent de l'ennui ?

ALCESTE

240 C'est qu'un cœur bien atteint veut qu'on soit tout à lui,

Et je ne viens ici qu'à dessein de lui dire
Tout ce que là-dessus ma passion m'inspire.

PHILINTE

Pour moi, si je n'avais qu'à former des désirs,
La cousine Éliante aurait tous mes soupirs ;
245 Son cœur, qui vous estime, est solide et sincère,
Et ce choix plus conforme était mieux votre affaire.

ALCESTE

Il est vrai : ma raison me le dit chaque jour ;
Mais la raison n'est pas ce qui règle l'amour.

PHILINTE

Je crains fort pour vos feux ; et l'espoir où vous êtes
Pourrait...

SCÈNE II

ORONTE, ALCESTE, PHILINTE

ORONTE

250   J'ai su là-bas[1] que, pour quelques emplettes,
Éliante est sortie, et Célimène aussi ;
Mais comme l'on m'a dit que vous étiez ici,
J'ai monté pour vous dire, et d'un cœur véritable,
Que j'ai conçu pour vous une estime incroyable,
255 Et que, depuis longtemps, cette estime m'a mis
Dans un ardent désir d'être de vos amis.
Oui, mon cœur au mérite aime à rendre justice,
Et je brûle qu'un nœud d'amitié nous unisse :
Je crois qu'un ami chaud, et de ma qualité,
260 N'est pas assurément pour être rejeté.
C'est à vous, s'il vous plaît, que ce discours s'adresse.

> *En cet endroit Alceste paraît tout rêveur, et semble
> n'entendre pas qu'Oronte lui parle.*

ALCESTE

A moi, Monsieur?

ORONTE

A vous. Trouvez-vous qu'il vous blesse?

ALCESTE

Non pas; mais la surprise est fort grande pour moi,
Et je n'attendais pas l'honneur que je reçois.

ORONTE

265 L'estime où je vous tiens ne doit point vous surprendre,
Et de tout l'univers vous la pouvez prétendre.

ALCESTE

Monsieur...

ORONTE

L'État n'a rien qui ne soit au-dessous[1]
Du mérite éclatant que l'on découvre en vous.

ALCESTE

Monsieur...

ORONTE

Oui, de ma part, je vous tiens préférable,
270 A tout ce que j'y vois de plus considérable.

ALCESTE

Monsieur...

ORONTE

Sois-je du ciel écrasé, si je mens!
Et, pour vous confirmer ici mes sentiments,
Souffrez qu'à cœur ouvert, Monsieur, je vous
[embrasse,
Et qu'en votre amitié je vous demande place.

275 Touchez là, s'il vous plaît. Vous me la promettez,
Votre amitié ?

ALCESTE

Monsieur...

ORONTE

Quoi ? vous y résistez ?

ALCESTE

Monsieur, c'est trop d'honneur que vous me voulez
[faire ;
Mais l'amitié demande un peu plus de mystère,
Et c'est assurément en profaner le nom
280 Que de vouloir le mettre à toute occasion.
Avec lumière et choix cette union veut naître ;
Avant que nous lier, il faut nous mieux connaître ;
Et nous pourrions avoir telles complexions,
Que tous deux du marché nous nous repentirions.

ORONTE

285 Parbleu ! c'est là-dessus parler en homme sage,
Et je vous en estime encore davantage :
Souffrons donc que le temps forme des nœuds si doux
Mais, cependant, je m'offre entièrement à vous ;
S'il faut faire à la cour pour vous quelque ouverture,
290 On sait qu'auprès du Roi je fais quelque figure ;
Il m'écoute ; et dans tout, il en use, ma foi !
Le plus honnêtement du monde avecque moi.
Enfin je suis à vous de toutes les manières ;
Et comme votre esprit a de grandes lumières,
295 Je viens, pour commencer entre nous ce beau nœud,
Vous montrer un sonnet que j'ai fait depuis peu,
Et savoir s'il est bon qu'au public je l'expose.

ALCESTE

Monsieur, je suis mal propre à décider la chose ;
Veuillez m'en dispenser.

ORONTE

Pourquoi ?

ALCESTE

J'ai le défaut
300 D'être un peu plus sincère en cela qu'il ne faut.

ORONTE

C'est ce que je demande, et j'aurais lieu de plainte
Si, m'exposant à vous[1] pour me parler sans feinte,
Vous alliez me trahir, et me déguiser rien.

ALCESTE

Puisqu'il vous plaît ainsi, Monsieur, je le veux bien.

ORONTE

305 *Sonnet...* C'est un sonnet. *L'espoir...* C'est une dame[2]
Qui de quelque espérance avait flatté ma flamme.
L'espoir... Ce ne sont point de ces grands vers pom-
[peux,
Mais de petits vers doux, tendres et langoureux.

A toutes ces interruptions il regarde Alceste.

ALCESTE

Nous verrons bien.

ORONTE

L'espoir... Je ne sais si le style
310 Pourra vous en paraître assez net et facile,
Et si du choix des mots vous vous contenterez.

ALCESTE

Nous allons voir, Monsieur.

ORONTE

Au reste, vous saurez
Que je n'ai demeuré qu'un quart d'heure à le faire.

ALCESTE

Voyons, Monsieur ; le temps ne fait rien à l'affaire.

ORONTE

315   *L'espoir, il est vrai, nous soulage,*
Et nous berce un temps notre ennui ;
Mais, Philis, le triste avantage,
Lorsque rien ne marche après lui !

PHILINTE

Je suis déjà charmé de ce petit morceau.

ALCESTE

320 Quoi ? vous avez le front de trouver cela beau ?

ORONTE

    Vous eûtes de la complaisance ;
Mais vous en deviez moins avoir,
Et ne vous pas mettre en dépense
Pour ne me donner que l'espoir.

PHILINTE

325 Ah ! qu'en termes galants ces choses-là sont mises !

ALCESTE, *bas.*

Morbleu ! vil complaisant, vous louez des sottises ?

ORONTE

    S'il faut qu'une attente éternelle
Pousse à bout l'ardeur de mon zèle,
Le trépas sera mon recours.

330   *Vos soins ne m'en peuvent distraire :*
Belle Philis, on désespère,
Alors qu'on espère toujours.

PHILINTE

La chute [1] en est jolie, amoureuse, admirable.

ALCESTE, *bas.*

La peste de ta chute ! Empoisonneur au diable,
335 En eusses-tu fait une à te casser le nez !

PHILINTE

Je n'ai jamais ouï de vers si bien tournés.

ALCESTE

Morbleu !...

ORONTE

          Vous me flattez, et vous croyez peut-être...

PHILINTE

Non, je ne flatte point.

ALCESTE, *bas.*

                    Et que fais-tu donc, traître ?

ORONTE

Mais, pour vous, vous savez quel est notre traité :
340 Parlez-moi, je vous prie, avec sincérité.

ALCESTE

Monsieur, cette matière est toujours délicate,
Et sur le bel esprit nous aimons qu'on nous flatte.
Mais un jour, à quelqu'un, dont je tairai le nom,
Je disais, en voyant des vers de sa façon,
345 Qu'il faut qu'un galant homme ait toujours grand
                                        [empire
Sur les démangeaisons qui nous prennent d'écrire ;
Qu'il doit tenir la bride aux grands empressements
Qu'on a de faire éclat de tels amusements ;
Et que, par la chaleur de montrer ses ouvrages,
350 On s'expose à jouer de mauvais personnages.

ORONTE

Est-ce que vous voulez me déclarer par-là
Que j'ai tort de vouloir… ?

ALCESTE

Je ne dis pas cela.
Mais je lui disais, moi, qu'un froid écrit assomme,
Qu'il ne faut que ce faible à décrier un homme,
355 Et qu'eût-on, d'autre part, cent belles qualités,
On regarde les gens par leurs méchants côtés.

ORONTE

Est-ce qu'à mon sonnet vous trouvez à redire ?

ALCESTE

Je ne dis pas cela ; mais, pour ne point écrire,
Je lui mettais aux yeux comme, dans notre temps,
360 Cette soif a gâté de fort honnêtes gens.

ORONTE

Est-ce que j'écris mal ? et leur ressemblerais-je ?

ALCESTE

Je ne dis pas cela ; mais enfin, lui disais-je,
Quel besoin si pressant avez-vous de rimer ?
Et qui diantre vous pousse à vous faire imprimer ?
365 Si l'on peut pardonner l'essor d'un mauvais livre,
Ce n'est qu'aux malheureux qui composent pour vivre
Croyez-moi, résistez à vos tentations,
Dérobez au public ces occupations ;
Et n'allez point quitter, de quoi que l'on vous somme,
370 Le nom que dans la cour vous avez d'honnête homme,
Pour prendre, de la main d'un avide imprimeur,
Celui de ridicule et misérable auteur.
C'est ce que je tâchai de lui faire comprendre

ORONTE

Voilà qui va fort bien, et je crois vous entendre.
375 Mais ne puis-je savoir ce que dans mon sonnet... ?

ALCESTE

Franchement, il est bon à mettre au cabinet¹.
Vous vous êtes réglé sur de méchants modèles,
Et vos expressions ne sont point naturelles.

    Qu'est-ce que *Nous berce un temps notre ennui ?*
380   Et que *Rien ne marche après lui ?*
    Que *Ne vous pas mettre en dépense,*
    Pour ne me donner que l'espoir ?
    Et que *Philis, on désespère,*
    Alors qu'on espère toujours ?

385 Ce style figuré, dont on fait vanité,
Sort du bon caractère et de la vérité
Ce n'est que jeu de mots, qu'affectation pure,
Et ce n'est point ainsi que parle la nature.
Le méchant goût du siècle, en cela, me fait peur.
390 Nos pères, tous² grossiers, l'avaient beaucoup meil-
                           [leur,
Et je prise bien moins tout ce que l'on admire,
Qu'une vieille chanson que je m'en vais vous dire :

    Si le Roi m'avait donné³
    Paris, sa grand'ville,
395   *Et qu'il me fallût quitter*
    L'amour de ma mie,
    Je dirais au roi Henri :
    « Reprenez votre Paris :
    J'aime mieux ma mie, au gué !
400   *J'aime mieux ma mie. »*

La rime n'est pas riche, et le style en est vieux :
Mais ne voyez-vous pas que cela vaut bien mieux
Que ces colifichets⁴, dont le bon sens murmure,
Et que la passion parle là toute pure ?

405　　　　*Si le Roi m'avait donné*
　　　　　Paris, sa grand'ville,
　　　　　Et qu'il me fallût quitter
　　　　　L'amour de ma mie,
　　　　　Je dirais au roi Henri :
410　　　*« Reprenez votre Paris :*
　　　　　J'aime mieux ma mie, au gué!
　　　　　J'aime mieux ma mie. »

Voilà ce que peut dire un cœur vraiment épris.

　　　　　　　　　　　　　　　　A Philinte.

Oui, Monsieur le rieur, malgré vos beaux esprits,
415　J'estime plus cela que la pompe fleurie
De tous ces faux brillants, où chacun se récrie.

ORONTE

Et moi, je vous soutiens que mes vers sont fort bons.

ALCESTE

Pour les trouver ainsi vous avez vos raisons ;
Mais vous trouverez bon que j'en puisse avoir d'autres,
420　Qui se dispenseront de se soumettre aux vôtres.

ORONTE

Il me suffit de voir que d'autres en font cas.

ALCESTE

C'est qu'ils ont l'art de feindre ; et moi, je ne l'ai pas.

ORONTE

Croyez-vous donc avoir tant d'esprit en partage ?

ALCESTE

Si je louais vos vers, j'en aurais davantage.

ORONTE

425　Je me passerai bien que vous les approuviez.

ALCESTE

Il faut bien, s'il vous plaît, que vous vous en passiez.

ORONTE

Je voudrais bien, pour voir, que, de votre manière,
Vous en composassiez sur la même matière.

ALCESTE

J'en pourrais, par malheur, faire d'aussi méchants ;
430 Mais je me garderais de les montrer aux gens.

ORONTE

Vous me parlez bien ferme, et cette suffisance...

ALCESTE

Autre part que chez moi cherchez qui vous encense.

ORONTE

Mais, mon petit Monsieur, prenez-le un peu moins
[haut.

ALCESTE

Ma foi ! mon grand Monsieur, je le prends comme il
[faut.

PHILINTE, *se mettant entre deux.*

435 Eh ! Messieurs, c'en est trop ; laissez cela, de grâce.

ORONTE

Ah ! j'ai tort, je l'avoue, et je quitte la place.
Je suis votre valet, Monsieur, de tout mon cœur.

ALCESTE

Et moi, je suis, Monsieur, votre humble serviteur.

SCÈNE III

PHILINTE, ALCESTE

PHILINTE

Hé bien ! vous le voyez : pour être trop sincère,
440 Vous voilà sur les bras une fâcheuse affaire ;
Et j'ai bien vu qu'Oronte, afin d'être flatté...

ALCESTE

Ne me parlez pas.

PHILINTE

Mais...

ALCESTE

Plus de société.

PHILINTE

C'est trop...

ALCESTE

Laissez-moi là.

PHILINTE

Si je...

ALCESTE

Point de langage.

PHILINTE

Mais quoi... ?

ALCESTE

Je n'entends rien.

PHILINTE

Mais...

ALCESTE

Encor ?

PHILINTE

On outrage...

ALCESTE

445 Ah ! parbleu ! c'en est trop ; ne suivez point mes pas.

PHILINTE

Vous vous moquez de moi, je ne vous quitte pas.

ACTE II

SCÈNE PREMIÈRE

ALCESTE, CÉLIMÈNE

ALCESTE

Madame, voulez-vous que je vous parle net?
De vos façons d'agir je suis mal satisfait;
Contre elles dans mon cœur trop de bile s'assemble,
450 Et je sens qu'il faudra que nous rompions ensemble.
Oui, je vous tromperais de parler autrement;
Tôt ou tard nous romprons indubitablement;
Et je vous promettrais mille fois le contraire,
Que je ne serais pas en pouvoir de le faire.

CÉLIMÈNE

455 C'est pour me quereller donc, à ce que je vois,
Que vous avez voulu me ramener chez moi?

ALCESTE

Je ne querelle point; mais votre humeur, Madame,
Ouvre au premier venu trop d'accès dans votre âme
Vous avez trop d'amants qu'on voit vous obséder[1],
460 Et mon cœur de cela ne peut s'accommoder.

CÉLIMÈNE

Des amants que je fais me rendez-vous coupable ?
Puis-je empêcher les gens de me trouver aimable ?
Et lorsque pour me voir ils font de doux efforts,
Dois-je prendre un bâton pour les mettre dehors ?

ALCESTE

465 Non, ce n'est pas, Madame, un bâton qu'il faut
　　　　　　　　　　　　　　　　　　[prendre,
Mais un cœur à leurs vœux moins facile et moins
　　　　　　　　　　　　　　　　　　[tendre.
Je sais que vos appas vous suivent en tous lieux ;
Mais votre accueil retient ceux qu'attirent vos yeux ;
Et sa douceur offerte à qui vous rend les armes
470 Achève sur les cœurs l'ouvrage de vos charmes.
Le trop riant espoir que vous leur présentez
Attache autour de vous leurs assiduités ;
Et votre complaisance un peu moins étendue
De tant de soupirants chasserait la cohue.
475 Mais au moins dites-moi, Madame, par quel sort
Votre Clitandre a l'heur de vous plaire si fort ?
Sur quel fonds de mérite et de vertu sublime
Appuyez-vous en lui l'honneur de votre estime ?
Est-ce par l'ongle long qu'il porte au petit doigt [1]
480 Qu'il s'est acquis chez vous l'estime où l'on le voit ?
Vous êtes-vous rendue, avec tout le beau monde,
Au mérite éclatant de sa perruque blonde [2] ?
Sont-ce ses grands canons qui vous le font aimer ?
L'amas de ses rubans a-t-il su vous charmer ?
485 Est-ce par les appas de sa vaste rhingrave
Qu'il a gagné votre âme en faisant votre esclave ?
Ou sa façon de rire et son ton de fausset
Ont-ils de vous toucher su trouver le secret ?

CÉLIMÈNE

Qu'injustement de lui vous prenez de l'ombrage !
490 Ne savez-vous pas bien pourquoi je le ménage,

Et que dans mon procès, ainsi qu'il m'a promis,
Il peut intéresser tout ce qu'il a d'amis ?

ALCESTE

Perdez votre procès, Madame, avec constance,
Et ne ménagez point un rival qui m'offense[1].

CÉLIMÈNE

495 Mais de tout l'univers vous devenez jaloux.

ALCESTE

C'est que tout l'univers est bien reçu de vous.

CÉLIMÈNE

C'est ce qui doit rasseoir votre âme effarouchée,
Puisque ma complaisance est sur tous épanchée ;
Et vous auriez plus lieu de vous en offenser,
500 Si vous me la voyiez sur un seul ramasser.

ALCESTE

Mais moi, que vous blâmez de trop de jalousie,
Qu'ai-je de plus qu'eux tous, Madame, je vous prie ?

CÉLIMÈNE

Le bonheur de savoir que vous êtes aimé.

ALCESTE

Et quel lieu de le croire a mon cœur enflammé ?

CÉLIMÈNE

505 Je pense qu'ayant pris le soin de vous le dire,
Un aveu de la sorte a de quoi vous suffire.

ALCESTE

Mais qui m'assurera que, dans le même instant,
Vous n'en disiez peut-être aux autres tout autant ?

CÉLIMÈNE

Certes, pour un amant, la fleurette est mignonne,
510 Et vous me traitez là de gentille personne.
Hé bien ! pour vous ôter d'un semblable souci,
De tout ce que j'ai dit je me dédis ici,
Et rien ne saurait plus vous tromper que vous-même :
Soyez content.

ALCESTE

                    Morbleu ! faut-il que je vous aime !
515 Ah ! que si de vos mains je rattrape mon cœur,
Je bénirai le Ciel de ce rare bonheur !
Je ne le cèle pas, je fais tout mon possible
A rompre de ce cœur l'attachement terrible ;
Mais mes plus grands efforts n'ont rien fait jusqu'ici,
520 Et c'est pour mes péchés que je vous aime ainsi.

CÉLIMÈNE

Il est vrai, votre ardeur est pour moi sans seconde.

ALCESTE

Oui, je puis là-dessus défier tout le monde.
Mon amour ne se peut concevoir, et jamais
Personne n'a, Madame, aimé comme je fais.

CÉLIMÈNE

525 En effet, la méthode en est toute nouvelle,
Car vous aimez les gens pour leur faire querelle ;
Ce n'est qu'en mots fâcheux qu'éclate votre ardeur,
Et l'on n'a vu jamais un amour si grondeur.

ALCESTE

Mais il ne tient qu'à vous que son chagrin ne passe.
530 A tous nos démêlés coupons chemin[1], de grâce,
Parlons à cœur ouvert, et voyons d'arrêter...

SCÈNE II

CÉLIMÈNE, ALCESTE, BASQUE

CÉLIMÈNE

Qu'est-ce ?

BASQUE

Acaste est là-bas.

CÉLIMÈNE

Hé bien ! faites monter.

ALCESTE

Quoi ? l'on ne peut jamais vous parler tête à tête ?
A recevoir le monde on vous voit toujours prête ?
535 Et vous ne pouvez pas, un seul moment de tous,
Vous résoudre à souffrir de n'être pas chez vous ?

CÉLIMÈNE

Voulez-vous qu'avec lui je me fasse une affaire ?

ALCESTE

Vous avez des regards [1] qui ne sauraient me plaire.

CÉLIMÈNE

C'est un homme à jamais ne me le pardonner,
540 S'il savait que sa vue eût pu m'importuner.

ALCESTE

Et que vous fait cela, pour vous gêner de sorte... ?

CÉLIMÈNE

Mon Dieu ! de ses pareils la bienveillance importe ;
Et ce sont de ces gens qui, je ne sais comment,

Ont gagné dans la cour de parler hautement.
545 Dans tous les entretiens on les voit s'introduire ;
Ils ne sauraient servir, mais ils peuvent vous nuire ;
Et jamais, quelque appui qu'on puisse avoir d'ailleurs,
On ne doit se brouiller avec ces grands brailleurs.

ALCESTE

Enfin, quoi qu'il en soit, et sur quoi qu'on se fonde,
550 Vous trouvez des raisons pour souffrir tout le monde ;
Et les précautions de votre jugement...

SCÈNE III

BASQUE, ALCESTE, CÉLIMÈNE

BASQUE

Voici Clitandre encor, Madame.

ALCESTE

Justement.

Il témoigne s'en vouloir aller.

CÉLIMÈNE

Où courez-vous ?

ALCESTE

Je sors.

CÉLIMÈNE

Demeurez.

ALCESTE

Pour quoi faire ?

CÉLIMÈNE

Demeurez.

ALCESTE

Je ne puis.

CÉLIMÈNE

Je le veux.

ALCESTE

Point d'affaire.
555 Ces conversations ne font que m'ennuyer,
Et c'est trop que vouloir me les faire essuyer.

CÉLIMÈNE

Je le veux, je le veux.

ALCESTE

Non, il m'est impossible.

CÉLIMÈNE

Hé bien ! allez, sortez, il vous est tout loisible.

SCÈNE IV

ÉLIANTE, PHILINTE, ACASTE, CLITANDRE,
ALCESTE, CÉLIMÈNE, BASQUE

ÉLIANTE

Voici les deux marquis qui montent avec nous :
Vous l'est-on venu dire ?

CÉLIMÈNE

560 Oui. Des sièges pour tous.

A Alceste.

Vous n'êtes pas sorti ?

ALCESTE

Non ; mais je veux, Madame,
Ou pour eux, ou pour moi, faire expliquer votre âme.

CÉLIMÈNE

Taisez-vous.

ALCESTE

Aujourd'hui vous vous expliquerez.

CÉLIMÈNE

Vous perdez le sens.

ALCESTE

Point. Vous vous déclarerez.

CÉLIMÈNE

Ah !

ALCESTE

Vous prendrez parti.

CÉLIMÈNE

565   Vous vous moquez, je pense.

ALCESTE

Non ; mais vous choisirez ; c'est trop de patience.

CLITANDRE

Parbleu ! je viens du Louvre[1], où Cléonte, au levé,
Madame, a bien paru ridicule achevé.
N'a-t-il point quelque ami qui pût, sur ses manières,
570 D'un charitable avis[2] lui prêter les lumières ?

CÉLIMÈNE

Dans le monde, à vrai dire, il se barbouille[3] fort,
Partout il porte un air qui saute aux yeux d'abord ;

Et lorsqu'on le revoit après un peu d'absence,
On le retrouve encor plus plein d'extravagance.

ACASTE

575 Parbleu ! s'il faut parler de gens extravagants,
Je viens d'en essuyer un des plus fatigants :
Damon, le raisonneur, qui m'a, ne vous déplaise,
Une heure, au grand soleil, tenu hors de ma chaise.

CÉLIMÈNE

C'est un parleur étrange, et qui trouve toujours
580 L'art de ne vous rien dire avec de grands discours ;
Dans les propos qu'il tient, on ne voit jamais goutte,
Et ce n'est que du bruit que tout ce qu'on écoute.

ÉLIANTE, *à Philinte.*

Ce début n'est pas mal ; et contre le prochain
La conversation prend un assez bon train.

CLITANDRE

585 Timante encor, Madame, est un bon caractère [1].

CÉLIMÈNE

C'est de la tête aux pieds un homme tout mystère,
Qui vous jette en passant un coup d'œil égaré,
Et, sans aucune affaire, est toujours affairé.
Tout ce qu'il vous débite en grimaces abonde ;
590 A force de façons, il assomme le monde ;
Sans cesse, il a, tout bas, pour rompre l'entretien,
Un secret à vous dire, et ce secret n'est rien ;
De la moindre vétille il fait une merveille,
Et jusques au bonjour, il dit tout à l'oreille.

ACASTE

Et Géralde, Madame ?

CÉLIMÈNE

595   Ô l'ennuyeux conteur !
Jamais on ne le voit sortir du grand seigneur[1] ;
Dans le brillant commerce il se mêle sans cesse,
Et ne cite jamais que duc, prince ou princesse :
La qualité l'entête[2] ; et tous ses entretiens
600 Ne sont que de chevaux, d'équipage et de chiens ;
Il tutaye en parlant[3] ceux du plus haut étage,
Et le nom de Monsieur est chez lui hors d'usage.

CLITANDRE

On dit qu'avec Bélise il est du dernier bien.

CÉLIMÈNE

Le pauvre esprit de femme, et le sec entretien !
605 Lorsqu'elle vient me voir, je souffre le martyre :
Il faut suer sans cesse à chercher que lui dire,
Et la stérilité de son expression
Fait mourir à tous coups la conversation.
En vain, pour attaquer son stupide silence,
610 De tous les lieux communs vous prenez l'assistance ·
Le beau temps et la pluie, et le froid et le chaud
Sont des fonds[4] qu'avec elle on épuise bientôt.
Cependant sa visite, assez insupportable,
Traîne en une longueur encor épouvantable ;
615 Et l'on demande l'heure, et l'on bâille vingt fois,
Qu'elle grouille[5] aussi peu qu'une pièce de bois.

ACASTE

Que vous semble d'Adraste ?

CÉLIMÈNE

                    Ah ! quel orgueil extrême !
C'est un homme gonflé de l'amour de soi-même.
Son mérite jamais n'est content de la cour :
620 Contre elle il fait métier de pester chaque jour,

Et l'on ne donne emploi, charge ni bénéfice,
Qu'à tout ce qu'il se croit on ne fasse injustice.

CLITANDRE

Mais le jeune Cléon, chez qui vont aujourd'hui
Nos plus honnêtes gens, que dites-vous de lui ?

CÉLIMÈNE

625 Que de son cuisinier il s'est fait un mérite,
Et que c'est à sa table à qui l'on rend visite.

ÉLIANTE

Il prend soin d'y servir des mets fort délicats.

CÉLIMÈNE

Oui ; mais je voudrais bien qu'il ne s'y servît pas :
C'est un fort méchant plat que sa sotte personne,
630 Et qui gâte, à mon goût, tous les repas qu'il donne.

PHILINTE

On fait assez de cas de son oncle Damis :
Qu'en dites-vous, Madame ?

CÉLIMÈNE

                                    Il est de mes amis.

PHILINTE

Je le trouve honnête homme, et d'un air assez sage.

CÉLIMÈNE

Oui ; mais il veut avoir trop d'esprit, dont j'enrage ;
635 Il est guindé sans cesse ; et dans tous ses propos,
On voit qu'il se travaille à dire de bons mots.
Depuis que dans la tête il s'est mis d'être habile,
Rien ne touche son goût, tant il est difficile ;
Il veut voir des défauts à tout ce qu'on écrit,
640 Et pense que louer n'est pas d'un bel esprit,

Que c'est être savant que trouver à redire,
Qu'il n'appartient qu'aux sots d'admirer et de rire,
Et qu'en n'approuvant rien des ouvrages du temps,
Il se met au-dessus de tous les autres gens ;
645 Aux conversations même il trouve à reprendre :
Ce sont propos trop bas pour y daigner descendre ;
Et les deux bras croisés, du haut de son esprit
Il regarde en pitié tout ce que chacun dit.

ACASTE

Dieu me damne, voilà son portrait véritable.

CLITANDRE

650 Pour bien peindre les gens vous êtes admirable.

ALCESTE

Allons, ferme, poussez[1], mes bons amis de cour ;
Vous n'en épargnez point, et chacun a son tour ;
Cependant aucun d'eux à vos yeux ne se montre,
Qu'on ne vous voie, en hâte, aller à sa rencontre,
655 Lui présenter la main, et d'un baiser flatteur
Appuyer les serments d'être son serviteur.

CLITANDRE

Pourquoi s'en prendre à nous ? Si ce qu'on dit vous
                                          [blesse,
Il faut que le reproche à Madame s'adresse.

ALCESTE

Non, morbleu ! c'est à vous ; et vos ris complaisants
660 Tirent de son esprit tous ces traits médisants.
Son humeur satirique est sans cesse nourrie
Par le coupable encens de votre flatterie ;
Et son cœur à railler trouverait moins d'appas,
S'il avait observé qu'on ne l'applaudit pas.
665 C'est ainsi qu'aux flatteurs on doit partout se prendre
Des vices où l'on voit les humains se répandre[2].

PHILINTE

Mais pourquoi pour ces gens un intérêt si grand,
Vous qui condamneriez ce qu'en eux on reprend?

CÉLIMÈNE

Et ne faut-il pas bien que Monsieur contredise?
670 A la commune voix veut-on qu'il se réduise,
Et qu'il ne fasse pas éclater en tous lieux
L'esprit contrariant qu'il a reçu des cieux?
Le sentiment d'autrui n'est jamais pour lui plaire;
Il prend toujours en main l'opinion contraire,
675 Et penserait paraître un homme du commun,
Si l'on voyait qu'il fût de l'avis de quelqu'un.
L'honneur de contredire a pour lui tant de charmes,
Qu'il prend contre lui-même assez souvent les armes;
Et ses vrais sentiments sont combattus par lui,
680 Aussitôt qu'il les voit dans la bouche d'autrui.

ALCESTE

Les rieurs sont pour vous, Madame, c'est tout dire,
Et vous pouvez pousser contre moi la satire.

PHILINTE

Mais il est véritable aussi que votre esprit
Se gendarme toujours contre tout ce qu'on dit,
685 Et que, par un chagrin que lui-même il avoue,
Il ne saurait souffrir qu'on blâme, ni qu'on loue.

ALCESTE

C'est que jamais, morbleu! les hommes n'ont raison,
Que le chagrin contre eux est toujours de saison,
Et que je vois qu'ils sont, sur toutes les affaires,
690 Loueurs impertinents, ou censeurs téméraires.

CÉLIMÈNE

Mais...

ALCESTE

Non, Madame, non : quand j'en devrais mourir,
Vous avez des plaisirs que je ne puis souffrir ;
Et l'on[1] a tort ici de nourrir dans votre âme
Ce grand attachement aux défauts qu'on y blâme.

CLITANDRE

695 Pour moi, je ne sais pas, mais j'avouerai tout haut
Que j'ai cru jusqu'ici Madame sans défaut.

ACASTE

De grâces et d'attraits je vois qu'elle est pourvue ;
Mais les défauts qu'elle a ne frappent point ma vue.

ALCESTE

Ils frappent tous la mienne ; et loin de m'en cacher,
700 Elle sait que j'ai soin de les lui reprocher.
Plus on aime quelqu'un, moins il faut qu'on le flatte ;
A ne rien pardonner le pur amour éclate ;
Et je bannirais, moi, tous ces lâches amants
Que je verrais soumis à tous mes sentiments,
705 Et dont, à tous propos, les molles complaisances
Donneraient de l'encens à mes extravagances.

CÉLIMÈNE

Enfin, s'il faut qu'à vous s'en rapportent les cœurs,
On doit, pour bien aimer, renoncer aux douceurs,
Et du parfait amour mettre l'honneur suprême
710 A bien injurier les personnes qu'on aime.

ÉLIANTE

L'amour, pour l'ordinaire, est peu fait à ces lois[2],
Et l'on voit les amants vanter toujours leur choix ;
Jamais leur passion n'y voit rien de blâmable,
Et dans l'objet aimé tout leur devient aimable :
715 Ils comptent les défauts pour des perfections,

Et savent y donner de favorables noms.
La pâle est aux jasmins en blancheur comparable ;
La noire à faire peur, une brune adorable ;
La maigre a de la taille et de la liberté ;
720 La grasse est dans son port pleine de majesté ;
La malpropre sur soi[1], de peu d'attraits chargée,
Est mise sous le nom de beauté négligée ;
La géante paraît une déesse aux yeux ;
La naine, un abrégé des merveilles des cieux ;
725 L'orgueilleuse a le cœur digne d'une couronne ;
La fourbe a de l'esprit ; la sotte est toute bonne ;
La trop grande parleuse est d'agréable humeur ;
Et la muette garde une honnête pudeur.
C'est ainsi qu'un amant dont l'ardeur est extrême
730 Aime jusqu'aux défauts des personnes qu'il aime.

ALCESTE

Et moi, je soutiens, moi…

CÉLIMÈNE

                              Brisons là ce discours,
Et dans la galerie allons faire deux tours.
Quoi ? vous vous en allez, Messieurs ?

CLITANDRE ET ACASTE

                              Non pas, Madame.

ALCESTE

La peur de leur départ occupe fort votre âme.
735 Sortez quand vous voudrez, Messieurs ; mais j'avertis
Que je ne sors qu'après que vous serez sortis.

ACASTE

A moins de voir Madame en être importunée,
Rien ne m'appelle ailleurs de toute la journée.

CLITANDRE

Moi, pourvu que je puisse être au petit couché[1],
740 Je n'ai point d'autre affaire où je sois attaché.

CÉLIMÈNE

C'est pour rire, je crois.

ALCESTE

                    Non, en aucune sorte :
Nous verrons si c'est moi que vous voudrez qui sorte.

SCÈNE V

BASQUE, ALCESTE, CÉLIMÈNE, ÉLIANTE,
ACASTE, PHILINTE, CLITANDRE

BASQUE

Monsieur, un homme est là qui voudrait vous parler,
Pour affaire, dit-il, qu'on ne peut reculer.

ALCESTE

745 Dis-lui que je n'ai point d'affaires si pressées.

BASQUE

Il porte une jaquette à grand'basques plissées[2],
Avec du dor dessus.

CÉLIMÈNE

                    Allez voir ce que c'est,
Ou bien faites-le entrer.

ALCESTE

                    Qu'est-ce donc qu'il vous plaît ?
Venez, Monsieur.

SCÈNE VI

GARDE, ALCESTE, CÉLIMÈNE, ÉLIANTE,
ACASTE, PHILINTE, CLITANDRE

GARDE

Monsieur, j'ai deux mots à vous dire.

ALCESTE

750 Vous pouvez parler haut, Monsieur, pour m'en ins-
[truire.

GARDE

Messieurs les Maréchaux[1], dont j'ai commandement,
Vous mandent de venir les trouver promptement,
Monsieur.

ALCESTE

Qui ? moi, Monsieur ?

GARDE

Vous-même.

ALCESTE

Et pour quoi faire ?

PHILINTE

C'est d'Oronte et de vous la ridicule affaire[2].

CÉLIMÈNE

Comment ?

PHILINTE

755   Oronte et lui se sont tantôt bravés
Sur certains petits vers, qu'il n'a pas approuvés ;
Et l'on veut assoupir la chose en sa naissance.

ALCESTE

Moi, je n'aurai jamais de lâche complaisance.

PHILINTE

Mais il faut suivre l'ordre : allons, disposez-vous...

ALCESTE

760 Quel accommodement veut-on faire entre nous ?
La voix de ces messieurs me condamnera-t-elle
A trouver bons les vers qui font notre querelle ?
Je ne me dédis point de ce que j'en ai dit,
Je les trouve méchants.

PHILINTE

           Mais, d'un plus doux esprit...

ALCESTE

765 Je n'en démordrai point : les vers sont exécrables.

PHILINTE

Vous devez faire voir des sentiments traitables.
Allons, venez.

ALCESTE

        J'irai ; mais rien n'aura pouvoir
De me faire dédire.

PHILINTE

        Allons vous faire voir.

ALCESTE

Hors qu'un commandement exprès du Roi me vienne
770 De trouver bons les vers dont on se met en peine,
Je soutiendrai toujours, morbleu ! qu'ils sont mauvais,
Et qu'un homme est pendable après les avoir faits.

          A Clitandre et Acaste, qui rient.

Par la sangbleu ! Messieurs, je ne croyais pas être
Si plaisant que je suis.

CÉLIMÈNE

Allez vite paraître
Où vous devez.

ALCESTE

775   J'y vais, Madame, et sur mes pas
Je reviens en ce lieu, pour vuider nos débats.

ACTE III

SCÈNE PREMIÈRE

CLITANDRE, ACASTE

CLITANDRE

Cher Marquis, je te vois l'âme bien satisfaite ·
Toute chose t'égaye, et rien ne t'inquiète.
En bonne foi, crois-tu, sans t'éblouir les yeux,
780   Avoir de grands sujets de paraître joyeux ?

ACASTE

Parbleu ! je ne vois pas, lorsque je m'examine
Où prendre aucun sujet d'avoir l'âme chagrine.
J'ai du bien, je suis jeune, et sors d'une maison
Qui se peut dire noble avec quelque raison ;
785   Et je crois, par le rang que me donne ma race,
Qu'il est fort peu d'emplois dont je ne sois en passe ·.
Pour le cœur, dont sur tout nous devons faire cas,
On sait, sans vanité, que je n'en manque pas,
Et l'on m'a vu pousser, dans le monde, une affaire[2]
790   D'une assez vigoureuse et gaillarde manière.
Pour de l'esprit, j'en ai sans doute, et du bon goût
A juger sans étude et raisonner de tout[3],
A faire aux nouveautés, dont je suis idolâtre,
Figure de savant sur les bancs du théâtre[4]

795 Y décider en chef, et faire du fracas
A tous les beaux endroits qui méritent des has.
Je suis assez adroit[1] ; j'ai bon air, bonne mine,
Les dents belles surtout, et la taille fort fine.
Quant à se mettre bien[2], je crois, sans me flatter,
800 Qu'on serait mal venu de me le disputer.
Je me vois dans l'estime autant qu'on y puisse être,
Fort aimé du beau sexe, et bien auprès du maître[3].
Je crois qu'avec cela, mon cher Marquis, je crois
Qu'on peut, par tout pays, être content de soi.

CLITANDRE

805 Oui ; mais, trouvant ailleurs des conquêtes faciles,
Pourquoi pousser ici des soupirs inutiles ?

ACASTE

Moi ? Parbleu ! je ne suis de taille ni d'humeur
A pouvoir d'une belle essuyer la froideur.
C'est aux gens mal tournés, aux mérites vulgaires,
810 A brûler constamment[4] pour des beautés sévères,
A languir à leurs pieds et souffrir leurs rigueurs,
A chercher le secours des soupirs et des pleurs,
Et tâcher, par des soins d'une très longue suite,
D'obtenir ce qu'on nie à leur peu de mérite.
815 Mais les gens de mon air, Marquis, ne sont pas faits
Pour aimer à crédit[5], et faire tous les frais.
Quelque rare que soit le mérite des belles,
Je pense, Dieu merci ! qu'on vaut son prix comme elles,
Que pour se faire honneur d'un cœur comme le mien,
820 Ce n'est pas la raison[6] qu'il ne leur coûte rien.
Et qu'au moins, à tout mettre en de justes balances,
Il faut qu'à frais communs se fassent les avances.

CLITANDRE

Tu penses donc, Marquis, être fort bien ici ?

ACASTE

J'ai quelque lieu, Marquis, de le penser ainsi.

CLITANDRE

825 Crois-moi, détache-toi de cette erreur extrême ;
Tu te flattes, mon cher, et t'aveugles toi-même.

ACASTE

Il est vrai, je me flatte et m'aveugle en effet.

CLITANDRE

Mais qui te fait juger ton bonheur si parfait ?

ACASTE

Je me flatte.

CLITANDRE

Sur quoi fonder tes conjectures ?

ACASTE

Je m'aveugle.

CLITANDRE

830   En as-tu des preuves qui soient sûres ?

ACASTE

Je m'abuse, te dis-je.

CLITANDRE

                        Est-ce que de ses vœux
Célimène t'a fait quelques secrets aveux ?

ACASTE

Non, je suis maltraité.

CLITANDRE

                        Réponds-moi, je te prie.

ACASTE

Je n'ai que des rebuts[1].

CLITANDRE

      Laissons la raillerie,
835 Et me dis quel espoir on peut t'avoir donné.

ACASTE

Je suis le misérable, et toi le fortuné :
On a pour ma personne une aversion grande,
Et quelqu'un de ces jours il faut que je me pende.

CLITANDRE

Ô çà, veux-tu, Marquis, pour ajuster nos vœux,
840 Que nous tombions d'accord d'une chose tous deux ?
Que qui pourra montrer une marque certaine
D'avoir meilleure part au cœur de Célimène,
L'autre ici fera place au vainqueur prétendu,
Et le délivrera d'un rival assidu ?

ACASTE

845 Ah ! parbleu ! tu me plais avec un tel langage,
Et du bon de mon cœur [1] à cela je m'engage.
Mais, chut !

SCÈNE II

CÉLIMÈNE, ACASTE, CLITANDRE

CÉLIMÈNE

Encore ici ?

CLITANDRE

     L'amour retient nos pas.

CÉLIMÈNE

Je viens d'ouïr entrer un carrosse là-bas :
Savez-vous qui c'est ?

CLITANDRE

Non.

SCÈNE III

BASQUE, CÉLIMÈNE, ACASTE, CLITANDRE

BASQUE

Arsinoé, Madame,
Monte ici pour vous voir.

CÉLIMÈNE

850   Que me veut cette femme ?

BASQUE

Éliante là-bas est à l'entretenir.

CÉLIMÈNE

De quoi s'avise-t-elle et qui la fait venir ?

ACASTE

Pour prude consommée en tous lieux elle passe,
Et l'ardeur de son zèle...

CÉLIMÈNE

      Oui, oui, franche grimace :
855 Dans l'âme elle est du monde, et ses soins tentent tout
Pour accrocher quelqu'un[1], sans en venir à bout.
Elle ne saurait voir qu'avec un œil d'envie
Les amants déclarés dont une autre est suivie ;
Et son triste mérite, abandonné de tous,
860 Contre le siècle aveugle est toujours en courroux.
Elle tâche à couvrir d'un faux voile de prude
Ce que chez elle on voit d'affreuse solitude ;
Et pour sauver l'honneur de ses faibles appas,

Elle attache du crime[1] au pouvoir qu'ils n'ont pas
865 Cependant un amant plairait fort à la dame,
Et même pour Alceste elle a tendresse d'âme.
Ce qu'il me rend de soins outrage ses attraits,
Elle veut que ce soit un vol que je lui fais ;
Et son jaloux dépit, qu'avec peine elle cache,
870 En tous endroits, sous main, contre moi se détache[2].
Enfin je n'ai rien vu de si sot à mon gré,
Elle est impertinente[3] au suprême degré,
Et...

SCÈNE IV

ARSINOÉ, CÉLIMÈNE

CÉLIMÈNE

Ah ! quel heureux sort en ce lieu vous amène ?
Madame, sans mentir, j'étais de vous en peine.

ARSINOÉ

875 Je viens pour quelque avis que j'ai cru vous devoir.

CÉLIMÈNE

Ah ! mon Dieu ! que je suis contente de vous voir !

ARSINOÉ

Leur départ ne pouvait plus à propos se faire.

CÉLIMÈNE

Voulons-nous nous asseoir ?

ARSINOÉ

Il n'est pas nécessaire
Madame. L'amitié doit surtout éclater
880 Aux choses qui le plus nous peuvent importer ;
Et comme il n'en est point de plus grande importance

Que celles de l'honneur et de la bienséance,
Je viens, par un avis qui touche votre honneur,
Témoigner l'amitié que pour vous a mon cœur.
885 Hier j'étais chez des gens de vertu singulière,
Où sur vous du discours on tourna la matière ;
Et là, votre conduite, avec ses grands éclats[1],
Madame, eut le malheur qu'on ne la loua pas.
Cette foule de gens dont vous souffrez visite,
890 Votre galanterie et les bruits qu'elle excite
Trouvèrent des censeurs plus qu'il n'aurait fallu,
Et bien plus rigoureux que je n'eusse voulu.
Vous pouvez bien penser quel parti je sus prendre :
Je fis ce que je pus pour vous pouvoir défendre,
895 Je vous excusai fort sur votre intention,
Et voulus de votre âme être la caution.
Mais vous savez qu'il est des choses dans la vie
Qu'on ne peut excuser, quoiqu'on en ait envie ;
Et je me vis contrainte à demeurer d'accord
900 Que l'air dont vous viviez vous faisait un peu tort,
Qu'il prenait dans le monde une méchante face,
Qu'il n'est conte fâcheux que partout on n'en fasse,
Et que, si vous vouliez, tous vos déportements[2]
Pourraient moins donner prise aux mauvais jugements.
905 Non que j'y croie, au fond, l'honnêteté blessée :
Me préserve le Ciel d'en avoir la pensée !
Mais aux ombres du crime on prête aisément foi,
Et ce n'est pas assez de bien vivre pour soi.
Madame, je vous crois l'âme trop raisonnable,
910 Pour ne pas prendre bien cet avis profitable,
Et pour l'attribuer qu'aux mouvements secrets
D'un zèle qui m'attache à tous vos intérêts.

CÉLIMÈNE

Madame, j'ai beaucoup de grâces à vous rendre :
Un tel avis m'oblige, et loin de le mal prendre,
915 J'en prétends reconnaître, à l'instant, la faveur,
Pour un avis aussi qui touche votre honneur ;

Et comme je vous vois vous montrer mon amie
En m'apprenant les bruits que de moi l'on publie,
Je veux suivre, à mon tour, un exemple si doux,
920 En vous avertissant de ce qu'on dit de vous.
En un lieu, l'autre jour, où je faisais visite,
Je trouvai quelques gens d'un très rare mérite,
Qui, parlant des vrais soins d'une âme qui vit bien,
Firent tomber sur vous, Madame, l'entretien.
925 Là, votre pruderie et vos éclats de zèle
Ne furent pas cités comme un fort bon modèle :
Cette affectation d'un grave extérieur,
Vos discours éternels de sagesse et d'honneur,
Vos mines et vos cris aux ombres d'indécence
930 Que d'un mot ambigu peut avoir l'innocence,
Cette hauteur d'estime où vous êtes de vous,
Et ces yeux de pitié que vous jetez sur tous,
Vos fréquentes leçons, et vos aigres censures
Sur des choses qui sont innocentes et pures,
935 Tout cela, si je puis vous parler franchement,
Madame, fut blâmé d'un commun sentiment.
A quoi bon, disaient-ils, cette mine modeste,
Et ce sage dehors que dément tout le reste ?
Elle est à bien prier exacte au dernier point ;
940 Mais elle bat ses gens, et ne les paye point.
Dans tous les lieux dévots elle étale un grand zèle ;
Mais elle met du blanc et veut paraître belle.
Elle fait des tableaux couvrir les nudités ;
Mais elle a de l'amour pour les réalités[1].
945 Pour moi, contre chacun je pris votre défense,
Et leur assurai fort que c'était médisance ;
Mais tous les sentiments combattirent le mien ;
Et leur conclusion fut que vous feriez bien
De prendre moins de soin des actions des autres,
950 Et de vous mettre un peu plus en peine des vôtres ;
Qu'on doit se regarder soi-même un fort long temps,
Avant que de songer à condamner les gens ;
Qu'il faut mettre le poids d'une vie exemplaire

Dans les corrections qu'aux autres on veut faire ;
955 Et qu'encor vaut-il mieux s'en remettre, au besoin,
A ceux à qui le Ciel en a commis le soin.
Madame, je vous crois aussi trop raisonnable,
Pour ne pas prendre bien cet avis profitable,
Et pour l'attribuer qu'aux mouvements secrets
960 D'un zèle qui m'attache à tous vos intérêts.

ARSINOÉ

A quoi qu'en reprenant on soit assujettie,
Je ne m'attendais pas à cette repartie,
Madame, et je vois bien, par ce qu'elle a d'aigreur,
Que mon sincère avis vous a blessée au cœur.

CÉLIMÈNE

965 Au contraire, Madame ; et si l'on était sage,
Ces avis mutuels seraient mis en usage :
On détruirait par-là, traitant de bonne foi [1],
Ce grand aveuglement où chacun est pour soi.
Il ne tiendra qu'à vous qu'avec le même zèle
970 Nous ne continuions cet office fidèle,
Et ne prenions grand soin de nous dire, entre nous,
Ce que nous entendrons, vous de moi, moi de vous.

ARSINOÉ

Ah ! Madame, de vous je ne puis rien entendre :
C'est en moi que l'on peut trouver fort à reprendre.

CELIMÈNE

975 Madame, on peut, je crois, louer et blâmer tout,
Et chacun a raison suivant l'âge ou le goût.
Il est une saison pour la galanterie ;
Il en est une aussi propre à la pruderie.
On peut, par politique, en prendre le parti,
980 Quand de nos jeunes ans l'éclat est amorti :
Cela sert à couvrir de fâcheuses disgrâces.
Je ne dis pas qu'un jour je ne suive vos traces :

L'âge amènera tout, et ce n'est pas le temps,
Madame, comme on sait, d'être prude à vingt ans.

ARSINOÉ

985 Certes, vous vous targuez d'un bien faible avantage,
Et vous faites sonner terriblement votre âge.
Ce que de plus que vous on en pourrait avoir
N'est pas un si grand cas pour s'en tant prévaloir ;
Et je ne sais pourquoi votre âme ainsi s'emporte,
990 Madame, à me pousser [1] de cette étrange sorte.

CÉLIMÈNE

Et moi, je ne sais pas, Madame, aussi pourquoi
On vous voit, en tous lieux, vous déchaîner sur moi.
Faut-il de vos chagrins, sans cesse, à moi vous prendre ?
Et puis-je mais des soins qu'on ne va pas vous rendre ?
995 Si ma personne aux gens inspire de l'amour,
Et si l'on continue à m'offrir chaque jour
Des vœux que votre cœur peut souhaiter qu'on m'ôte,
Je n'y saurais que faire, et ce n'est pas ma faute :
Vous avez le champ libre, et je n'empêche pas
1000 Que pour les attirer vous n'ayez des appas.

ARSINOÉ

Hélas ! et croyez-vous que l'on se mette en peine
De ce nombre d'amants dont vous faites la vaine,
Et qu'il ne nous soit pas fort aisé de juger
A quel prix aujourd'hui l'on peut les engager ?
1005 Pensez-vous faire croire, à voir comme tout roule,
Que votre seul mérite attire cette foule ?
Qu'ils ne brûlent pour vous que d'un honnête amour,
Et que pour vos vertus ils vous font tous la cour ?
On ne s'aveugle point par de vaines défaites,
1010 Le monde n'est point dupe ; et j'en vois qui sont faites
A pouvoir inspirer de tendres sentiments,
Qui chez elles pourtant ne fixent point d'amants ;
Et de là nous pouvons tirer des conséquences,

Qu'on n'acquiert point leurs cœurs sans de grandes
[avances,
1015 Qu'aucun pour nos beaux yeux n'est notre soupirant,
Et qu'il faut acheter tous les soins qu'on nous rend.
Ne vous enflez donc point d'une si grande gloire
Pour les petits brillants d'une faible victoire ;
Et corrigez un peu l'orgueil de vos appas,
1020 De traiter pour cela les gens de haut en bas.
Si nos yeux enviaient les conquêtes des vôtres,
Je pense qu'on pourrait faire comme les autres,
Ne se point ménager, et vous faire bien voir
Que l'on a des amants quand on en veut avoir.

CÉLIMÈNE

1025 Ayez-en donc, Madame, et voyons cette affaire .
Par ce rare secret efforcez-vous de plaire ;
Et sans...

ARSINOÉ

Brisons, Madame, un pareil entretien :
Il pousserait trop loin votre esprit et le mien ;
Et j'aurais pris déjà le congé qu'il faut prendre,
1030 Si mon carrosse encor ne m'obligeait d'attendre

CÉLIMÈNE

Autant qu'il vous plaira vous pouvez arrêter,
Madame, et là-dessus rien ne doit vous hâter ;
Mais, sans vous fatiguer de ma cérémonie,
Je m'en vais vous donner meilleure compagnie ;
1035 Et Monsieur, qu'à propos le hasard fait venir,
Remplira mieux ma place à vous entretenir.
Alceste, il faut que j'aille écrire un mot de lettre,
Que, sans me faire tort, je ne saurais remettre.
Soyez avec Madame : elle aura la bonté
1040 D'excuser aisément mon incivilité.

SCÈNE v

ALCESTE, ARSINOÉ

ARSINOÉ

Vous voyez, elle veut que je vous entretienne,
Attendant un moment que mon carrosse vienne ;
Et jamais tous ses soins ne pouvaient m'offrir rien
Qui me fût plus charmant qu'un pareil entretien.
1045 En vérité, les gens d'un mérite sublime
Entraînent de chacun et l'amour et l'estime ;
Et le vôtre, sans doute, a des charmes secrets
Qui font entrer mon cœur dans tous vos intérêts.
Je voudrais que la cour, par un regard propice,
1050 A ce que vous valez rendît plus de justice :
Vous avez à vous plaindre, et je suis en courroux,
Quand je vois chaque jour qu'on ne fait rien pour vous.

ALCESTE

Moi, Madame ! Et sur quoi pourrais-je en rien pré-
[tendre ?
Quel service à l'État est-ce qu'on m'a vu rendre ?
1055 Qu'ai-je fait, s'il vous plaît, de si brillant de soi,
Pour me plaindre à la cour qu'on ne fait rien pour moi ?

ARSINOÉ

Tous ceux sur qui la cour jette des yeux propices
N'ont pas toujours rendu de ces fameux services.
Il faut l'occasion, ainsi que le pouvoir ;
1060 Et le mérite enfin que vous nous faites voir
Devrait...

ALCESTE

Mon Dieu ! laissons mon mérite, de grâce ;
De quoi voulez-vous là que la cour s'embarrasse ?

Elle aurait fort à faire, et ses soins seraient grands
D'avoir à déterrer le mérite des gens.

ARSINOÉ

1065 Un mérite éclatant se déterre lui-même ;
Du vôtre, en bien des lieux, on fait un cas extrême ;
Et vous saurez de moi qu'en deux fort bons endroits
Vous fûtes hier loué par des gens d'un grand poids.

ALCESTE

Eh ! Madame, l'on loue aujourd'hui tout le monde,
1070 Et le siècle par-là n'a rien qu'on ne confonde[1] :
Tout est d'un grand mérite également doué,
Ce n'est plus un honneur que de se voir loué ;
D'éloges on regorge, à la tête on les jette,
Et mon valet de chambre est mis dans la Gazette[2].

ARSINOÉ

1075 Pour moi, je voudrais bien que, pour vous montrer
[mieux,
Une charge à la cour vous pût frapper les yeux[3].
Pour peu que d'y songer vous nous fassiez les mines[4],
On peut pour vous servir remuer des machines[5],
Et j'ai des gens en main que j'emploierai pour vous,
1080 Qui vous feront à tout[6] un chemin assez doux.

ALCESTE

Et que voudriez-vous, Madame, que j'y fisse ?
L'humeur dont je me sens veut que je m'en bannisse.
Le Ciel ne m'a point fait, en me donnant le jour,
Une âme compatible avec l'air de la cour ;
1085 Je ne me trouve point les vertus nécessaires
Pour y bien réussir et faire mes affaires.
Être franc et sincère est mon plus grand talent ;
Je ne sais point jouer les hommes en parlant ;
Et qui n'a pas le don de cacher ce qu'il pense
1090 Doit faire en ce pays fort peu de résidence.

Hors de la cour, sans doute, on n'a pas cet appui,
Et ces titres d'honneur qu'elle donne aujourd'hui ;
Mais on n'a pas aussi, perdant ces avantages,
Le chagrin de jouer de fort sots personnages :
1095 On n'a point à souffrir mille rebuts cruels,
On n'a point à louer les vers de Messieurs tels,
A donner de l'encens à Madame une telle,
Et de nos francs marquis essuyer la cervelle [1].

ARSINOÉ

Laissons, puisqu'il vous plaît, ce chapitre de cour ;
1100 Mais il faut que mon cœur vous plaigne en votre amour,
Et pour vous découvrir là-dessus mes pensées,
Je souhaiterais fort vos ardeurs mieux placées.
Vous méritez, sans doute, un sort beaucoup plus doux,
Et celle qui vous charme est indigne de vous.

ALCESTE

1105 Mais, en disant cela, songez-vous, je vous prie,
Que cette personne est, Madame, votre amie ?

ARSINOÉ

Oui ; mais ma conscience est blessée en effet
De souffrir plus longtemps le tort que l'on vous fait ;
L'état où je vous vois afflige trop mon âme,
1110 Et je vous donne avis qu'on trahit votre flamme.

ALCESTE

C'est me montrer, Madame, un tendre mouvement,
Et de pareils avis obligent un amant !

ARSINOÉ

Oui, toute mon amie, elle est et je la nomme
Indigne d'asservir le cœur d'un galant homme ;
1115 Et le sien n'a pour vous que de feintes douceurs.

ALCESTE

Cela se peut, Madame : on ne voit pas les cœurs,
Mais votre charité se serait bien passée[1]
De jeter dans le mien une telle pensée.

ARSINOÉ

Si vous ne voulez pas être désabusé,
1120 Il faut ne vous rien dire, il est assez aisé.

ALCESTE

Non ; mais sur ce sujet quoi que l'on nous expose,
Les doutes sont fâcheux plus que toute autre chose ;
Et je voudrais, pour moi, qu'on ne me fît savoir
Que ce qu'avec clarté l'on peut me faire voir.

ARSINOÉ

1125 Hé bien ! c'est assez dit ; et sur cette matière
Vous allez recevoir une pleine lumière.
Oui, je veux que de tout vos yeux vous fassent foi :
Donnez-moi seulement la main jusque chez moi ;
Là je vous ferai voir une preuve fidèle
1130 De l'infidélité du cœur de votre belle ;
Et si pour d'autres yeux le vôtre peut brûler,
On pourra vous offrir de quoi vous consoler.

ACTE IV

SCÈNE PREMIÈRE

ÉLIANTE, PHILINTE

PHILINTE

Non, l'on n'a point vu d'âme à manier si dure,
Ni d'accommodement plus pénible à conclure :
1135 En vain de tous côtés on l'a voulu tourner,
Hors de son sentiment on n'a pu l'entraîner ;
Et jamais différend si bizarre, je pense,
N'avait de ces messieurs[1] occupé la prudence.
« Non Messieurs, disait-il, je ne me dédis point,
1140 Et tomberai d'accord de tout, hors de ce point.
De quoi s'offense-t-il ? et que veut-il me dire ?
Y va-t-il de sa gloire à ne pas bien écrire ?
Que lui fait mon avis, qu'il a pris de travers ?
On peut être honnête homme et faire mal des vers :
1145 Ce n'est point à l'honneur que touchent ces matières ;
Je le tiens galant homme en toutes les manières,
Homme de qualité, de mérite et de cœur,
Tout ce qu'il vous plaira, mais fort méchant auteur.
Je louerai, si l'on veut, son train et sa dépense,
1150 Son adresse à cheval, aux armes, à la danse ;
Mais pour louer ses vers, je suis son serviteur ;
Et lorsque d'en mieux faire on n'a pas le bonheur,

On ne doit de rimer avoir aucune envie,
Qu'on n'y soit condamné sur peine de la vie[1]. »
1155 Enfin toute la grâce et l'accommodement
Où s'est, avec effort, plié son sentiment,
C'est de dire, croyant adoucir bien son style :
« Monsieur, je suis fâché d'être si difficile,
Et pour l'amour de vous, je voudrais, de bon cœur,
1160 Avoir trouvé tantôt votre sonnet meilleur. »
Et dans une embrassade, on leur a, pour conclure,
Fait vite envelopper toute la procédure.

ÉLIANTE

Dans ses façons d'agir, il est fort singulier ;
Mais j'en fais, je l'avoue, un cas particulier,
1165 Et la sincérité dont son âme se pique
A quelque chose, en soi, de noble et d'héroïque.
C'est une vertu rare au siècle d'aujourd'hui,
Et je la voudrais voir partout comme chez lui.

PHILINTE

Pour moi, plus je le vois, plus surtout je m'étonne
1170 De cette passion où son cœur s'abandonne :
De l'humeur dont le Ciel a voulu le former,
Je ne sais pas comment il s'avise d'aimer ;
Et je sais moins encor comment votre cousine
Peut être la personne où son penchant l'incline.

ÉLIANTE

1175 Cela fait assez voir que l'amour, dans les cœurs
N'est pas toujours produit par un rapport d'humeurs :
Et toutes ces raisons de douces sympathies[2]
Dans cet exemple-ci se trouvent démenties.

PHILINTE

Mais croyez-vous qu'on l'aime, aux choses qu'on peut
                                                [voir ?

ÉLIANTE

1180 C'est un point qu'il n'est pas fort aisé de savoir.
Comment pouvoir juger s'il est vrai qu'elle l'aime ?
Son cœur de ce qu'il sent n'est pas bien sûr lui-même ;
Il aime quelquefois sans qu'il le sache bien,
Et croit aimer aussi parfois qu'il n'en est rien [1].

PHILINTE

1185 Je crois que notre ami, près de cette cousine,
Trouvera des chagrins plus qu'il ne s'imagine ;
Et s'il avait mon cœur, à dire vérité,
Il tournerait ses vœux tout d'un autre côté,
Et par un choix plus juste, on le verrait, Madame,
1190 Profiter des bontés que lui montre votre âme.

ÉLIANTE

Pour moi, je n'en fais point de façons, et je crois
Qu'on doit, sur de tels points, être de bonne foi :
Je ne m'oppose point à toute sa tendresse ;
Au contraire, mon cœur pour elle s'intéresse ;
1195 Et si c'était qu'à moi la chose pût tenir,
Moi-même à ce qu'il aime on me verrait l'unir.
Mais si dans un tel choix, comme tout se peut faire,
Son amour éprouvait quelque destin contraire,
S'il fallait que d'un autre on couronnât les feux [2]
1200 Je pourrais me résoudre à recevoir ses vœux ;
Et le refus souffert, en pareille occurrence,
Ne m'y ferait trouver aucune répugnance.

PHILINTE

Et moi, de mon côté, je ne m'oppose pas,
Madame, à ces bontés qu'ont pour lui vos appas ;
1205 Et lui-même, s'il veut, il peut bien vous instruire
De ce que là-dessus j'ai pris soin de lui dire.
Mais si, par un hymen qui les joindrait eux deux,
Vous étiez hors d'état de recevoir ses vœux,

Tous les miens tenteraient la faveur éclatante
1210 Qu'avec tant de bonté votre âme lui présente :
Heureux si, quand son cœur s'y pourra dérober,
Elle pouvait sur moi, Madame, retomber.

ÉLIANTE

Vous vous divertissez, Philinte.

PHILINTE

                                   Non, Madame,
Et je vous parle ici du meilleur de mon âme,
1215 J'attends l'occasion de m'offrir hautement,
Et de tous mes souhaits j'en presse le moment.

SCÈNE II

ALCESTE, ÉLIANTE, PHILINTE [1]

ALCESTE

Ah ! faites-moi raison, Madame, d'une offense
Qui vient de triompher de toute ma constance.

ÉLIANTE

Qu'est-ce donc ? Qu'avez-vous qui vous puisse émou-
                                              [voir ?

ALCESTE

1220 J'ai ce que sans mourir je ne puis concevoir ;
Et le déchaînement de toute la nature
Ne m'accablerait pas comme cette aventure.
C'en est fait.. Mon amour... Je ne saurais parler.

ÉLIANTE

Que votre esprit un peu tâche à se rappeler.

ALCESTE

1225 Ô juste Ciel ! faut-il qu'on joigne à tant de grâces
Les vices odieux des âmes les plus basses ?

ÉLIANTE

Mais encor qui vous peut… ?

ALCESTE

                            Ah ! tout est ruiné
Je suis, je suis trahi, je suis assassiné :
Célimène… Eût-on pu croire cette nouvelle ?
1230 Célimène me trompe et n'est qu'une infidèle.

ÉLIANTE

Avez-vous, pour le croire. un juste fondement ?

PHILINTE

Peut-être est-ce un soupçon conçu légèrement,
Et votre esprit jaloux prend parfois des chimères..

ALCESTE

Ah, morbleu ! mêlez-vous, Monsieur, de vos affaires.
1235 C'est de sa trahison n'être que trop certain,
Que l'avoir, dans ma poche, écrite de sa main.
Oui, Madame, une lettre écrite pour Oronte
A produit à mes yeux ma disgrâce et sa honte
Oronte, dont j'ai cru qu'elle fuyait les soins,
1240 Et que de mes rivaux je redoutais le moins.

PHILINTE

Une lettre peut bien tromper par l'apparence,
Et n'est pas quelquefois si coupable qu'on pense.

ALCESTE

Monsieur, encore un coup, laissez-moi, s'il vous plaît,
Et ne prenez souci que de votre intérêt.

ÉLIANTE

1245 Vous devez modérer vos transports, et l'outrage...

ALCESTE

Madame, c'est à vous qu'appartient cet ouvrage [1] ;
C'est à vous que mon cœur a recours aujourd'hui
Pour pouvoir s'affranchir de son cuisant ennui.
Vengez-moi d'une ingrate et perfide parente,
1250 Qui trahit lâchement une ardeur si constante ;
Vengez-moi de ce trait qui doit vous faire horreur.

ÉLIANTE

Moi, vous venger ! Comment ?

ALCESTE

En recevant mon cœur.
Acceptez-le, Madame, au lieu de l'infidèle :
C'est par-là que je puis prendre vengeance d'elle ;
1255 Et je la veux punir par les sincères vœux,
Par le profond amour, les soins respectueux,
Les devoirs empressés et l'assidu service
Dont ce cœur va vous faire un ardent sacrifice.

ÉLIANTE

Je compatis, sans doute, à ce que vous souffrez,
1260 Et ne méprise point le cœur que vous m'offrez ;
Mais peut-être le mal n'est pas si grand qu'on pense,
Et vous pourrez quitter ce désir de vengeance.
Lorsque l'injure part d'un objet plein d'appas,
On fait force desseins qu'on n'exécute pas :
1265 On a beau voir, pour rompre, une raison puissante,
Une coupable aimée est bientôt innocente ;
Tout le mal qu'on lui veut se dissipe aisément,
Et l'on sait ce que c'est qu'un courroux d'un amant.

ALCESTE

Non, non, Madame, non : l'offense est trop mortelle,
1270 Il n'est point de retour, et je romps avec elle ;
Rien ne saurait changer le dessein que j'en fais,
Et je me punirais de l'estimer jamais.
La voici. Mon courroux redouble à cette approche ;
Je vais de sa noirceur lui faire un vif reproche,
1275 Pleinement la confondre, et vous porter après
Un cœur tout dégagé de ses trompeurs attraits.

SCÈNE III

CÉLIMÈNE, ALCESTE

ALCESTE

Ô Ciel ! de mes transports puis-je être ici le maître ?

CÉLIMÈNE

Ouais ! Quel est donc le trouble où je vous vois
[paraître ?
Et que me veulent dire et ces soupirs poussés,
1280 Et ces sombres regards que sur moi vous lancez ?

ALCESTE

Que toutes les horreurs dont une âme est capable
A vos déloyautés n'ont rien de comparable ;
Que le sort, les démons, et le Ciel en courroux
N'ont jamais rien produit de si méchant que vous

CÉLIMÈNE

1285 Voilà certainement des douceurs que j'admire.

ALCESTE

Ah ! ne plaisantez point, il n'est pas temps de rire :
Rougissez bien plutôt, vous en avez raison ;

Et j'ai de sûrs témoins de votre trahison.
Voilà ce que marquaient les troubles de mon âme ·
1290 Ce n'était pas en vain que s'alarmait ma flamme ;
Par ces fréquents soupçons, qu'on trouvait odieux,
Je cherchais le malheur qu'ont rencontré mes yeux ;
Et malgré tous vos soins et votre adresse à feindre,
Mon astre me disait ce que j'avais à craindre.
1295 Mais ne présumez pas que, sans être vengé,
Je souffre le dépit de me voir outragé.
Je sais que sur les vœux on n'a point de puissance,
Que l'amour veut partout naître sans dépendance,
Que jamais par la force on n'entra dans un cœur,
1300 Et que toute âme est libre à nommer son vainqueur.
Aussi ne trouverais-je aucun sujet de plainte,
Si pour moi votre bouche avait parlé sans feinte ;
Et, rejetant mes vœux dès le premier abord[1],
Mon cœur n'aurait eu droit de s'en prendre qu'au sort.
1305 Mais d'un aveu trompeur voir ma flamme applaudie,
C'est une trahison, c'est une perfidie,
Qui ne saurait trouver de trop grands châtiments,
Et je puis tout permettre à mes ressentiments.
Oui, oui, redoutez tout après un tel outrage ;
1310 Je ne suis plus à moi, je suis tout à la rage :
Percé du coup mortel dont vous m'assassinez,
Mes sens par la raison ne sont plus gouvernés,
Je cède aux mouvements d'une juste colère,
Et je ne réponds pas de ce que je puis faire.

CÉLIMÈNE

1315 D'où vient donc, je vous prie, un tel emportement ?
Avez-vous, dites-moi, perdu le jugement ?

ALCESTE

Oui, oui, je l'ai perdu, lorsque dans votre vue
J'ai pris, pour mon malheur, le poison qui me tue,
Et que j'ai cru trouver quelque sincérité
1320 Dans les traîtres appas dont je fus enchanté.

CÉLIMÈNE

De quelle trahison pouvez-vous donc vous plaindre ?

ALCESTE

Ah ! que ce cœur est double et sait bien l'art de feindre !
Mais pour le mettre à bout, j'ai des moyens tous prêts ;
Jetez ici les yeux, et connaissez vos traits[1] ;
1325 Ce billet découvert suffit pour vous confondre,
Et contre ce témoin on n'a rien à répondre.

CÉLIMÈNE

Voilà donc le sujet qui vous trouble l'esprit ?

ALCESTE

Vous ne rougissez pas en voyant cet écrit ?

CÉLIMÈNE

Et par quelle raison faut-il que j'en rougisse ?

ALCESTE

1330 Quoi ? vous joignez ici l'audace à l'artifice ?
Le désavouerez-vous, pour n'avoir point de seing[2] ?

CÉLIMÈNE

Pourquoi désavouer un billet de ma main .

ALCESTE

Et vous pouvez le voir sans demeurer confuse
Du crime dont vers moi son style vous accuse ?

CÉLIMÈNE

1335 Vous êtes, sans mentir, un grand extravagant.

ALCESTE

Quoi ? vous bravez ainsi ce témoin convaincant ?
Et ce qu'il m'a fait voir de douceur pour Oronte
N'a donc rien qui m'outrage, et qui vous fasse honte ?

CÉLIMÈNE

Oronte ! Qui vous dit que la lettre est pour lui ?

ALCESTE

1340 Les gens qui dans mes mains l'ont remise aujourd'hui.
Mais je veux consentir qu'elle soit pour un autre :
Mon cœur en a-t-il moins à se plaindre du vôtre ?
En serez-vous vers moi moins coupable en effet ?

CÉLIMÈNE

Mais si c'est une femme à qui va ce billet,
1345 En quoi vous blesse-t-il ? et qu'a-t-il de coupable ?

ALCESTE

Ah ! le détour est bon, et l'excuse admirable.
Je ne m'attendais pas, je l'avoue, à ce trait,
Et me voilà, par-là, convaincu tout à fait.
Osez-vous recourir à ces ruses grossières ?
1350 Et croyez-vous les gens si privés de lumières ?
Voyons, voyons un peu par quel biais, de quel air,
Vous voulez soutenir un mensonge si clair,
Et comment vous pourrez tourner pour une femme
Tous les mots d'un billet qui montre tant de flamme ?
1355 Ajustez, pour couvrir un manquement de foi,
Ce que je m'en vais lire...

CÉLIMÈNE

Il ne me plaît pas, moi.
Je vous trouve plaisant d'user d'un tel empire,
Et de me dire au nez ce que vous m'osez dire.

ALCESTE

Non, non : sans s'emporter, prenez un peu souci
1360 De me justifier les termes que voici.

CÉLIMÈNE

Non, je n'en veux rien faire ; et dans cette occurrence,
Tout ce que vous croirez m'est de peu d'importance.

ALCESTE

De grâce, montrez-moi, je serai satisfait,
Qu'on peut pour une femme expliquer ce billet.

CÉLIMÈNE

1365 Non, il est pour Oronte, et je veux qu'on le croie ;
Te reçois tous ses soins avec beaucoup de joie ;
J'admire ce qu'il dit, j'estime ce qu'il est,
Et je tombe d'accord de tout ce qu'il vous plaît.
Faites, prenez parti, que rien ne vous arrête,
1370 Et ne me rompez pas davantage la tête.

ALCESTE

Ciel ! rien de plus cruel peut-il être inventé ?
Et jamais cœur fut-il de la sorte traité ?
Quoi ? d'un juste courroux je suis ému contre elle,
C'est moi qui me viens plaindre, et c'est moi qu'on
                                        [querelle !
1375 On pousse ma douleur et mes soupçons à bout,
On me laisse tout croire, on fait gloire de tout ;
Et cependant mon cœur est encore assez lâche
Pour ne pouvoir briser la chaîne qui l'attache,
Et pour ne pas s'armer d'un généreux mépris
1380 Contre l'ingrat objet dont il est trop épris !
Ah ! que vous savez bien ici, contre moi-même,
Perfide, vous servir de ma faiblesse extrême,
Et ménager pour vous l'excès prodigieux
De ce fatal amour né de vos traîtres yeux !
1385 Défendez-vous au moins d'un crime qui m'accable,
Et cessez d'affecter d'être envers moi coupable ;
Rendez-moi, s'il se peut, ce billet innocent[1] :
A vous prêter les mains ma tendresse consent ;

Efforcez-vous ici de paraître fidèle,
1390 Et je m'efforcerai, moi, de vous croire telle.

CÉLIMÈNE

Allez, vous êtes fou, dans vos transports jaloux,
Et ne méritez pas l'amour qu'on a pour vous.
Je voudrais bien savoir qui pourrait me contraindre
A descendre pour vous aux bassesses de feindre,
1395 Et pourquoi, si mon cœur penchait d'autre côté,
Je ne le dirais pas avec sincérité.
Quoi ? de mes sentiments l'obligeante assurance
Contre tous vos soupçons ne prend pas ma défense ?
Auprès d'un tel garant, sont-ils de quelque poids ?
1400 N'est-ce pas m'outrager que d'écouter leur voix ?
Et puisque notre cœur fait un effort extrême
Lorsqu'il peut se résoudre à confesser qu'il aime,
Puisque l'honneur du sexe, ennemi de nos feux,
S'oppose fortement à de pareils aveux,
1405 L'amant qui voit pour lui franchir un tel obstacle
Doit-il impunément douter de cet oracle ?
Et n'est-il pas coupable en ne s'assurant pas [1]
A ce qu'on ne dit point qu'après de grands combats ?
Allez, de tels soupçons méritent ma colère,
1410 Et vous ne valez pas que l'on vous considère ;
Je suis sotte, et veux mal à ma simplicité
De conserver encor pour vous quelque bonté ;
Je devrais autre part attacher mon estime,
Et vous faire un sujet de plainte légitime.

ALCESTE

1415 Ah ! traîtresse, mon faible est étrange pour vous !
Vous me trompez sans doute avec des mots si doux ;
Mais il n'importe, il faut suivre ma destinée :
A votre foi mon âme est toute abandonnée ;
Je veux voir, jusqu'au bout, quel sera votre cœur,
1420 Et si de me trahir il aura la noirceur.

CÉLIMÈNE

Non, vous ne m'aimez point comme il faut que l'on
                                        [aime.

ALCESTE

Ah ! rien n'est comparable à mon amour extrême ;
Et dans l'ardeur qu'il a de se montrer à tous,
Il va jusqu'à former des souhaits contre vous.
1425 Oui, je voudrais qu'aucun ne vous trouvât aimable,
Que vous fussiez réduite en un sort misérable,
Que le Ciel, en naissant, ne vous eût donné rien,
Que vous n'eussiez ni rang, ni naissance, ni bien,
Afin que de mon cœur l'éclatant sacrifice
1430 Vous pût d'un pareil sort réparer l'injustice,
Et que j'eusse la joie et la gloire, en ce jour,
De vous voir tenir tout des mains de mon amour.

CÉLIMÈNE

C'est me vouloir du bien d'une étrange manière !
Me préserve le Ciel que vous ayez matière… !
1435 Voici Monsieur Du Bois, plaisamment figuré.

SCÈNE IV

DU BOIS, CÉLIMÈNE, ALCESTE

ALCESTE

Que veut cet équipage [1], et cet air effaré ?
Qu'as-tu ?

DU BOIS

Monsieur…

ALCESTE

Hé bien ?

DU BOIS

                    Voici bien des mystères.

ALCESTE

Qu'est-ce ?

DU BOIS

Nous sommes mal, Monsieur, dans nos affaires.

ALCESTE

Quoi ?

DU BOIS

Parlerai-je haut ?

ALCESTE

                    Oui, parle, et promptement.

DU BOIS

N'est-il point là quelqu'un... ?

ALCESTE

1440   Ah ! que d'amusement !
Veux-tu parler ?

DU BOIS

Monsieur, il faut faire retraite.

ALCESTE

Comment ?

DU BOIS

Il faut d'ici déloger sans trompette.

ALCESTE

Et pourquoi ?

DU BOIS

Je vous dis qu'il faut quitter ce lieu

ALCESTE

La cause ?

DU BOIS

Il faut partir, Monsieur, sans dire adieu.

ALCESTE

1445 Mais par quelle raison me tiens-tu ce langage ?

DU BOIS

Par la raison, Monsieur, qu'il faut plier bagage.

ALCESTE

Ah ! je te casserai la tête assurément,
Si tu ne veux, maraud, t'expliquer autrement.

DU BOIS

Monsieur, un homme noir et d'habit et de mine[1]
1450 Est venu nous laisser, jusque dans la cuisine,
Un papier griffonné d'une telle façon,
Qu'il faudrait, pour le lire, être pis que démon.
C'est de votre procès, je n'en fais aucun doute ;
Mais le diable d'enfer, je crois, n'y verrait goutte.

ALCESTE

1455 Hé bien ? quoi ? ce papier, qu'a-t-il à démêler,
Traître, avec le départ dont tu viens me parler ?

DU BOIS

C'est pour vous dire ici, Monsieur, qu'une heure
[ensuite,
Un homme qui souvent vous vient rendre visite
Est venu vous chercher avec empressement,

1460 Et ne vous trouvant pas, m'a chargé doucement,
Sachant que je vous sers avec beaucoup de zèle,
De vous dire... Attendez, comme est-ce qu'il s'ap-
[pelle?

ALCESTE

Laisse là son nom, traître, et dis ce qu'il t'a dit.

DU BOIS

C'est un de vos amis enfin, cela suffit.
1465 Il m'a dit que d'ici votre péril vous chasse,
Et que d'être arrêté le sort vous y menace.

ALCESTE

Mais quoi? n'a-t-il voulu te rien spécifier?

DU BOIS

Non : il m'a demandé de l'encre et du papier,
Et vous a fait un mot, où vous pourrez, je pense,
1470 Du fond de ce mystère avoir la connaissance.

ALCESTE

Donne-le donc.

CÉLIMÈNE

Que peut envelopper ceci?

ALCESTE

Je ne sais ; mais j'aspire à m'en voir éclairci.
Auras-tu bientôt fait, impertinent au diable?

DU BOIS, *après l'avoir longtemps cherché.*

Ma foi! je l'ai, Monsieur, laissé sur votre table.

ALCESTE

Je ne sais qui me tient...

CÉLIMÈNE

1475   Ne vous emportez pas,
Et courez démêler un pareil embarras.

ALCESTE

Il semble que le sort, quelque soin que je prenne,
Ait juré d'empêcher que je vous entretienne ;
Mais, pour en triompher, souffrez à mon amour
1480 De vous revoir, Madame, avant la fin du jour.

ACTE V

SCÈNE PREMIÈRE

ALCESTE, PHILINTE

ALCESTE

La résolution en est prise, vous dis-je.

PHILINTE

Mais, quel que soit ce coup, faut-il qu'il vous oblige… ?

ALCESTE

Non : vous avez beau faire et beau me raisonner,
Rien de ce que je dis ne peut me détourner :
1485 Trop de perversité règne au siècle où nous sommes,
Et je veux me tirer du commerce des hommes.
Quoi ? contre ma partie on voit tout à la fois
L'honneur, la probité, la pudeur, et les lois ;
On publie en tous lieux l'équité de ma cause ;
1490 Sur la foi de mon droit mon âme se repose :
Cependant je me vois trompé par le succès[1],
J'ai pour moi la justice, et je perds mon procès !
Un traître, dont on sait la scandaleuse histoire
Est sorti triomphant d'une fausseté noire[1]
1495 Toute la bonne foi cède à sa trahison !

Il trouve, en m'égorgeant, moyen d'avoir raison !
Le poids de sa grimace, où brille l'artifice,
Renverse le bon droit, et tourne la justice !
Il fait par un arrêt couronner son forfait !
1500 Et non content encor du tort que l'on me fait,
Il court parmi le monde un livre abominable[1],
Et de qui la lecture est même condamnable,
Un livre à mériter la dernière rigueur,
Dont le fourbe a le front de me faire l'auteur !
1505 Et là-dessus, on voit Oronte qui murmure,
Et tâche méchamment d'appuyer l'imposture !
Lui, qui d'un honnête homme à la cour tient le rang,
A qui je n'ai rien fait qu'être sincère et franc,
Qui me vient, malgré moi, d'une ardeur empressée,
1510 Sur des vers qu'il a faits demander ma pensée ;
Et parce que j'en use avec honnêteté,
Et ne le veux trahir, lui ni la vérité,
Il aide à m'accabler d'un crime imaginaire !
Le voilà devenu mon plus grand adversaire !
1515 Et jamais de son cœur je n'aurai de pardon,
Pour n'avoir pas trouvé que son sonnet fût bon !
Et les hommes, morbleu ! sont faits de cette sorte !
C'est à ces actions que la gloire les porte !
Voilà la bonne foi, le zèle vertueux,
1520 La justice et l'honneur que l'on trouve chez eux !
Allons, c'est trop souffrir les chagrins qu'on nous
          [forge :
Tirons-nous de ce bois et de ce coupe-gorge.
Puisque entre humains ainsi vous vivez en vrais loups,
Traîtres, vous ne m'aurez de ma vie avec vous.

PHILINTE

1525 Je trouve un peu bien prompt le dessein où vous êtes
Et tout le mal n'est pas si grand que vous le faites :
Ce que votre partie ose vous imputer
N'a point eu le crédit de vous faire arrêter ;

On voit son faux rapport lui-même se détruire,
1530 Et c'est une action qui pourrait bien lui nuire.

ALCESTE

Lui ? De semblables tours il ne craint point l'éclat,
Il a permission d'être franc scélérat ;
Et loin qu'à son crédit nuise cette aventure,
On l'en verra demain en meilleure posture.

PHILINTE

1535 Enfin il est constant qu'on n'a point trop donné
Au bruit [1] que contre vous sa malice a tourné :
De ce côté déjà vous n'avez rien à craindre ;
Et pour votre procès, dont vous pouvez vous plaindre,
Il vous est en justice aisé d'y revenir,
Et contre cet arrêt...

ALCESTE

1540   Non : je veux m'y tenir.
Quelque sensible tort qu'un tel arrêt me fasse,
Je me garderai bien de vouloir qu'on le casse :
On y voit trop à plein le bon droit maltraité,
Et je veux qu'il demeure à la postérité
1545 Comme une marque insigne, un fameux témoignage
De la méchanceté des hommes de notre âge.
Ce sont vingt mille francs qu'il m'en pourra coûter ;
Mais, pour vingt mille francs, j'aurai droit de pester
Contre l'iniquité de la nature humaine,
1550 Et de nourrir pour elle une immortelle haine.

PHILINTE

Mais enfin...

ALCESTE

                Mais enfin, vos soins sont superflus :
Que pouvez-vous, Monsieur, me dire là-dessus ?

Aurez-vous bien le front de me vouloir en face
Excuser les horreurs de tout ce qui se passe ?

PHILINTE

1555 Non, je tombe d'accord de tout ce qu'il vous plaît
Tout marche par cabale et par pur intérêt ;
Ce n'est plus que la ruse aujourd'hui qui l'emporte.
Et les hommes devraient être faits d'autre sorte.
Mais est-ce une raison que leur peu d'équité
1560 Pour vouloir se tirer de leur société ?
Tous ces défauts humains nous donnent dans la vie
Des moyens d'exercer notre philosophie :
C'est le plus bel emploi que trouve la vertu ;
Et si de probité tout était revêtu,
1565 Si tous les cœurs étaient francs, justes et dociles,
La plupart des vertus nous seraient inutiles,
Puisqu'on en met l'usage à pouvoir sans ennui
Supporter, dans nos droits, l'injustice d'autrui ;
Et de même qu'un cœur d'une vertu profonde...

ALCESTE

1570 Je sais que vous parlez, Monsieur, le mieux du monde ;
En beaux raisonnements vous abondez toujours ;
Mais vous perdez le temps et tous vos beaux discours.
La raison, pour mon bien, veut que je me retire :
Je n'ai point sur ma langue un assez grand empire ;
1575 De ce que je dirais je ne répondrais pas,
Et je me jetterais cent choses sur les bras.
Laissez-moi, sans dispute¹, attendre Célimène :
Il faut qu'elle consente au dessein qui m'amène ;
Je vais voir si son cœur a de l'amour pour moi,
1580 Et c'est ce moment-ci qui doit m'en faire foi.

PHILINTE

Montons chez Éliante, attendant sa venue.

ALCESTE

Non : de trop de souci je me sens l'âme émue.
Allez-vous-en la voir, et me laissez enfin
Dans ce petit coin sombre, avec mon noir chagrin.

PHILINTE

585 C'est une compagnie étrange pour attendre
Et je vais obliger Éliante à descendre.

SCÈNE II

ORONTE, CÉLIMÈNE, ALCESTE

ORONTE

Oui, c'est à vous de voir si par des nœuds si doux,
Madame, vous voulez m'attacher tout à vous.
Il me faut de votre âme une pleine assurance ·
590 Un amant là-dessus n'aime point qu'on balance.
Si l'ardeur de mes feux a pu vous émouvoir,
Vous ne devez point feindre à[1] me le faire voir ;
Et la preuve, après tout, que je vous en demande,
C'est de ne plus souffrir qu'Alceste vous prétende[2],
1595 De le sacrifier, Madame, à mon amour,
Et de chez vous enfin le bannir dès ce jour.

CÉLIMÈNE

Mais quel sujet si grand contre lui vous irrite,
Vous à qui j'ai tant vu parler de son mérite ?

ORONTE

Madame, il ne faut point ces éclaircissements :
1600 Il s'agit de savoir quels sont vos sentiments.
Choisissez, s'il vous plaît, de garder l'un ou l'autre :
Ma résolution n'attend rien que la vôtre.

ALCESTE, *sortant du coin où il s'était retiré.*

Oui, Monsieur a raison : Madame, il faut choisir,
Et sa demande ici s'accorde à mon désir.
1605 Pareille ardeur me presse, et même soin m'amène ;
Mon amour veut du vôtre une marque certaine,
Les choses ne sont plus pour traîner en longueur,
Et voici le moment d'expliquer votre cœur.

ORONTE

Je ne veux point, Monsieur, d'une flamme importune
1610 Troubler aucunement votre bonne fortune.

ALCESTE

Je ne veux point, Monsieur, jaloux ou non jaloux,
Partager de son cœur rien du tout avec vous.

ORONTE

Si votre amour au mien lui semble préférable. .

ALCESTE

Si du moindre penchant elle est pour vous capable...

ORONTE

1615 Je jure de n'y rien prétendre désormais.

ALCESTE

Je jure hautement de ne la voir jamais.

ORONTE

Madame, c'est à vous de parler sans contrainte

ALCESTE

Madame, vous pouvez vous expliquer sans crainte.

ORONTE

Vous n'avez qu'à nous dire où s'attachent vos vœux.

ALCESTE

1620 Vous n'avez qu'à trancher, et choisir de nous deux.

ORONTE

Quoi ? sur un pareil choix vous semblez être en peine !

ALCESTE

Quoi ? votre âme balance et paraît incertaine !

CÉLIMÈNE

Mon Dieu ! que cette instance est là hors de saison,
Et que vous témoignez, tous deux, peu de raison !
1625 Je sais prendre parti sur cette préférence,
Et ce n'est pas mon cœur maintenant qui balance :
Il n'est point suspendu, sans doute, entre vous deux,
Et rien n'est si tôt fait que le choix de nos vœux.
Mais je souffre, à vrai dire, une gêne trop forte
1630 A prononcer en face un aveu de la sorte :
Je trouve que ces mots qui sont désobligeants
Ne se doivent point dire en présence des gens ;
Qu'un cœur de son penchant donne assez de lumière,
Sans qu'on nous fasse aller jusqu'à rompre en visière [1];
1635 Et qu'il suffit enfin que de plus doux témoins
Instruisent un amant du malheur de ses soins.

ORONTE

Non, non, un franc aveu n'a rien que j'appréhende.
J'y consens pour ma part.

ALCESTE

                              Et moi, je le demande :
C'est son éclat surtout qu'ici j'ose exiger,
1640 Et je ne prétends point vous voir rien ménager.
Conserver tout le monde est votre grande étude ;
Mais plus d'amusement, et plus d'incertitude :
Il faut vous expliquer nettement là-dessus,

Ou bien pour un arrêt je prends votre refus,
1645 Je saurai, de ma part, expliquer ce silence,
Et me tiendrai pour dit tout le mal que j'en pense

ORONTE

Je vous sais fort bon gré, Monsieur, de ce courroux,
Et je lui dis ici même chose que vous.

CÉLIMÈNE

Que vous me fatiguez avec un tel caprice :
1650 Ce que vous demandez a-t-il de la justice ?
Et ne vous dis-je pas quel motif me retient
J'en vais prendre pour juge Éliante qui vient

SCÈNE III

ÉLIANTE, PHILINTE, CÉLIMÈNE,
ORONTE, ALCESTE

CÉLIMÈNE

Je me vois, ma cousine, ici persécutée
Par des gens dont l'humeur y[1] paraît concertée
1655 Ils veulent l'un et l'autre, avec même chaleur,
Que je prononce entre eux le choix que fait mon cœur,
Et que, par un arrêt qu'en face il me faut rendre,
Je défende à l'un d'eux tous les soins qu'il peut
[prendre.
Dites-moi si jamais cela se fait ainsi.

ÉLIANTE

1660 N'allez point là-dessus me consulter ici :
Peut-être y pourriez-vous être mal adressée,
Et je suis pour les gens qui disent leur pensée.

ORONTE

Madame, c'est en vain que vous vous défendez.

ALCESTE

Tous vos détours ici seront mal secondés.

ORONTE

1665 Il faut, il faut parler, et lâcher la balance[1]

ALCESTE

Il ne faut que poursuivre à garder le silence.

ORONTE

Je ne veux qu'un seul mot pour finir nos débats.

ALCESTE

Et moi, je vous entends si vous ne parlez pas.

SCÈNE DERNIÈRE

ACASTE, CLITANDRE, ARSINOÉ, PHILINTE,
ÉLIANTE, ORONTE, CÉLIMÈNE, ALCESTE

ACASTE

Madame, nous venons tous deux, sans vous déplaire,
1670 Éclaircir avec vous une petite affaire.

CLITANDRE

Fort à propos, Messieurs, vous vous trouvez ici,
Et vous êtes mêlés dans cette affaire aussi

ARSINOÉ

Madame, vous serez surprise de ma vue ;
Mais ce sont ces messieurs qui causent ma venue :
1675 Tous deux ils m'ont trouvée, et se sont plaints à moi,

D'un trait[1] à qui mon cœur ne saurait prêter foi.
J'ai du fond de votre âme une trop haute estime,
Pour vous croire jamais capable d'un tel crime :
Mes yeux ont démenti leurs témoins les plus forts ;
1680 Et l'amitié passant sur de petits discords,
J'ai bien voulu chez vous leur faire compagnie,
Pour vous voir vous laver de cette calomnie.

ACASTE

Oui, Madame, voyons, d'un esprit adouci,
Comment vous vous prendrez à soutenir ceci.
1685 Cette lettre par vous est écrite à Clitandre ?

CLITANDRE

Vous avez pour Acaste écrit ce billet tendre ?

ACASTE

Messieurs, ces traits[2] pour vous n'ont point d'obscu-
[rité
Et je ne doute pas que sa civilité
A connaître sa main n'ait trop su vous instruire ;
1690 Mais ceci vaut assez la peine de le lire.

Vous êtes un étrange homme de condamner mon enjoue-
ment, et de me reprocher que je n'ai jamais tant de joie que
lorsque je ne suis pas avec vous. Il n'y a rien de plus injuste ;
et si vous ne venez bien vite me demander pardon de cette
offense, je ne vous la pardonnerai de ma vie. Notre grand
flandrin[3] de Vicomte...

Il devrait être ici.

Notre grand flandrin de Vicomte, par qui vous commen-
cez vos plaintes, est un homme qui ne saurait me revenir ; et
depuis que je l'ai vu, trois quarts d'heure durant, cracher
dans un puits pour faire des ronds, je n'ai pu jamais prendre
bonne opinion de lui. Pour le petit Marquis...

C'est moi-même, Messieurs, sans nulle vanité.

Pour le petit Marquis, qui me tint hier longtemps la main [1], *je trouve qu'il n'y a rien de si mince que toute sa personne; et ce sont de ces mérites qui n'ont que la cape et l'épée* [2]. *Pour l'homme aux rubans verts...*

A vous le dé, Monsieur.

Pour l'homme aux rubans verts [3], *il me divertit quelquefois avec ses brusqueries et son chagrin bourru; mais il est cent moments où je le trouve le plus fâcheux du monde. Et pour l'homme à la veste...* [4].

Voici votre paquet.

Et pour l'homme à la veste, qui s'est jeté dans le bel esprit et veut être auteur malgré tout le monde, je ne puis me donner la peine d'écouter ce qu'il dit; et sa prose me fatigue autant que ses vers. Mettez-vous donc en tête que je ne me divertis pas toujours si bien que vous pensez; que je vous trouve à dire [5] *plus que je ne voudrais, dans toutes les parties où l'on m'entraîne, et que c'est un merveilleux assaisonnement aux plaisirs qu'on goûte que la présence des gens qu'on aime.*

CLITANDRE

Me voici maintenant moi.

Votre Clitandre dont vous me parlez, et qui fait tant le doucereux, est le dernier des hommes pour qui j'aurais de l'amitié. Il est extravagant de se persuader qu'on l'aime; et vous l'êtes de croire qu'on ne vous aime pas. Changez, pour être raisonnable, vos sentiments contre les siens; et voyez-moi le plus que vous pourrez pour m'aider à porter le chagrin d'en être obsédée.

D'un fort beau caractère on voit là le modèle,
Madame, et vous savez comment cela s'appelle?
Il suffit : nous allons l'un et l'autre en tous lieux
Montrer de votre cœur le portrait glorieux.

ACASTE

1695 J'aurais de quoi vous dire, et belle est la matière ;
Mais je ne vous tiens pas digne de ma colère ;
Et je vous ferai voir que les petits marquis
Ont, pour se consoler, des cœurs du plus haut prix.

ORONTE

Quoi ? de cette façon je vois qu'on me déchire,
1700 Après tout ce qu'à moi je vous ai vu m'écrire !
Et votre cœur, paré de beaux semblants d'amour,
A tout le genre humain se promet tour à tour !
Allez, j'étais trop dupe, et je vais ne plus l'être.
Vous me faites un bien, me faisant vous connaître :
1705 J'y profite d'un cœur qu'ainsi vous me rendez [1],
Et trouve ma vengeance en ce que vous perdez.

A Alceste.

Monsieur, je ne fais plus d'obstacle à votre flamme,
Et vous pouvez conclure affaire avec Madame.

ARSINOÉ

Certes, voilà le trait [2] du monde le plus noir ;
1710 Je ne m'en saurais taire, et me sens émouvoir.
Voit-on des procédés qui soient pareils aux vôtres ?
Je ne prends point de part aux intérêts des autres ;
Mais Monsieur, que chez vous fixait votre bonheur [3],
Un homme comme lui, de mérite et d'honneur,
1715 Et qui vous chérissait avec idolâtrie,
Devait-il.. ?

ALCESTE

Laissez-moi, Madame, je vous prie,
Vuider mes intérêts moi-même là-dessus,
Et ne vous chargez point de ces soins superflus.
Mon cœur a beau vous voir prendre ici sa querelle,
1720 Il n'est point en état de payer ce grand zèle :

Et ce n'est pas à vous que je pourrai songer,
Si par un autre choix je cherche à me venger.

ARSINOÉ

Hé ! croyez-vous, Monsieur, qu'on ait cette pensée,
Et que de vous avoir on soit tant empressée ?
1725 Je vous trouve un esprit bien plein de vanité,
Si de cette créance il peut s'être flatté.
Le rebut de Madame est une marchandise
Dont on aurait grand tort d'être si fort éprise.
Détrompez-vous, de grâce, et portez-le moins haut[1] :
1730 Ce ne sont pas des gens comme moi qu'il vous faut ;
Vous ferez bien encor de soupirer pour elle,
Et je brûle de voir une union si belle.

Elle se retire

ALCESTE

Hé bien ! je me suis tu, malgré ce que je vois,
Et j'ai laissé parler tout le monde avant moi :
1735 Ai-je pris sur moi-même un assez long empire,
Et puis-je maintenant… ?

CÉLIMÈNE

            Oui, vous pouvez tout dire :
Vous en êtes en droit, lorsque vous vous plaindrez,
Et de me reprocher tout ce que vous voudrez.
J'ai tort, je le confesse, et mon âme confuse
1740 Ne cherche à vous payer d'aucune vaine excuse
J'ai des autres ici méprisé le courroux,
Mais je tombe d'accord de mon crime envers vous.
Votre ressentiment, sans doute, est raisonnable :
Je sais combien je dois vous paraître coupable,
1745 Que toute chose dit que j'ai pu vous trahir,
Et qu'enfin vous avez sujet de me haïr.
Faites-le, j'y consens.

ALCESTE

Hé ! le puis-je, traîtresse ?
Puis-je ainsi triompher de toute ma tendresse ?
Et quoique avec ardeur je veuille vous haïr,
1750 Trouvé-je un cœur en moi tout prêt à m'obéir ?

A Éliante et Philinte.

Vous voyez ce que peut une indigne tendresse,
Et je vous fais tous deux témoins de ma faiblesse.
Mais, à vous dire vrai, ce n'est pas encor tout,
Et vous allez me voir la pousser jusqu'au bout,
1755 Montrer que c'est à tort que sages on nous nomme,
Et que dans tous les cœurs il est toujours de l'homme.
Oui, je veux bien, perfide, oublier vos forfaits ;
J'en saurai, dans mon âme, excuser tous les traits,
Et me les couvrirai du nom d'une faiblesse
1760 Où le vice du temps porte votre jeunesse,
Pourvu que votre cœur veuille donner les mains
Au dessein que j'ai fait de fuir tous les humains,
Et que dans mon désert[1], où j'ai fait vœu de vivre,
Vous soyez, sans tarder, résolue à me suivre :
1765 C'est par-là seulement que, dans tous les esprits,
Vous pouvez réparer le mal de vos écrits,
Et qu'après cet éclat, qu'un noble cœur abhorre,
Il peut m'être permis de vous aimer encore.

CÉLIMÈNE

Moi, renoncer au monde avant que de vieillir,
1770 Et dans votre désert aller m'ensevelir !

ALCESTE

Et s'il faut qu'à mes feux votre flamme réponde,
Que vous doit importer tout le reste du monde ?
Vos désirs avec moi ne sont-ils pas contents ?

CÉLIMÈNE

La solitude effraye une âme de vingt ans :
1775 Je ne sens point la mienne assez grande, assez forte,
Pour me résoudre à prendre un dessein de la sorte.
Si le don de ma main peut contenter vos vœux,
Je pourrai me résoudre à serrer de tels nœuds :
Et l'hymen...

ALCESTE

Non : mon cœur à présent vous déteste[1],
1780 Et ce refus lui seul fait plus que tout le reste.
Puisque vous n'êtes point, en des liens si doux,
Pour trouver tout en moi, comme moi tout en vous,
Allez, je vous refuse, et ce sensible outrage
De vos indignes fers pour jamais me dégage.

Célimène se retire, et Alceste parle à Éliante.

1785 Madame, cent vertus ornent votre beauté,
Et je n'ai vu qu'en vous de la sincérité ;
De vous, depuis longtemps, je fais un cas extrême ;
Mais laissez-moi toujours vous estimer de même ;
Et souffrez que mon cœur, dans ses troubles divers,
1790 Ne se présente point à l'honneur de vos fers :
Je m'en sens trop indigne, et commence à connaître
Que le Ciel pour ce nœud ne m'avait point fait naître ;
Que ce serait pour vous un hommage trop bas
Que le rebut d'un cœur qui ne vous valait pas[2] ;
Et qu'enfin...

ÉLIANTE

1795 Vous pouvez suivre cette pensée :
Ma main de se donner n'est pas embarrassée ;
Et voilà votre ami, sans trop m'inquiéter,
Qui, si je l'en priais, la pourrait accepter.

PHILINTE

Ah ! cet honneur, Madame, est toute mon envie.
1800 Et j'y sacrifierais et mon sang et ma vie.

ALCESTE

Puissiez-vous, pour goûter de vrais contentements,
L'un pour l'autre à jamais garder ces sentiments !
Trahi de toutes parts, accablé d'injustices,
Je vais sortir d'un gouffre où triomphent les vices,
1805 Et chercher sur la terre un endroit écarté
Où d'être homme d'honneur on ait la liberté.

PHILINTE

Allons, Madame, allons employer toute chose,
Pour rompre le dessein que son cœur se propose.

DOSSIER

CHRONOLOGIE

15 janvier 1622 : baptême à Saint-Eustache de Jean Pouguelin (sic). — Les parents tapissiers depuis plusieurs générations. — Dans la famille on appelle l'enfant Jean-Baptiste.

11 mai 1632 : la mère du petit Poquelin meurt.

14 décembre 1637 : Poquelin père, qui a acheté en 1631 un office de tapissier et valet de chambre du roi, obtient la survivance pour son fils.

Les études de Molière : 1° Études primaires dans une école paroissiale sans doute. 2° Études secondaires chez les Jésuites du collège de Clermont. — Il y aurait été condisciple de Conti : impossible, Conti a sept ans de moins. — Condisciple de François Bernier et de Chapelle ; Chapelle ayant comme précepteur Gassendi, Molière aurait bénéficié de son enseignement. Discutable mais non impossible. 3° Études de droit. Molière obtient ses licences à Orléans ; se fait avocat ; au bout de quelques mois il abandonne.

L'Illustre-Théâtre.

Molière aurait beaucoup fréquenté le théâtre avec l'un de ses grands-pères. Tout en étant inscrit au barreau, il aurait fait partie des troupes de deux charlatans vendeurs de médicaments, Bary et l'Orviétan.

Il connaît les Béjart, des comédiens, et surtout sans doute Madeleine Béjart, très bonne comédienne. — *30 juin 1643 :* contrat de société entre Beys, Pinel, Joseph Béjart, Madeleine Béjart, Geneviève Béjart, et J.-B. Poquelin. Installation de la troupe au jeu de paume des Métayers, faubourg Saint-Germain (actuellement 10-12, rue Mazarine).

28 juin 1644 : J.-B. Poquelin signe du pseudonyme de Molière. Choix de ce pseudonyme inexpliqué.

Difficultés financières ; de plus les comédiens sont l'objet d'une guerre sans merci de la part du curé réformateur de la paroisse Saint-Sulpice, Olier. La troupe, endettée, va s'installer sur la rive droite, au port Saint-Paul (actuellement quai des Célestins). Mauvaises affaires. Molière emprisonné pour dettes, deux fois pendant quelques jours.

L'expérience des tournées ; treize ans : Molière est peut-être dans la troupe de Dufresne. Son passage attesté à Nantes, Poitiers, Toulouse, Narbonne, Pézenas, Grenoble, Lyon. *Septembre 1653,* la troupe est autorisée à prendre le titre de troupe du prince de Conti. Son secteur : Languedoc, vallée du Rhône, des pointes à Bordeaux, Dijon. *Mars 1656,* Conti se convertit ; *1657,* il interdit aux comédiens de se prévaloir de son nom.

L'installation à Paris : après un passage à Rouen, la troupe débute à Paris (octobre 1658). *24 octobre :* début devant le roi avec *Nicomède* et un petit divertissement de Molière : *Le Docteur amoureux,* perdu. Installation salle du Petit-Bourbon, en alternance avec les Italiens.

2 novembre 1658 : première représentation de *L'Étourdi,* créé à Lyon en 1655.
Échec dans les pièces cornéliennes : *Héraclius, Rodogune, Cinna, Le Cid, Pompée.* — Grand succès avec le *Dépit amoureux* (deuxième pièce de Molière).
La troupe est composée de dix acteurs, dont deux sœurs Béjart, deux frères Béjart, du Parc et la du Parc. Troupe jeune et dynamique.

18 novembre 1659 : Les Précieuses ridicules (troisième pièce de Molière). Vif succès. Molière commence à faire beaucoup parler de lui.

28 mai 1660 : Sganarelle ou le Cocu imaginaire (quatrième pièce).

Octobre 1660 : période difficile. La salle du Petit-Bourbon est démolie.

20 janvier 1661 : ouverture de la salle du Palais-Royal où Molière jouera jusqu'à sa mort.

4 février 1661 : première de *Dom Garcie de Navarre* (cinquième pièce).

24 juin 1661 : première de *L'École des maris* (sixième pièce).

17 août 1661 : première des *Fâcheux* à Vaux-le-Vicomte (septième pièce) chez le surintendant des Finances.

23 janvier 1662 : contrat de mariage de Molière et d'Armande Béjart. — *20 février :* mariage.

8-14 mai 1662 : premier séjour de la troupe à la cour. — C'est une consécration.

26 décembre 1662 : première de *L'École des femmes.* La querelle de *L'École des femmes* commence. Les ennemis de Molière ne cesseront plus guère de le harceler, l'attaquant jusque dans sa vie privée ; l'accusant d'avoir épousé la fille de sa vieille maîtresse, Madeleine Béjart, et peut-être sa propre fille. En fait, il nous paraît certain qu'il a épousé la jeune sœur de Madeleine Béjart.

Molière répond aux attaques par *La Critique de l'École des femmes* (août 1663) et *L'Impromptu de Versailles* (octobre 1663).

29 janvier 1664 : première du *Mariage forcé* (onzième pièce).

28 février 1664 : baptême du fils aîné de Molière. Parrain : le roi, marraine : Madame Henriette d'Angleterre. L'enfant meurt à dix mois.

17 avril 1664 : l'affaire du *Tartuffe* commence : les membres de la Compagnie du Saint-Sacrement délibèrent des moyens de supprimer cette « méchante comédie ».

30 avril-22 mai : la troupe est à Versailles pour les fêtes des *Plaisirs de l'île enchantée.* Première de *La Princesse d'Élide* (douzième pièce).

12 mai : première du *Tartuffe* (treizième pièce). Mais remontrances des dévots : le roi ne permet pas d'autres représentations publiques. Vers cette date, semble-t-il, commence à courir le bruit qu'Armande est infidèle à son mari. Bruit assez généralement accepté, mais mal contrôlable.

15 février 1665 : première de *Dom Juan* (quatorzième pièce). Pas repris après Pâques.

4 août 1665 : baptême d'Esprit-Madeleine, fille de Molière, seul enfant qui lui ait survécu.

14 août 1665 : le roi donne à la troupe une pension de 7 000 livres, et le titre de troupe du roi.

14 septembre 1665 : première de *L'Amour médecin* (quinzième pièce).

29 décembre 1665-21 février 1666 : relâche ; Molière très malade a failli mourir.

4 juin 1666 : première du *Misanthrope* (seizième pièce).

6 août 1666 : première du *Médecin malgré lui* (dix-septième pièce). La querelle de la moralité au théâtre met en accusation Molière ; il lui est reproché (Conti, Racine, d'Aubignac) de faire retomber le théâtre à son ancienne turpitude.

1ᵉʳ décembre 1666 : la troupe part pour Versailles. Elle est employée dans le *Ballet des Muses*. Molière joue sa dix-huitième pièce, *Mélicerte*, puis sa dix-neuvième, *Le Sicilien ou l'Amour peintre*.

16 avril 1667 : le bruit a couru que Molière était à l'extrémité. La troupe ne recommence à jouer que le 15 mai.

5 août 1667 : représentation de *L'Imposteur*, qui n'est autre qu'un remaniement du *Tartuffe*. La pièce est immédiatement interdite par le premier président du parlement de Paris et par l'archevêque de Paris. Molière essaie vainement d'agir auprès du roi.

13 janvier 1668 : première d'*Amphitryon* (vingtième pièce).

15 juillet 1668 : première de *George Dandin* (vingt et unième pièce).

9 septembre 1668 : première de *L'Avare* (vingt-deuxième pièce).

5 février 1669 : *Le Tartuffe* se joue enfin librement. 44 représentations consécutives. Pour la première, recette record : 2 860 livres : on a dû s'entasser dans tous les recoins possibles de la salle et de la scène.

4 avril 1669 : achevé d'imprimer du poème *La Gloire du Val-de Grâce*, décrivant l'œuvre de Mignard et définissant son art.

6 octobre 1669 : première de *Monsieur de Pourceaugnac* à Chambord (vingt-troisième pièce).

4 janvier 1670 : *Élomire hypocondre*, comédie d'un auteur non identifié. L'un des pamphlets les plus violents contre Molière, mais renseigné.

4 février 1670 : *Les Amants magnifiques* à Saint-Germain (vingt-quatrième pièce).

14 octobre 1670 : *Le Bourgeois gentilhomme* à Chambord (vingt-cinquième pièce).

17 janvier 1671 : première de *Psyché*, dans la grande salle des Tuileries (vingt-sixième pièce). Molière a demandé, pour aller plus vite, leur collaboration à Quinault et à P. Corneille.

24 mai 1671 : première des *Fourberies de Scapin* (vingt-septième pièce).

2 décembre 1671 : première de *La Comtesse d'Escarbagnas* (vingt-huitième pièce).

17 février 1672 : mort de Madeleine Béjart.

11 mars 1672 : première des *Femmes savantes* (vingt-neuvième pièce).

1ᵉʳ octobre 1672 : baptême du second fils de Molière. Il ne vivra que dix jours.

10 février 1673 : première du *Malade imaginaire* (trentième pièce). — La musique des pièces de Molière avait jusqu'alors été faite par Lully *(La Princesse d'Élide, Pourceaugnac, Le Bourgeois gentilhomme).* Mais Lully, contrairement semble-t-il à un accord conclu avec Molière pour partager le privilège de l'opéra, obtient un véritable monopole pour les représentations comportant musique. Molière est amené à rompre avec Lully. *Le Malade imaginaire,* prévu pour être joué devant la cour, est donné au public du théâtre du Palais-Royal.

17 février 1673 : quatrième représentation du *Malade imaginaire.* En prononçant le *juro* de la cérémonie finale, Molière est pris de convulsions. Il cache « par un ris forcé » ce qui lui arrive. Il est transporté chez lui dans sa chaise. Il tousse, crache du sang et meurt peu après. Sa femme a vainement cherché un prêtre pour lui donner l'absolution. Il est mort sans avoir abjuré sa qualité de comédien. La sépulture ecclésiastique lui est refusée. Sa femme va supplier le roi, qui fait pression sur l'archevêque. Le curé de Saint-Eustache autorise enfin un enterrement discret et de nuit au cimetière Saint-Joseph, dépendant de Saint-Eustache. Il se peut que le corps ait été transféré dans la partie réservée aux enfants morts sans baptême.

3 mars 1673 : Le Malade imaginaire est repris : La Thorillière dans le rôle du malade.

NOTE BIBLIOGRAPHIQUE

I. LES ÉDITIONS DE MOLIÈRE

Pour qui veut entrer dans le détail des tirages et dans celui des contrefaçons, bien des obscurités subsistent. Nous renvoyons à Guibert, *Bibliographie des œuvres de Molière imprimées au XVIIe siècle*, C.N.R.S., 1961, 2 volumes, plus un supplément, 1965. Pour les éditions postérieures au XVIIe siècle, on se reportera à la *Bibliographie moliéresque* de P. Lacroix, Paris, Fontaine, 2e éd., 1872.

Mais, à s'en tenir aux grandes lignes et en songeant surtout à l'établissement du texte, l'histoire est relativement simple. Distinguer entre les éditions originales, l'édition de 1682, les éditions ultérieures.

A. *Les éditions originales* publiées du vivant de Molière. Sur leur éminente dignité un accord s'est établi, et il n'y a pas lieu de le remettre en question. Ce sont « les seules à l'impression desquelles Molière ait pu avoir quelque part », dit l'édition des « Grands Écrivains » par Despois et Mesnard. Il n'y a aucune raison de préférer le dernier texte imprimé de son vivant.

Des problèmes particuliers se posent pour *Dom Juan*. Nous renvoyons à notre notice sur cette pièce.

B. *L'édition de 1682, Les Œuvres de M. de Molière, revues, corrigées et augmentées* [..] *Paris, Thierry, Barbin, Trabouillet*, 1682, 8 vol., apportait à son lecteur, outre les comédies imprimées du vivant de Molière, celles que pour des raisons diverses il n'avait pas publiées. Sous le titre *Œuvres posthumes de M. de Molière*, les tomes VII et VIII donnent en effet *Dom Garcie de Navarre ou le Prince jaloux ; L'Impromptu de Versailles ; Dom Juan ou le Festin de Pierre ; Mélicerte ; Les Amants magnifiques ; La Comtesse d'Escarbagnas* et, pour la première fois, le texte authentique du *Malade imaginaire*

Nous savons peu de chose sur les conditions dans lesquelles elle a été établie. Un amateur de théâtre, Tralage, a attribué cette édition à La Grange et à Vivot, l'un comédien, compagnon de Molière, l'autre son ami personnel.

Grimarest (*Vie de Molière*) nous informe que La Grange avait à sa disposition les manuscrits de l'auteur.

L'édition de 1682 est précédée par une vie de Molière. Les auteurs en sont-ils La Grange et Vivot seuls ? On a parlé aussi d'un comédien, Marcel. La question reste insoluble. Cette vie mérite considération.

C. Parmi les éditions ultérieures, une seule importe véritablement au XVIIIe siècle, au moins s'agissant de l'établissement du texte ; ce sont les *Œuvres de Molière*, nouvelle édition, Paris, 1734, 6 vol. in-4°. Édition luxueuse. Son intérêt est d'avoir ajouté un certain nombre de jeux de scène, qui faisaient partie de la tradition et que les éditions antérieures ne donnaient pas ou donnaient moins clairement.

D. Aux XIXe et XXe siècles, l'effort des éditeurs va porter essentiellement sur l'annotation.

Signalons d'abord l'édition Auger, *Œuvres de M. de Molière*, Paris, 1819-1825, 9 vol. in-8° (Lacroix, n° 384), à qui nous devons le premier texte pleinement satisfaisant de *Dom Juan*.

La bonne édition des *Œuvres complètes de Molière* par L. Moland, Paris, Garnier frères, 1863-1864, 7 vol. in-8° ; 2e éd., 1880-1885, 12 vol. in-8°, a été très vite éclipsée par l'édition Despois-Mesnard dans la collection des « Grands Écrivains de la France », Hachette, 1873-1900, 13 vol. in-12 et un album. La richesse de sa documentation est exceptionnelle : elle condense tout ce qu'on connaissait à l'époque sur Molière.

Parmi les éditions modernes, celle de G. Michaut, Imprimerie nationale, 1947, 11 vol., est riche, sûre et apporte un relevé très complet des variantes

La dernière en date enfin, *Œuvres complètes,* par Georges Couton, Bibl. de la Pléiade, 2 vol., Gallimard, 1971.

II. POUR CONNAÎTRE MOLIÈRE : LES TÉMOIGNAGES ANCIENS

Des publications récentes donnent aux moliéristes qui veulent accéder directement aux sources des facilités qu'ils n'avaient pas eues depuis longtemps.

1. Les documents d'état civil et les actes notariés actuellement connus concernant Molière et sa famille sont réunis et présentés par Mad. Jurgens et Élisabeth Maxfield-Miller, *Cent ans de recherches sur Molière, sur sa famille et sur les comédiens de sa troupe,* S.E.V.P.E.N., 1963. Ouvrage de première importance.

2. Les témoignages du XVIIe siècle et même un peu au-delà sur

Molière sont inventoriés, analysés et pour les plus importants assez longuement cités par G. Mongrédien, *Recueil des textes et des documents du XVIIe siècle relatifs à Molière*, C.N.R.S., 1965, 2 vol.

3. Le registre que tenait La Grange, l'un des compagnons de Molière et des éditeurs de 1682, édité une première fois en 1876 par E. Thierry, Claye, in-4°, a été réédité par E. et G. Young, 2 vol., Droz, 1967. Il permet de suivre la vie quotidienne de la troupe.

4. Les deux notices biographiques les plus anciennes : celle de 1682, courte mais sérieuse, réimprimée dans l'éd. Pléiade. Celle de J.-L. Gallois, sieur de Grimarest, *Vie de M. de Molière*, 1705, a été rééditée notamment par L. Chancerel, Renaissance du Livre, 1907, puis par G. Mongrédien, Brient, 1955. Elle est un document dont on ne peut guère se passer, mais qu'il faut chaque fois critiquer.

5. Le théâtre et la personne même de Molière ont suscité au XVIIe siècle de nombreux pamphlets, la plupart contre lui, quelques-uns en sa faveur, certains même sans doute inspirés par lui. Ils avaient été réunis dans la Collection moliéresque et la Nouvelle Collection moliéresque. On les trouvera presque tous dans l'édition de la Pléiade, 1971.

6. Enfin, l'iconographie : P. Lacroix, *Iconographie moliéresque*, Paris, Fontaine, 1876, 2e édition. Signalons aussi l'*Album Théâtre classique* par Sylvie Chevalley, Bibl. de la Pléiade, 1970.

III. LES RECHERCHES MODERNES

Dans la revue *Le Moliériste* (10 volumes d'avril 1879 à mars 1889) ont paru quantité de renseignements, certains de portée limitée, d'autres qui indiquent des pistes intéressantes. On a toujours profit à consulter cette collection. Le rédacteur en chef de cette revue, G. Monval, est aussi l'auteur d'une utile *Chronologie moliéresque*, Flammarion, 1897.

Dans la masse énorme des études sur Molière, nous retiendrons les plus générales seulement, qui ont établi le point de nos connaissances à des dates diverses.

G. MICHAUT : I. *La Jeunesse de Molière*, 2e éd., 1923 · — II. *Les Débuts de Molière à Paris*, 1923 ; — III. *Les Luttes de Molière*, 2e éd., s. d., Hachette.

Le ou les volumes qui devaient suivre n'ont pas paru, mais l'édition de l'Imprimerie nationale, citée plus haut, a bénéficié des recherches inédites de G. Michaut.

H. CARRINGTON LANCASTER : *A History of French Dramatic Literature in the Seventeenth Century*. Part. III. vol. 1 et 2, 1936.

A. ADAM : *Histoire de la littérature française au XVIIᵉ siècle*, t. III, Del Duca, 1952.

R. JASINSKI : *Molière*, collection « Connaissance des lettres », Hatier, 1969.

Avec ces études, avec aussi la *Bibliographie de la littérature française du XVIIᵉ siècle*, de Cioranescu (C.N.R.S.), on pourra compléter, selon les besoins ou les curiosités, la liste des travaux sur la vie, l'œuvre, la pensée, l'art de Molière.

IV. LE MOLIÈRE DES COMÉDIENS

Pour connaître la troupe de Molière, ses conditions de travail, le destin de l'œuvre :

G. MONGRÉDIEN : *Dictionnaire biographique des comédiens français au XVIIᵉ siècle*, 1961, précis et complet.

LYONNET : *Dictionnaire des comédiens français*, 2 vol., Genève, s. d.

G. MONGRÉDIEN : *La Vie quotidienne des comédiens au temps de Molière*, Hachette, 1966.

P. MÉLÈSE : *Le Théâtre à Paris sous Louis XIV*, 1934, et le *Répertoire analytique des documents d'information et de critique concernant le théâtre à Paris sous Louis XIV, 1659-1715*, Droz, 1934.

L'étude de CHANCEREL sur les salles de Molière, dans la revue *Prospero*, fascicule nº 6 (s. d.-1944 ?), éd. La Hutte, Lyon.

Du même, un *Molière* dans la collection « Metteurs en scène », Presses littéraires de France, 1953.

H. C. LANCASTER, édition du *Mémoire de Mahelot, Laurent et autres décorateurs de l'Hôtel de Bourgogne*, Champion, 1920.

J. LOUGH : *Paris Theater Audiences in the XVIIᵗʰ and XVIIIᵗʰ Century*, Oxford University Press, 1957.

R. BRAY : *Molière homme de théâtre*, 2ᵉ éd., Mercure de France, 1963.

Il y a beaucoup à prendre aussi dans l'édition des « Grands Écrivains ».

Sur les formes théâtrales et les conditions particulières de l'écriture théâtrale :

J. SCHÉRER : *La Dramaturgie classique*, Nizet, s. d.

R. GARAPON : *La Fantaisie verbale et le comique dans le théâtre français du Moyen Age à la fin du XVIIᵉ siècle*, Colin, 1957.

M. PELLISSON : *Les Comédies-ballets de Molière*, 1914.

H. PRUNIÈRES : *Œuvres complètes de Lully*, t. IV, éd. de la Revue musicale, 1938. L'ouvrage donne la musique de Lully et le texte même des comédies-ballets.

Sur l'interprétation de Molière par divers hommes de théâtre .
M. DESCOTES : *Les Grands Rôles du théâtre de Molière*, P.U.F., 1960.
Les *Cahiers de la compagnie Renaud-Barrault* (1956 et 1961).
Un numéro spécial de *La Table ronde* (1957).
Deux numéros spéciaux d'*Europe* (mai-juin 1961 et janvier-février 1966).
AUDIBERTI : *Molière dramaturge*, L'Arche, 1954.
L. JOUVET : *Molière et la comédie classique, extraits des cours de Jouvet au Conservatoire* (1939-1940), Gallimard, 1965.
Les divers volumes de la collection « Mise en scène », Éditions du Seuil : *Le Malade imaginaire*, par P. Valde, 1946 ; *Les Fourbe-ries de Scapin*, par Copeau, 1950 ; *L'Avare*, par Ch. Dullin, 1951 ; *Le Tartuffe*, par Ledoux.

Pour *Le Tartuffe, Dom Juan, Le Misanthrope*, on ajoutera à la note ci-dessus les ouvrages suivants, les plus significatifs d'une bibliographie qui, complète, serait très abondante, surtout pour *Le Tartuffe*.

Pour la signification du *Tartuffe,* son insertion dans son temps, reste important : R. ALLIER, *La Cabale des dévots*, 1902. — Ajouter : F. BAUMAL, *Molière et les dévots*, 1919, et *Tartuffe et ses avatars*, 1925. — P. EMARD, *Tartuffe, sa vie et son milieu*, 1932. — R. DERCHE, *Encore un modèle possible de Tartuffe, Henri-Marie Boudon, grand archidiacre d'Évreux (1624-1702)*. (*Revue d'his-toire littéraire*, 1951, p. 129 sq.).
Sur la surveillance que l'Église exerce sur les fidèles :
G. COUTON et J.-H. MARTIN, *Le registre de l'état des âmes*. (*Revue d'histoire économique et sociale*, 1967, nº 2, p. 244-253.)
Sur la notion même d'hypocrisie et la portée de la pièce :
G. COUTON, *Réflexions sur Tartuffe et le péché d'hypocrisie, « cas réservé »*. (*Revue d'histoire littéraire*, mai-août 1969, p. 404-413).
R. PICARD, *Tartuffe, production impie ?* (*Mélanges Lebègue*, Nizet, 1969, p. 227-239.)
Sur l'histoire de la pièce après Molière, H.-P. SALOMON, *Tartuffe devant l'opinion française*, P.U.F., 1962.
Une étude de la pièce par J. SCHÉRER, *Structures de Tartuffe*, S.E.D.E.S., 1966.
J. CAIRNCROSS, « *Tartuffe* ou Molière hypocrite ». (*Revue d'his-toire littéraire de la France*, numéro *Molière*, septembre-décem-bre 1972.)
P. CLARAC, « La morale de Molière d'après *Le Tartuffe* ». (*Journées internationales Molière*. Extrait de la *Revue d'histoire du théâtre*, t. XXVI, 1974.)

Pour *Dom Juan* :

GENDARME DE BÉVOTTE, *La Légende de Dom Juan,* Paris, 1906 et les textes des autres *Dom Juan* réunis dans *Le Festin de Pierre avant Molière,* 1907.

R. PINTARD, *Une affaire de libertinage au XVIIe siècle, les aventures du chevalier de Roquelaure (Revue d'histoire de philosophie et d'histoire générale de la civilisation,* 15 janvier 1937).

On signalera l'intérêt du marché des décors publié dans *Cent ans de recherches sur Molière,* p. 399-401.

J. TRUCHET, « Molière théologien dans *Dom Juan* » *(Revue littéraire de la France,* septembre-décembre 1972.)

J. MOREL, « A propos de la scène du pauvre dans *Dom Juan* » *(ibid.).*

E. GUITTON, « Molière juriste dans *Dom Juan* » *(ibid.).*

Pour *Le Misanthrope,* R. JASINSKI, *Molière et le Misanthrope,* Colin, 1951.

J. MESNARD, « *Le Misanthrope,* mise en question de l'art de plaire ». *(Revue d'histoire littéraire de France,* septembre-décembre 1972.)

J. GUICHARNAUD, *Molière, une aventure théâtrale. Tartuffe, Dom Juan, Le Misanthrope,* Gallimard, 1963.

NOTES

LE TARTUFFE OU L'IMPOSTEUR

Page 7.

1. Le nom de Tartuffe combine des évocations multiples : le vieux verbe *truffer* : tromper ; le mot italien *tartuffe*, petite truffe. Déjà employé pour désigner un trompeur en 1609.

2. *L'imposteur.* On se rappellera que les libertins « curieux », au XVII⁰ siècle, cherchent avec passion le *Traité des Trois Imposteurs*, qui sont les trois grands fondateurs de religions : Moïse, Jésus-Christ, Mahomet. Que les religions soient les instruments privilégiés grâce auxquels des ambitions fondent des dominations temporelles est un des thèmes de la pensée libertine. Le mot *imposteur* de ce fait a du prestige : il désigne une usurpation de fonctions, ou d'identité, avec préméditation et suite dans les idées. Imposteur grandit Tartuffe, insiste sur l'audace et l'ambition ; hypocrite mettrait l'accent sur la dissimulation.

Page 24.

1. Préface encore combative. Quoique *Le Tartuffe* se joue librement, Molière sait que les dévots n'ont pas désarmé.

Page 25.

1. Le roi et la reine ont vu deux fois *Le Tartuffe* ; puis une représentation privée chez la reine.

2. Condé a fait jouer quatre fois *Le Tartuffe* pendant la période d'interdiction ; puis il l'a vu en public.

Page 26.

1. Cette morale pernicieuse est connue du grand public par les *Provinciales* qui l'ont clouée au pilori.

Page 27.

1. Sur la querelle du théâtre, voir ci-dessus, p. 17-18

Page 30.

1. Ce « grand prince » est Condé.

Page 31.

1. Placet du début d'août 1664 en réponse à une diatribe atroce d'un curé de Paris, Roullé.

Page 33.

1. Placet porté par deux comédiens au roi, alors en Flandre, après l'interdiction de 1667.

Page 34.

1. Voir *Notice*, page 11, sur le sens de ces changements vestimentaires.

2. *Cabale :* association intéressée, volontiers secrète : le mot est péjoratif. Il désigne ici la Cabale des Dévots (voir *Notice*, p. 20-21).

Page 35.

1. Le troisième placet est celui du triomphe.

2. Mauvillain : médecin, homme d'esprit ; sans doute l'informateur de Molière pour les questions médicales.

Page 37.

1. Distribution de 1669 connue : *Mme Pernelle*, Louise Béjart ; *Damis*, Hubert ; *Orgon*, Molière ; *Elmire*, Mlle Molière ; *Tartuffe*, Du Croisy ; *Cléante*, La Thorillière ; *Valère*, La Grange ; *Dorine*, Madeleine Béjart. — Voir sur eux *L'Impromptu de Versailles*.

Page 39.

1. La cour du roi Pétaud : la cour désordonnée du roi des mendiants.

Page 41.

1. Crime sans doute au double sens : religieux, péché ; et juridique.

Page 43.

1. Mot typique : les zélés, Tartuffe, Orgon, Mme Pernelle, estiment que tout chrétien doit prendre les intérêts de Dieu ; les autres estiment que Dieu n'a pas besoin qu'on s'occupe de ses intérêts (cf. v. 1219). Conflit irréductible.

Page 45.

1. Les livres populaires, pauvrement brochés, avec une couverture économique en papier bleu, contaient des histoires fabuleuses dérivées des romans de chevalerie.

2. En faisant bonne mesure.

3. J'ai perdu la moitié de mon estime.

Page 46.

1. Souillon.

2. Vieille femme.

3. Il sera beaucoup pardonné à Orgon et le roi interviendra en sa faveur parce qu'il s'est bien comporté pendant la Fronde (« nos troubles ».)

4. Quoique laïque, Tartuffe dirige la conscience d'Orgon. Le cas n'était pas rare au XVIIᵉ siècle.

Page 47.

1. La politesse se faisant plus exigeante, roter devient une incongruité au XVIIᵉ siècle.

2. Éblouir : jeter de la poudre aux yeux.

3. *Cagotisme :* néologisme de Dorine.

4. Dorine a mis sous presse dans les gros in-folio des vies de saints un mouchoir de cou, c'est-à-dire un foulard.

Page 48.

1. Pour moins perdre de temps.

Page 49.

1. Telle était la complexion du créateur du rôle, Du Croisy.

2. Le mot aurait été dit du P. Joseph, « l'éminence grise », au temps de Richelieu.

Page 51.

1. *Ravissement* est un mot du langage mystique.

2. Le mot est de saint Paul : les avantages terrestres sont du fumier auprès de la connaissance du Christ. Mais regarder les avantages mondains comme du fumier et regarder les êtres comme du fumier sont deux choses différentes. Dénué de charité chrétienne, le dévot Orgon donne à la formule de saint Paul un sens cruellement inhumain.

3. Ces propos cruels ont leur source dans saint Luc et dans l'*Imitation de Jésus-Christ,* qui demandent qu'on haïsse et qu'on quitte ses proches pour suivre le Christ, mais non qu'on soit indifférent à leur mort. Ici encore Orgon renchérit de sévérité : personnage sans mesure et poussé par l'orgueil et l'amour de soi.

Page 52.

1. Tartuffe pratique de façon ostentatoire l'oraison jaculatoire au lieu de l'oraison mentale, silencieuse, qui ne dérangerait pas les autres fidèles. Encore surveille-t-il son gibier, Orgon, du coin de l'œil (cf. vers 289).

2. Garçon a le double sens de : valet sans livrée et d'apprenti dévot.

3. Gui Patin signale que les dévots de la Congrégation du Saint-Sacrement avertissaient les maris de quelques débauches de leurs femmes.

4. Se scandaliser : c'est trouver partout du péché.

5. Ce trait édifiant vient sans doute de *La Cour sainte* du P. Caussin.

6. Le libertin est celui qui n'a pas le respect des mystères de la religion. Orgon voudrait qu'un trait édifiant et niais obtienne le même respect que les dogmes mêmes de la religion.

7. *Entiché* ici au sens propre : qui commence à pourrir. Le libertinage pour Orgon est une lèpre spirituelle.

8. L'exécution récente (1662) du poète Cl. Petit et les châtiments que la Compagnie du Saint-Sacrement a fait prononcer contre les blasphémateurs (pendaison, condamnation au feu) montrent que les menaces contre les libertins n'étaient pas vaines.

Page 53.

1. Au champ d'honneur, à la guerre.

2. Cf. *Premier placet* : « les friponneries couvertes de ces faux-monnayeurs en dévotion ».

3. Caton l'Ancien passait pour l'auteur de distiques moraux. En fait l'auteur était un contemporain des Antonins.

Page 54.

1. Dévot ostentatoire, professionnel.

2. Brûlants d'ambition ? brûlants de zèle ? " priants " Dieu ? " priants " pour obtenir des places ? L'expression est volontairement ambiguë.

3. Ils font passer pour attachement à l'intérêt du ciel leurs féroces rancunes personnelles.

4. Le caractère est la marque de la prêtrise. Molière invite à chercher ces faux dévots dans le clergé.

Page 55.

1. *Faste,* orgueil visible.

2. Correction : les admonestations par quoi on prétend corriger les autres.

3. Ils ne sont pas disposés à croire au mal sur de simples apparences.

4. Pour les résonances politiques du mot cabale, voir *Notice* p. 20-21.

5. Troisième emploi de la formule (cf. v. 78 et 376). Voir n. 1 p. 43.

6. Formule peu courtoise pour prendre congé.

Page 57.

1. Orgon se montre abandonné à la volonté de Dieu, prêt à la faire, certain qu'elle lui sera signifiée. C'est toujours la même imposture d'un homme qui se croit destiné aux grandes aventures de la foi ; et, en même temps, le faux-fuyant de quelqu'un qui veut manquer à sa parole.

Page 58.

1. L'existence de ce cabinet est annoncée pour que le spectateur ne soit pas étonné de voir Damis s'y cacher.

Page 62.

1. Barbe veut aussi bien dire moustache au XVIIᵉ siècle. C'est la grande moustache encadrant la bouche, que Molière avait déjà dans son rôle de Sganarelle.

Page 63.

1. Le gentilhomme est le noble de race. Orgon, bourgeois, éprouve une satisfaction d'orgueil à protéger un gentilhomme et à secourir un « pauvre honteux ». Son aumône lui donne non les joies de la charité chrétienne, mais les satisfactions de l'amour-propre.

Page 64.

1. Orgon considère déjà Tartuffe comme un intercesseur : il le canonise de son vivant.
2. *Sot* au sens très normal au XVIIᵉ siècle de mari trompé.

Page 66.

1. *Conscience :* cas de conscience, difficulté morale.

Page 67.

1. *Sympathie* a un sens fort : accord profond entre deux êtres, résultant de leur nature même.
2. *Revers :* soufflet donné du dos de la main.

Page 68.

1. *Payer de :* donner une satisfaction. Il faut m'obéir.
2. Orgon a senti que sa bile s'échauffait, qu'il allait commettre le péché de colère. Il veut laisser se reposer, *se rasseoir* ses humeurs.

Page 69.

1. *Des pas...* des démarches. Damis et Mariane sont déjà fiancés (cf. v. 411).

Page 71.

1. *Occasion*, au sens militaire : combat.

Page 72.

1. La gloire des élus : Tartuffe est déjà tenu pour saint (cf. n. 1 de la p. 64).

2. Dorine insinue que cette noblesse ne supporte pas l'exportation.

3. Oreille rouge et teint fleuri indiquent un tempérament sanguin, donc porté à l'amour. Mariane sera à la fois assurée des satisfactions de la chair et de son salut éternel.

4. La coloration du mot est largement religieuse.

5. Le coche est le moyen de transport économique : la diligence est plus chère, la poste très chère.

Page 73.

1. La baillive est la femme d'un petit magistrat ; l'élue la femme d'un médiocre fonctionnaire des finances.

2. Le siège pliant est le plus modeste des sièges, offert aux visiteurs peu considérés. Le tabouret même est plus honorifique, la chaise à dossier, le fauteuil à accoudoirs plus encore.

3. Le grand orchestre de cette petite ville sera composé de deux cornemuseux.

4. Fagotin était un singe illustre. Mais par souci publicitaire, de forts modestes montreurs de singe devaient donner ce nom à leur bête.

5 Si proclamer mon amour pouvait être utile...

Page 74.

1. *Désespoir* a un sens très fort au XVIIᵉ siècle ; il désigne le suicide

2. Il y a trois scènes de dépit amoureux chez Molière, différentes et célèbres : le *Dépit amoureux*, IV, 3 ; celle-ci et *Le Bourgeois gentilhomme*, III, 10.

Page 76.

1. *Réussir* arriver.

Page 78.

1. L'oubli qu'une femme fait de nous met en cause notre fierté.

Page 81.

1. « Allez au diable si je consens à vous laisser partir ! J'entends que vous ne partiez pas. »

Page 82.

1. Mariane et Valère ne se parlent plus ; mais chacun d'eux consent à parler encore à Dorine. Cette formule impersonnelle (« Pourquoi me donner... ») est ambivalente et peut se traduire aussi bien s'adressant à Dorine : « Pourquoi me donne-t-il... ? » que, s'adressant à Valère : « Pourquoi me donnez-vous... ? » Même ambivalence, ou double adresse, dans la réponse de Valère (v. 780). Ainsi se préparent-ils à se parler de nouveau sans intermédiaire.

Page 84.

1. « Un mauvais débiteur *paye* d'excuses et de remises » (Furetière). Vous vous en tirerez en prétextant.

2. Elmire est la seconde femme d'Orgon.

Page 85.

1. Tirer pays, ou *tirer* simplement : s'en aller.

Page 87.

1. Que cela...

Page 88.

1. La haire est un tricot de peau en crin, piquant, qui provoque des ulcérations ; la discipline, un fouet de cordes ou même de chaînettes métalliques. Sans aucun doute Tartuffe commet un péché d'orgueil en proclamant qu'il se livre à de telles mortifications. Il ment peut-être de surcroît. Au reste les directeurs conseillent d'user avec prudence de ces macérations, d'autant que la discipline peut avoir des effets aphrodisiaques. Molière a-t-il voulu suggérer que tel était bien le résultat sur Tartuffe en le montrant ensuite si disposé à courtiser Elmire ?

2. *Illuminer* est du langage de la dévotion.

3. La visite aux prisonniers fait partie des œuvres de la miséricorde. Elle est une des activités de la Compagnie du Saint-Sacrement. Tartuffe opère semble-t-il pour le compte de la Compagnie ou d'une confrérie analogue. Il se charge de répartir l'argent recueilli ; c'est un « homme d'œuvres ».

4. Tartuffe a déchiré un « mouchoir de cou » trouvé dans une *Fleur des saints ;* il tire maintenant de sa poche un mouchoir utilitaire et austère.

5. Les dames portaient à l'occasion des corsages très généreusement décolletés, ce qui a ému les moralistes. Tartuffe craint d'être ainsi incité au péché.

6. « *Convoiter* se dit particulièrement des désirs de la chair » (Furetière).

Page 89.

1. Cf. v. 837 et déjà v. 84.

Page 90.

1 « *Éclairer :* épier, contrôler secrètement » (Furetière).

Page 91.

1. Cour pressante, mais qui sent son rustre ; cf. Furetière : « On dit qu'on patine une femme, quand on lui manie les bras, le sein, etc. Il n'y a que les paysannes et les servantes qui se laissent patiner. Ce n'est point la mode de patiner parmi le beau monde. »

Page 93

1. Le démon de la luxure est aux aguets ; comme le lion cherchant qui dévorer. Il cherche à *surprendre,* en donnant aux yeux de la complaisance pour la tentation : *surprendre, surprise* désignent normalement la tromperie, la fourberie. Pauline avoue qu'une femme vertueuse même est sujette aux « surprises des sens » (*Polyeucte,* v. 166).

2. Toute cette déclaration de Tartuffe, son *Cantique des cantiques,* roule sur l'idée que la beauté de la créature est un hymne à la toute-puissance de Dieu (et au besoin une preuve de son existence).

Où Molière a-t-il pris cette idée ? Elle est, sans doute, assez largement répandue ; c'est un développement du thème : les Cieux racontent la gloire de Dieu. Cependant, elle se rencontre très précisément exprimée dans un livre de spiritualité très connu d'un personnage important de l'Église, le cardinal Bellarmin, auteur du *De ascentione mentis in Deum per scalas rerum creatarum* (1615).

3. Le noir esprit, le prince des ténèbres, le diable.

4. « *Béatitude :* le souverain bien, la félicité éternelle. Dieu a promis à ses saints la *béatitude,* le Paradis » (Furetière). C'est sans doute le mot le plus scandaleusement religieux dans une déclaration d'amour humain faite avec le vocabulaire de la spiritualité. Tartuffe « se met à lui conter fleurette en termes de dévotion mystique d'une manière qui surprend terriblement cette femme... Bien des gens prétendent que l'usage de ces termes de dévotion que l'hypocrite emploie dans cette occasion est une profanation blâmable que le poète en fait. D'autres disent qu'on ne peut l'en accuser qu'avec injustice... » (*Lettre sur la comédie de l'Imposteur*).

5. La construction de ce vers est, par sa symétrie, typiquement élégiaque.

6. *Sertorius,* de Corneille, était encore récent (1662). Le réemploi d'un de ses vers : « Ah ! pour être romain, je n'en suis pas moins homme » (v 1194), peut malaisément être une rencon-

tre. Alors : réutilisation imposée par le mouvement de la scène ?
ou malice ? ou hommage ? ou un peu de tout cela à la fois ?

Page 94.

1. « Votre œil en tapinois me dérobe mon cœur. Au voleur, au
voleur, au voleur, au voleur ! » (Mascarille, dans *Les Précieuses
ridicules,* sc. IX).

2. « *Intérieur* se dit figurément en choses spirituelles en parlant
de l'âme et de la conscience » (Furetière).

3. « *Bénin* ne se dit guère que des remèdes ou des influences
célestes » (Furetière). Elmire est la madone.

4. « *Tribulation :* terme de dévotion. Affliction, misère que l'on
prend en gré comme venant de la part de Dieu » (Furetière). Par
ce mot déjà, Tartuffe commet le péché grave de vouer à la créature
un culte qui est réservé au Créateur (cf. v. 986). Le mot *tribulation*
par sa couleur religieuse a choqué.

5. « *Suave :* doux et agréable *aux sens* » (Furetière).

Page 96.

1. « *Gouverner* figurément... avoir crédit sur l'esprit de quelqu'un » (Furetière).

2. « Terminer, finir une affaire... Pour vuider d'affaires il faut
payer ce qu'on doit » (Furetière).

Page 97.

1. « Démonstration d'amitié ou de bienveillance » (Furetière).

Page 98.

1. On notera l'article *un* méchant, *un* coupable. Tartuffe ne dit
pas *je* suis coupable de tel péché, mais je suis coupable parmi les
hommes ; tous coupables depuis que leur nature est déchue, tous
participant au péché originel et à ses suites. Ainsi est avoué, et
escamoté en même temps, par une équivoque, le péché bien réel,
personnel et tout récent : la volonté de luxure et d'adultère.

2. « *Iniquités,* en termes d'Écriture, se dit de toutes sortes de
crimes, de péchés, de méchancetés » (Furetière).

3. « *Souillure :* tache du péché, impureté de l'âme. Les sacrements de baptême, de pénitence, lavent les souillures du péché »
(Furetière).

4. *Crime,* péché. « *Ordure* se dit figurément en choses morales.
Les âmes des pécheurs sont pleines d'ordures » (Furetière).

5. « *Mortification* se dit figurément en choses morales. La
mortification se fait par les jeûnes, les austérités, et les disciplines.
La mortification de la chair est nécessaire, afin qu'elle ne se
révolte point contre la raison » (Furetière). En la circonstance, le
Ciel a imposé à Tartuffe une mortification — ou l'a favorisé d'une
mortification — qui est une accusation... calomnieuse.

6. On observera comment l'hypocrite se défend par une autocritique tournant à un subtil plaidoyer : 1° protestation générale d'indignité et de culpabilité. Mais tout homme est pécheur et peut signer cette confession. Au reste, cette confession n'est pas exempte d'orgueil (« le *plus grand* scélérat ») ; 2° le péché actuel est avoué en un vers obscur (1081). Le péché de luxure, adultère, ingratitude est ainsi noyé dans une confession générale. L'aveu, ou la confession, de Tartuffe à Orgon fait songer à un passage des *Provinciales* : Escobar « donne un autre subtil moyen pour se confesser du péché, même à son confesseur ordinaire, sans qu'il s'aperçoive qu'on l'a commis depuis la dernière confession. *C'est*, dit-il, *de faire une confession générale et de confondre ce dernier péché avec les autres dont on s'accuse en gros* ». Pour qui veut bien se mettre dans les perspectives de la casuistique, celles de Tartuffe, adepte, bénéficiaire — et victime — de la casuistique, l'hypocrite n'a pas commis un seul mensonge : il a tout avoué (v. 1081) ; mais il a aussi escamoté l'aveu particulier du péché d'adultère dans un aveu général de culpabilité comme participant au péché originel. Il a *tout* avoué ; tout mais pas davantage. Il est vrai qu'Orgon n'a pas demandé plus de précision. Tartuffe, lavé par cette confession publique, peut se présenter sans crainte devant son confesseur ordinaire. Qui plus est, de l'accusation contre lui portée, il a fait une mortification, une tribulation qu'il offre à Dieu, donc un mérite.

Page 99.

1. Le texte me paraît indiquer les jeux de scène suivants : Tartuffe agenouillé sur *un genou* (v. 1105) ; v. 1115, il se met à *deux* genoux ; v. 1116, Orgon à son tour se jette à deux genoux (indication scénique de 1734). Il se relève au vers 1135, au plus tard, pour demander un bâton et maudire son fils.

Page 102.

1. Il semble que Molière avait d'abord fait dire par Tartuffe : « Ô Ciel, pardonne-lui comme je lui pardonne. » Ce premier texte ressemblait trop au *Pater* pour ne pas éveiller les susceptibilités. Molière a donc atténué la ressemblance, qui subsiste assez pour rendre Tartuffe odieux.

Page 103.

1. La nouvelle mortification de Tartuffe consistera à vivre comme précédemment, dans la maison d'Orgon, et à y rencontrer Elmire.

Page 104.

1. Orgon exigeant que Tartuffe fréquente plus que jamais Elmire, voilà qui nous met dans le climat d'une comédie de

cocuage, de mari trompé, ou complaisant. Détente nécessaire dans une scène d'une extraordinaire âpreté.

2. *Parents* : spécialement le père et la mère dans la langue du XVIIe siècle. Mme Pernelle est punie de son aveuglement par l'ingratitude d'Orgon.

3. « Père, si tu le veux, éloigne de moi cette coupe ! Cependant que ce ne soit pas ma volonté qui se fasse, mais la tienne » (Évangile de saint Luc, XXII, 42). Ce calice douloureux qu'acceptera Tartuffe, c'est Elmire ; et l'adultère se « figure » en Christ au Jardin des Oliviers.

Page 105.

1. *Fond* a son sens juridique : ce qui fait la matière du procès, opposé à la forme.

2. « Malheur au monde à cause des scandales ! Il est fatal certes qu'il arrive des scandales, mais malheur à l'homme par qui le scandale arrive » (Évangile selon saint Matthieu, XVIII, 7). L'un des thèmes de cette scène est de déterminer le responsable du scandale. Pour Cléante, le scandale est l'exil de Damis, provoqué par Tartuffe. Pour Tartuffe, le scandale serait dans la cohabitation de Tartuffe et de Damis, et le scandale arriverait par Damis. Malheur alors à Damis ! (cf. v. 1210).

Page 106.

1. Un second thème de la scène est de chercher où est l'*intérêt du Ciel*. Pour Tartuffe, il est dans la séparation de Damis et Tartuffe. Selon Cléante, le Ciel n'a pas chargé Tartuffe de soutenir ses intérêts. « Intérêt du Ciel » est employé ici pour la quatrième fois.

2. Le pardon de l'injure ne comporte pas que l'on vive avec l'insulteur. Tartuffe ne tendrait pas l'autre joue.

Page 107.

1. Pour accepter une donation qui spolie l'héritier légitime, Tartuffe utilise la direction d'intention. Il accepte, non par esprit de cupidité, mais pour empêcher que le bien d'Orgon ne serve à Damis à commettre des péchés (« criminel usage »).

2. Le mot est pris dans le sens que lui donnent les confesseurs et directeurs de conscience : « une conscience *délicate* (...) timorée, (...) fort scrupuleuse » (Furetière). Cléante ne l'emploie pas sans ironie.

Page 108.

1. Ce devoir pieux à trois heures et demie, ce sont les vêpres. Il est recommandé à un bon chrétien d'assister aux vêpres du dimanche. Tartuffe disant un jour de semaine les vêpres dans sa

chambre se comporte en ecclésiastique ou au moins en homme d'exceptionnelle piété.

2. Le contrat de mariage entre Tartuffe et Mariane, auquel manque seulement la signature de Mariane. La comédie — ou la tragédie — de la mal-mariée arrive à son nœud.

Page 109.

1. Les droits que vous avez sur moi parce que je suis votre fille.

2. Mariane rappelle avec discrétion que son père l'avait fiancée à Valère (cf. v. 411).

3. Le bien d'Orgon a été transmis à Tartuffe par donation entre vifs. Les biens personnels que Mariane peut tenir de sa défunte mère, ou de quelque autre héritage, sont gérés par son père pendant sa minorité ; elle consent qu'il en dispose.

4. Je reconnais bien là... Pourquoi le dévot Orgon, qui se sentait s'attendrir, ne veut-il pas que sa fille entre au couvent ? Cela ne dérange pas ses calculs financiers : Mariane recevrait une dot et le reste de son bien reviendrait à Tartuffe (v. 1296). Cela dérange, sans qu'il en ait conscience, un avenir qu'il a construit : Tartuffe restant auprès de lui, uni à lui par le lien étroit de la « beau-paternité », si nous osons risquer le mot. L'amour-propre omniprésent, protéiforme, que dénonce le XVIIᵉ siècle, est là une fois encore.

5. Orgon faisait précédemment une évocation idyllique des joies pieuses et amoureuses qui attendaient Mariane avec Tartuffe (v 531-536). Elle refuse cet époux ; Orgon lui montre maintenant en ce même mariage l'occasion de mériter en se mortifiant. On ne saurait plus ingénument et plus clairement avouer qu'il la marie non pour elle, mais pour lui : l'amour-propre est trahi par la contradiction même des vers 531-536 et 1303-1305.

Page 110.

1. « *Parlez à votre écot* : Allez entretenir votre compagnie » (Furetière).

2. « Un grand *trait* de malice, un méchant tour » (Furetière).

3. Le rôle d'Elmire va devenir extrêmement délicat. La critique, et les interprètes, se sont partagés. Je crois que le désir de raffiner et de trouver du neuf a masqué l'évidence : Elmire est une femme parfaitement honnête et sage, acculée à une situation difficile, et qui s'en tire le moins mal possible. Elle est sourdement accusée par son mari d'imposture (v. 1350) et elle doit défendre son honneur.

Page 111.

1. « *Dévisager,* blesser quelqu'un au visage, en sorte qu'il en soit défiguré et gâté » (Furetière).

2. *Prendre le change* est du vocabulaire de la vénerie et se dit de chiens qui partent sur une fausse piste.

Page 112.

1. On n'a pas rappelé une scène dont La Fontaine avait fait une petite comédie-ballet : *Les Rieurs du Beau-Richard*. Un savetier doit 40 écus à un marchand ; l'échéance arrive ; le marchand vient réclamer le remboursement. La dame paraît résignée à payer de sa personne ; une collation est organisée ; le marchand déchire l'obligation, croyant toucher au but. La femme *tousse* (cf. *Le Tartuffe*, v. 1497) ; le mari accourt au signal... Molière pouvait bien connaître ce texte, quoiqu'il fût inédit. En tout cas, il ne pouvait guère ne pas connaître le conte sur le même sujet : *Conte d'une chose arrivée à Château-Thierry*, publié en 1665. La table, sous laquelle s'introduit, malaisément, Orgon, est la bien proche parente du coffre dans lequel les conteurs italiens font se cacher les galants, et de l'armoire de Bourbouroche. Mais ici, c'est le mari que Molière, et Elmire, punissent en le mettant dans une situation humiliante et burlesque.

Page 114.

1. *De même :* semblable.

Page 115.

1. *Notre pudeur* (à nous femmes).

2. *On* va reparaître dans toute cette tirade, en désignant des êtres variés, avec une abondance et une polyvalence qui traduisent l'extrême difficulté de la position d'Elmire (v. 1416 : on = l'amant ; v. 1417 : on = la femme ; v. 1429 : on = l'assistance ; v. 1432 : on = Orgon ; v. 1435 : *on* aurait : Elmire ; *on* résout : Orgon, etc.).

3. *Si ce n'est l'intérêt...* le mot intérêt, ou intéressant, garde jusqu'au XVIIIe siècle un sens très fort : tendresse.

Page 116.

1. Cf. n. 4, p. 93. Mais se rappeler aussi les béatitudes de l'Évangile selon saint Matthieu, V, I-II. Aux béatitudes de l'Évangile, Tartuffe ajoute une béatitude qui n'est autre qu'adultère et luxure.

2. Voir n. 1, p. 112. « Toussez, toussez encore un coup. Et toussez plutôt deux fois qu'une » (*Les Rieurs du Beau-Richard*).

3. Quatre vers repris de *Dom Garcie de Navarre*, v. 654-659. Une fois encore, Molière a voulu sauver quelque chose d'une pièce malchanceuse.

4. On a peine à croire un sort...

5. Si le sens de *réalités* n'apparaissait pas assez vigoureusement, cf. *Le Misanthrope*, v. 943-944 :

> *Elle fait des tableaux couvrir les nudités,*
> *Mais elle a de l'amour pour les* réalités.

Page 117.

1. « *Scrupule,* se dit particulièrement en matière de conscience. Le dévot fait scrupule de tout. Les directeurs sont fort empêchés à guérir les âmes faibles de leurs scrupules, à lever leurs *scrupules* » (Furetière). Les péchés mortels de luxure et d'adultère deviennent dans le langage de Tartuffe des scrupules qui, certes, honorent Elmire, mais qui ne résistent pas à une casuistique appropriée.

2. *Étendre les liens de notre conscience* traduit le mot technique *laxisme*, ou, comme le dit Pascal, *morale relâchée*.

3. Ceci est une traduction de la notion de direction d'intention qui, avec le probabilisme, la restriction mentale, est une des méthodes sur quoi se fonde le laxisme. Molière se souvient très probablement d'une phrase de la septième *Provinciale :* « Quand nous ne pouvons pas empêcher l'action, nous purifions au moins l'intention ; et ainsi nous corrigeons le vice du moyen par la pureté de la fin. »

4. « Un directeur *conduit* la conscience de son pénitent » (Furetière).

Page 118.

1. Le *scandale* (c'est-à-dire la publicité du péché) constitue le péché. On rapproche à juste titre ces vers de la *Satire* de Régnier qui met en scène l'*hypocrite Macette :*

> *Le péché que l'on cache est demi pardonné.*
> *La faute seulement ne gît en la défense :*
> *Le scandale, l'opprobre est cause de l'offense;*
> *Pourvu qu'on ne le sache, il n'importe comment;*
> *Qui peut dire que non ne pèche nullement.*

Mais l'idée est plus ou moins diffuse dans le laxisme. Dans la mesure même où le scandale est une circonstance aggravante, l'absence de scandale diminue le péché. Pour un homme habile et sans scrupule, il n'y a de là qu'un pas à faire pour conclure : l'absence de scandale supprime le péché.

2. L'ambiguïté des *on* permet à Elmire d'avertir Orgon pendant que Tartuffe croit qu'elle parle de lui.

Page 120.

1. Donner, ou *donner d'une :* tromper.

Page 123.

1. *Consulter* se construit très normalement au XVIIᵉ siècle, avec un complément d'objet direct.

2. Le propriétaire de la cassette, Argas, est un « criminel d'État » (v. 1838), c'est-à-dire coupable d'un crime contre le Roi et l'État, un crime de lèse-majesté. Le châtiment éventuel est la peine capitale avec confiscation des biens (cf. v. 1583). Il est en fuite. Orgon, dépositaire conscient de sa cassette, est coupable de complicité, donc passible de la même peine que l'auteur principal.

Page 124.

1. Orgon pratique, en cette occasion, la restriction mentale : « On peut jurer qu'on n'a pas fait une chose, quoiqu'on l'ait faite effectivement, en entendant en soi-même qu'on ne l'a pas faite un certain jour, ou avant qu'on fût né, ou en sous-entendant quelque autre circonstance pareille ; sans que les paroles dont on se sert aient aucun sens qui puisse le faire connaître ; et cela est fort commode en beaucoup de rencontres, et est toujours très juste quand cela est nécessaire ou utile pour la santé, l'honneur et le bien » (texte de Sanchez, donné par Pascal, neuvième *Provinciale*).

Page 125.

1. Vous avez reconnu que vous aviez été trompé par le zèle pieux que simulait Tartuffe.

Page 126.

1. « *Gauchir,* chercher quelque détour » (Furetière).

Page 128.

1. C'est en effet sans doute l'interprétation que Tartuffe, rompu à l'étude des cas de conscience, donnerait de sa passion pour Elmire : une manifestation de la charité chrétienne.

Page 129.

1. *Instance* au sens juridique, mais élargi : toutes les mesures que pourrait prendre Tartuffe, armé de la donation, et qui a le moyen d'accuser Orgon de complicité de lèse-majesté et de non-dénonciation de criminel.

2. Cléante sait que Tartuffe n'est pas un isolé, mais membre d'une « cabale » : « une société de personnes qui sont dans la même confidence et dans les mêmes intérêts. Se prend d'ordinaire en mauvaise part » (Furetière). Mais le mot avait une résonance très précise à un moment où était dénoncée la Compagnie du Saint-Sacrement sous le nom de cabale des dévots.

Page 130.

1. Ma sœur : appellation anormale sauf pour une religieuse. M. Loyal a l'habitude de hanter les gens d'Église ; il a pris le goût d'un langage et de manières onctueux.

Page 131.

1. M. Loyal, et Molière, ont-ils voulu que l'on sentît dans ce mot une équivoque ?
2. « J'étais connu avantageusement de Monsieur votre père. »

Page 132.

1. La verge est une baguette avec laquelle M. Loyal toucherait celui à qui il vient signifier un exploit : s'il n'obéissait pas, il serait en état de rébellion et devrait être arrêté.
2. L'huissier n'a pas à s'inquiéter d'autre chose que de la *forme* de l'acte.

Page 133.

1. « *Jupon :* une espèce de grand pourpoint ou de petit justau-corps qui a de longues basques » (Furetière).

Page 134.

1. Ces gens sont des recors. « *Recors,* aide de sergent, celui qui l'assiste lorsqu'il va faire quelque exploit ou exécution, et qui lui sert de témoin et qui lui prête main-forte » (Furetière).

Page 135.

1. Dorine faisant rébellion serait susceptible d'un *décret* de prise de corps ou d'ajournement personnel, pour rendre raison de paroles « infâmes », c'est-à-dire diffamatoires.
2. L'*exploit* est la sommation de déguerpir, que vient de signifier M. Loyal et qu'Orgon a encore à la main.
3. « *Esbaubi,* terme populaire et vieux, qui signifiait la même chose qu'esbahi, mais un esbahissement accompagné de quelque trouble ou faiblesse d'esprit » (Furetière).
4. *Consommer :* arriver à la perfection. Tartuffe est arrivé à la perfection de la charité chrétienne (cf. v. 1819).

Page 136.

1. A Elmire, Molière a donné à prononcer un vers sage et sensé, celui qui suggérait le dénouement auquel il avait songé et puis qu'il avait écarté : nullité de la donation pour ingratitude.
2. Un avertissement qui a pour conséquence de vous laisser comme seule ressource (« vous réduit », vers 1834) la fuite.
3. *Imposer :* tromper ; cf. le titre *Le Tartuffe ou l'Imposteur.*

Page 137.

1. Contre un sujet irréprochable, Tartuffe, même armé de la donation, aurait été moins fort. Contre un criminel d'État, dont les biens seront vraisemblablement confisqués, il était fort : les droits qu'il tenait du contrat étaient complétés parce qu'au dénonciateur étaient d'ordinaire attribués tout ou partie des biens du criminel dénoncé, de la « confiscation ».

2. On peut comprendre aussi bien *cet* homme ou *les* hommes. L'outrance d'Orgon (cf. v. 1604 : « Je renonce à tous les gens de bien ») engagerait à choisir le deuxième sens.

3. Cf. n. 1, p. 48.

Page 139.

1. Tartuffe est hypocrite en politique comme en religion ; il joue le sujet loyal, tient des propos de sonorité cornélienne et n'est qu'un repris de justice.

2. L'exempt est un personnage de tout autre envergure que l'huissier à verge : « *Exempt :* un officier établi dans les compagnies de gardes du corps » (Furetière). Ici, l'exempt est envoyé directement par le roi. Tartuffe est allé dénoncer directement Orgon au roi ; il a pu approcher Louis XIV en vertu de ce libre accès que le roi se targuait de laisser à tous ses sujets. Le roi a tranché, en sa qualité de juge suprême du royaume, et a confié l'exécution à l'exempt de service. Le dénouement n'est pas, comme on le dit assez ordinairement, un dénouement facile par *deus ex machina*. Il est conforme au droit et aux mœurs (voir les bonnes réflexions de Roy, *Charles Sorel*, p. 218).

Page 140.

1. Selon l'édition de 1682, on passait à la représentation les vers 1909-1916, puis 1919-1932 ; les vers 1917 et 1918 étaient maintenus.

2. Il existe toute une littérature populaire relatant les crimes célèbres, assassinats ou belles escroqueries. F.-D.-C. François de Calvi publie une *Histoire générale des larrons divisée en trois livres,* un gros volume.

Page 141.

1. Dorine nous a déjà fait savoir qu'Orgon s'était bien conduit pendant la Fronde (cf. v. 181 et n. 3, p. 46).

DOM JUAN OU LE FESTIN DE PIERRE

Page 159.

1. Tirso de Molina avait intitulé sa pièce *El Burlador de Sevilla y Combibado de pietra* (« Le trompeur de Séville et le convié de pierre »). Les Italiens titrent : *Le Festin de pierre ;* traduction plus qu'approximative : l'un des convives est de pierre, mais comment le festin le serait-il ? Dorimond, Villiers, ensuite Rosimond acceptent le titre, mais en appelant leur commandeur Dom Pierre. L'impropriété de la traduction est ainsi escamotée à la faveur d'un jeu de mots entre Pierre et pierre. Molière ne s'en est pas soucié : il ne donne pas de nom à son commandeur et accepte le titre consacré par l'usage.

2. Molière jouait Sganarelle. Le reste de la distribution est conjectural. Le costume de Sganarelle est connu : « un juppon [long pourpoint] de satin aurore, une camisole de toile à parements d'or, un pourpoint de satin à fleurs du *Festin de pierre*, deux panetières, une fine, l'autre fausse, une écharpe de taffetas, une petite chemisette et manche de taffetas couleur de rose et argent fin, deux manches de taffetas couleur de feu et moire verte, garnies de dentelles d'argent, une chemisette de taffetas rouge, deux cuissards de moire d'argent verte, prisé ensemble 20 livres ». On pensera peut-être qu'il est bien riche pour être celui d'un valet. Mais nous sommes au théâtre et Sganarelle est un valet de confiance.

3. Les décors du *Dom Juan* sont connus par un marché. Six décors : un palais au travers duquel on voit un jardin ; un hameau de verdure avec une grotte au travers de laquelle on voit la mer ; une forêt avec à l'arrière-plan « une manière de temple » entouré de verdure ; le dedans d'un temple ; une chambre ; une ville. Cette « manière de temple » doit être une chapelle funéraire où est enseveli le commandeur. D'autre part, on constate qu'il y a six décors pour cinq actes. Un acte devait en comporter deux. Ce doit être le IIIe. En effet le prospectus d'une troupe de campagne prévoit pour le IIIe acte un bois qui se change en un théâtre de statues de marbre blanc. Par la richesse des décors, le changement du IIIe acte, l'embrasement final, *Dom Juan* tenait un peu de la pièce à machines.

Page 161.

1. Au milieu du XVIIe siècle, l'opinion à l'égard du tabac est partagée : remède, « paradis artificiel » dangereux, ou manie sans conséquence. Les médecins le tiennent pour un remède à utiliser avec discernement. En tant que remède, l'ordonnance de 1635 interdit à d'autres qu'aux apothicaires de le vendre. Il se fume dans

des « cabarets de tabac » dont les tenanciers ont fait « un bourdel prostitué à toute sorte de dissolution ». Le tabac à priser est l'objet de moins d'hostilité. Les amateurs les plus exigeants ont une carotte de tabac dans leur poche et ils le râpent à mesure. Ainsi faisait peut-être Sganarelle dès la création de la pièce ; ainsi faisait en tout cas Sganarelle à la fin du XVIIIᵉ siècle. Le texte de Molière semble être le premier, ou l'un des premiers, à constater la mode du tabac à priser. Il avait ainsi un petit parfum de paradoxe.

Le médecin Ferrant pense que c'est la meilleure des « purges céphaliques » (1655).

Page 162.

1. « On dit à *vue de pays* pour dire à tout hasard, sans prendre de mesure » (Furetière).

2. « Quand on dit absolument un *homme de qualité,* c'est un homme qui tient un des premiers rangs dans l'État, soit par sa noblesse, ou par ses emplois ou par ses dignités » (Furetière). Dom Juan est d'une très grande famille.

3. Il s'abstiendrait.

4. Elvire étant religieuse, Dom Juan a commis un « adultère spirituel ».

5. « On dit ironiquement : voilà un étrange *pèlerin,* pour dire un rusé, un matois » (Furetière).

Page 163.

1. « *Loup-garou* est dans l'esprit du peuple un esprit dangereux et malin qui court les champs ou les rues la nuit... » (Furetière). En 1665, les procès de sorcellerie intentés contre des sorciers qui se changent en loups par suite d'un pacte avec le diable se sont faits beaucoup plus rares. Sganarelle est le représentant d'une crédulité assez dépassée ; mais précisément mettre en toute simplicité dans le même *credo* Dieu et le loup-garou compromet Dieu, d'où la suppression dans les éditions de 1682 et 1683.

2. Les pourfendeurs du libertinage ont beaucoup tonné contre Épicure, ainsi le P. Garasse, *Doctrine curieuse,* 1623. Sganarelle n'a peut-être pas lu le Garasse, mais il a dû entendre des prédications contre l'athéisme. A moins qu'il n'ait lu Horace qui s'applique à lui-même l'expression.

3. « Vers le temps de la naissance de Rome, arriva, par la mollesse de Sardanapale, la chute du premier empire des Assyriens (...) prince efféminé (...) il se vit contraint à se brûler lui-même avec ses femmes, ses eunuques et ses richesses » (Bossuet, *Discours sur l'Histoire universelle*).

4. « Prendre *à toutes mains,* c'est prendre de toutes les manières » (Richelet). L'expression toute faite est rajeunie et rendue comique par l'idée de mariage

Page 165.

1. « *Réduire* : dompter, vaincre, subjuguer » (Furetière).

Page 166.

1. « Une seule terre ne suffit pas à Alexandre ; le malheureux étouffe dans l'étroite limite d'un monde » (Juvénal, *Satire X,* v. 168-169).

2. « Un homme *débite* bien, il dit bien ce qu'il dit, il récite agréablement ; il a un grand nombre de contes et d'histoires » (Furetière).

Page 167.

1. Les bienséances interdisant de nommer Dieu, l'église, les sacrements, dans une œuvre aussi profane qu'une pièce de théâtre ou un roman, Dieu devient le Ciel ; l'église, le temple ; les sacrements, les mystères. « *Mystère* se dit aussi des *sacrements,* des cérémonies de l'Église » (Furetière).

2. « *Myrmidons* : Peuples de Thessalie que les Fables des Païens ont dit être nés des fourmis, sur la prière que le roi Iacus en fit à Jupiter après que son royaume fut dépeuplé par la peste. Ce mot est venu en usage dans notre langue pour désigner un homme fort petit ou qui n'est capable d'aucune résistance » (Furetière).

Page 168.

1. Les ordres militaires de chevalerie, Malte, Saint-Lazare, Calatrava, Alcantara... disposent de biens ecclésiastiques, de commanderies, qu'ils attribuent à certains de leurs chevaliers ; lesquels portent le titre de commandeur. Chez Tirso de Molina, le commandeur était chevalier de Calatrava.

2. Sganarelle entend ironiquement : *tué,* de façon qu'il meure. Dom Juan entend : *tué* selon les lois du duel ; son expression aussi est railleuse mais peut-être, tout au fond de sa pensée, y a-t-il l'idée de : tué sans commettre le péché d'homicide ; c'est-à-dire que la formule comporte une de ces « équivoques » dont le laxisme avait fait un de ses procédés. Le Dom Juan hypocrite pointe déjà.

3. *Alarmer :* donner le signal de prendre les armes.

4. Ce futur époux.

Page 169.

1. Rappelons que le premier acte se passe dans un palais. Un costume de voyage ou un habit qu'on porte aux champs y fait dissonance.

2. « Auprès de ma *tendresse.* » Tendresse est le terme le plus fort par lequel puisse se traduire l'amour-passion.

Page 171.

1. Cf. *Le Tartuffe*, v. 1585.
2. Parce que je ne crois pas...
3. « Inquiétudes d'esprit, doute... se dit particulièrement en matière de conscience. Le dévot fait scrupule de tout » (Furetière).
4. Elvire était professe et dans un ordre cloîtré. Dom Juan et Elvire n'ont donc pas commis seulement le péché de luxure, mais aussi un sacrilège.

Page 173.

1. *Nostre-dinse* (Notre-Dame), *parquienne* (par Dieu), *palsanquienne* (parsembleu, par le sang de Dieu), *morquenne* (mort de Dieu), etc., sont autant de jurons adoucis de la langue populaire Ce « jargon » imite le patois des environs de Paris.
2. Regarde, tiens.
3. Cette expression se trouve déjà dans A. de Montluc, *Comédie des proverbes*, II, 5.

Page 174.

1. « *Berlue* : éblouissement de la vue par une trop grande lumière, qui fait voir longtemps après les objets d'une autre couleur qu'ils ne sont » (Furetière).
2. « *Pièces tapées* : des sols marqués d'une fleur de lys au milieu, ce qui augmentait leur valeur du parisis » (Furetière). Les quatre pièces valent chacune un quart de plus · donc 5 sols à elles quatre
3. Les cinq sols qui complètent le pari sont comptés en une monnaie de très mince valeur, le double, qui vaut 2 deniers, c'est-à-dire le 1/6 du sol. Pour arriver à parier 10 sols, Pierrot a donc dû aligner 34 pièces de monnaie Il y a un effet comique et réaliste dans ce calcul.
4. « *A la débandade* : à la manière des soldats qui se débandent » (Furetière).
5 « Par ma foi. »
6. *Maine* semble selon cette prononciation paysanne transcrire *mine* : une mesure pour les grains, le charbon, la chaux. « On dit aussi populairement, il en a pour sa *mine de fèves*, quand on parle de celui qui a souffert quelque perte ou dommage » (Furetière).

Page 175.

1. *Angigorniaux* semble fabriqué sur engin ; il est déjà avec le même sens d'objets compliqués dans *Le Pédant joué* de Cyrano de Bergerac.
2. « On dit proverbialement enlever quelqu'un *tout brandi* pour dire à vive force. l'enlever tout d'un coup » (Furetière).

3. Leur haut-de-chausses est si ample qu'il ressemble à un tablier. « *Garde-robe* : tablier de toile » (Furetière).

4. Le pourpoint est très court, comme une brassière (une chemisette de femme) qui ne descend que jusqu'au sternum.

5. Pierrot est habitué à voir des bourgeois, curés, notaires, ou paysans endimanchés, habillés à la mode du temps de Louis XIII avec rabat en toile unie. Dom Juan et sa suite portent un grand collet de dentelles, avec encore des houppes.

6. « *Passements* : dentelle, ouvrage qu'on fait avec des fuseaux » (Furetière). Ces entonnoirs sont les « canons ».

7. Les souliers étaient aussi garnis de rubans et avaient de très hauts talons.

Page 176.

1. « Il y a aussi de menus *merciers qui colportent* et qui étalent de petites marchandises dans les marchés et les foires » (Furetière).

2. « *Dégaine* : vieux mot qui n'est en usage que dans cette phrase proverbiale : il s'y prend d'une belle *dégaine,* pour dire de mauvaise grâce, d'une vilaine manière » (Furetière).

3. La *grosse Thomasse* est sans doute la fille de Thomas : cette appellation est paysanne.

Page 178.

1. Vos amours criminelles.

Page 179.

1. Charlotte fait effort pour parler un français pur à Dom Juan ; elle lui dit *bien* et *avec,* alors qu'à Pierrot, elle dit *bian* et *aveuc.*

Page 180.

1. Il est étonnant que Charlotte se mette tout à coup à patoiser. Est-ce que Molière aurait eu un temps l'idée de donner un langage patois à sa Charlotte ? Est-ce l'émotion ?

Page 181.

1. Ce serait pour vous un cas de conscience, un sujet de remords.

2. L'échauffement risque de provoquer la pleurésie : « On dit proverbialement d'un homme froid qui marche lentement qu'il ne gagnera pas la *pleurésie* » (Furetière).

Page 182.

1. *Ou = vous.* Je vous dis que vous vous teniez... *Vous* se présente sous les formes *vous, v's, ou', ous.*

Page 185.

1. « Personne n'est venu sur mon marché, n'a *couru sur mon marché,* n'a enchéri sur moi » (Furetière).

2. « On lui a fait voir son *béjaune,* pour dire son ignorance et sa méprise » (Furetière).

Page 190.

1. L'idée est dans Montaigne, *Essais,* II, XXXVII : « ... ce que la fortune, ce que la nature, ou quelque autre cause étrangère (desquelles le nombre est infini) produit en nous de bon et de salutaire, c'est le privilège de la médecine de se l'attribuer. Tous les heureux succès qui arrivent au patient qui est sous son régime, c'est d'elle qu'il les tient. »

2. Le vrai séné vient d'Éthiopie et sert aux purgations.

3. « *Casse :* fruit qui vient des Indes, fait en forme d'un long bâton noir, dont la moelle sert à purger et à rafraîchir » (Furetière).

4. « L'*émétique* est un remède qui purge avec violence par haut et par bas, fait de la poudre et du beurre d'antimoine préparé, dont on a séparé les sels corrosifs par plusieurs lotions. Le vin émétique s'est mis en réputation » (Furetière).

5. « A du succès, fait du bruit. » On comprend l'allusion : à des fileuses qui travaillent activement ; un fuseau qui tourne vite fait une manière de sifflement.

6. La bataille pour ou contre l'antimoine occupe les médecins depuis le XVIᵉ siècle. Ce débat passionné se terminera en 1666 par une décision de la Faculté, entérinée par le Parlement, qui autorise les médecins reçus par elle à « se servir dudit vin émétique pour la cure des maladies » et à « en écrire et disputer ». Le médecin de Molière, Mauvillain, est grand partisan de l'antimoine. Au moment du *Dom Juan* (printemps 1665), le débat est encore violent et indécis.

Page 191.

1. *Tout de même :* pareillement ; même incrédulité.

2. Croire au diable et à l'enfer, tout comme à Dieu et au Paradis, est une obligation pour un chrétien. A l'interrogatoire de Théophile, 27 mars 1624, il lui est demandé : « S'il n'a pas dit publiquement que c'était risée et sottise de croire qu'il y eût des diables et que ce qu'on en disait n'était que pour abuser le monde ? — *Réponse :* A dit que non et a toujours cru qu'il y avait un dieu et des diables et un paradis et un enfer. » Le diable bénéficie de la garantie du *Credo :* est athée qui ne croit pas au diable. Mais on observera que, pour faire avouer à Dom Juan son athéisme, Molière use d'une double précaution. D'abord, Dom Juan ne professe pas l'athéisme ; son athéisme s'infère du refus de répon-

dre. Ensuite, le mot Dieu n'est pas prononcé. Ciel veut dire la même chose ? Certes, mais moins directement, moins brutalement A l'inverse de ses prédécesseurs, chez Villiers et chez Dorimond, le Dom Juan de Molière est athée prudent et pour ainsi dire honteux.

3. « Le *moine-bourru* est un fantôme qu'on fait craindre au peuple, qui s'imagine que c'est une âme en peine » (Furetière).

4. Ce trait de libertinage est attribué à Maurice de Nassau. Connu par Balzac et Tallemant des Réaux.

Page 192

1. Cet argument de l'existence de Dieu par les causes finales est commun.

Page 193.

1. Un *pauvre* retiré depuis dix ans tout seul dans un bois « occupé à prier », voilà qui ressemble fort à un ermite. Il n'est pas impossible que cette idée de payer le pauvre pour qu'il jure ait été inspirée à Molière par un trait du chevalier de Roquelaure. C'était un libertin fameux, de très bonne noblesse, à qui son libertinage valut emprisonnement et poursuites.

Page 194.

1. Le juron est assimilé au blasphème par une tradition constante. « Jurer se dit aussi des blasphèmes et des exécrations qui se profèrent contre Dieu et les choses saintes, par emportement, colère, rage et quelquefois mauvaise habitude », dit Furetière. La dernière ordonnance royale contre blasphème (1651, renouvelée en 1666) porte « défense de blasphémer, jurer, détester la divine Majesté et de proférer aucune parole contre l'honneur de la très Sacrée Vierge sa mère et des saints. » La première fois, la punition est l'amende ; la septième fois : pilori, lèvre de dessus coupée ; ensuite « langue coupée tout juste ». Ces ordonnances étaient appliquées ; la Compagnie du Saint-Sacrement y veillait. Dom Juan engage le mendiant à commettre un crime, et un péché mortel. Il lui ferait perdre son âme, son droit au paradis ; il se comporte comme le Tentateur.

2. *Humanité* : deux sens possibles selon Furetière : « nature humaine », ou « douceur, bonté, honnêteté, tendresse, telle qu'il convient d'avoir pour son semblable ». Les deux sens convergent. Dom Juan proteste de son amour pour les hommes (au reste, il n'y faudrait pas trop croire). Mais il ne les aime pas en un Dieu, auquel il ne croit pas. En modifiant la formule habituelle : pour l'amour de Dieu, il fait comme une discrète profession de foi d'athéisme.

Page 195.

1. La morale de Dom Juan est chevaleresque, et point chrétienne.

2. La sévérité des lois contre le duel, à l'application desquelles Louis XIV tenait la main, ne pouvait être blâmée par Molière. Mais la morale courante admettait qu'il y avait des occasions où le duel était inévitable. De là ces propos à la fois précautionneux et raisonnables.

Page 196.

1. Formule équivoque, au sens que le mot comporte dans la casuistique. L'équivoque se poursuivra pendant toute la fin de la scène; cultivée, par jeu, par Dom Juan, chez qui pointent déjà l'hypocrite et le laxiste, qui, plus tard, se révéleront.

Page 197.

1. Dom Juan, mettant en rapport deux duellistes, se devra de servir de second à l'un des deux, et de se battre. Il sera de la partie.

Page 201.

1. Le contexte impose un sens ironique.

Page 202.

1. L'édition des « Grands Écrivains » comprend : « Je ne voudrais pas, pour dix pistoles, que la chose fût autrement, que la statue n'eût pas baissé la tête. » Le valet s'applaudit que l'incrédulité de son maître soit ainsi confondue. Nous donnerons plutôt à *en tenir* son sens habituel : *parier*. « Je ne voudrais pas parier dix pistoles en cette affaire », c'est-à-dire parier dix pistoles que le commandeur ne viendra pas souper avec Dom Juan. Sganarelle est convaincu de la réalité du miracle.

2. *Esprit fort* est synonyme de libertin.

Page 203.

1. On peut hésiter entre un sens médical (trouble des « humeurs » de Dom Juan et Sganarelle) et un sens météorologique. « Faux jour » rend le deuxième sens plus probable.

Page 204.

1. M. Dimanche est peut-être un de ces « pourvoyeurs » qui se chargeaient de fournir à forfait tout ce qui était nécessaire à une grande maison.

2. En composant la scène célèbre entre Dom Juan et son créancier (le programme d'une troupe de province du XVIIᵉ siècle l'appelle la « belle scène »), Molière pouvait penser à beaucoup de grands seigneurs dont un personnage assez vil, malgré un nom et

un titre prestigieux, l'archevêque de Reims, Éléonor d'Estampes de Valençay (voir *Historiette* dans Tallemant). Ses roueries avaient constitué un florilège, un art de ne point payer ses dettes. Tallemant l'a recueilli ; Molière pouvait bien en être informé. On se dira aussi que la scène comporte une amertume sous-jacente : Molière savait qu'avec un comédien qui ne paie pas ses dettes, les choses ne se passent pas aussi lestement que pour Dom Juan : c'est la prison.

Page 205.

1. Voir la note du vers 663 du *Tartuffe*. — Jeu de scène dans l'éd. de 1682 : « Dom Juan fait installer M. Dimanche tout près de lui, et s'aperçoit ensuite seulement que leurs sièges diffèrent ; il fait changer le pliant contre un fauteuil qu'on rapproche du sien. »

Page 206.

1. « *Chevir* : être maître de quelqu'un, de quelque chose » (Furetière).

2. La civilité du XVIIᵉ siècle ne prodigue pas la poignée de main. Se serrer la main comporte engagement d'amitié (cf. *Le Misanthrope*, v. 275) ou réconciliation, ou fiançailles. (*Les Femmes savantes*, v. 1100).

Page 208.

1. « Conduite et manière de vivre.. On le dit en bonne et mauvaise part » (Furetière).

Page 209.

1. On a fait observer depuis longtemps la qualité « sentencieuse » de ce vers ; Molière entendait peut-être rivaliser avec une scène du *Menteur* de Corneille (acte V, sc. III). Il écrivait un morceau de bravoure en même temps qu'il exprimait une pensée vigoureuse.

2. Ce caractère de morceau de bravoure est souligné par l'emprunt de cette formule à Salluste.

3. Autre imitation de Juvénal (*Satire VIII*, v. 20).

Page 210.

1. Un père est en droit, au XVIIᵉ siècle, de faire incarcérer son fils à Bicêtre ou à Saint-Lazare.

Page 211.

1. Molière entend faire savoir aux doctes que sa pièce se conforme à l'unité de temps : mais peut-être aussi veut-il signifier que la grâce transforme en peu de temps le pécheur qui ne lui

résiste pas. Désormais, Elvire aime encore Dom Juan, mais en Dieu.

2. L'impénitence finale.

Page 212.

1. Elvire a conjuré Dom Juan « pour l'amour de vous, ou pour l'amour de moi ». Que reste-t-il à quoi elle puisse songer en disant « ce qui est le plus capable de vous toucher » ? Les actuelles amantes de Dom Juan, sans doute ; et c'est la suprême abnégation de la part de l'épouse bafouée.

Page 214.

1. Cette scène était sans doute agrémentée de plaisanteries variées, dont les indications scéniques donnent une idée, mais que nous connaissons aussi par un programme de *Dom Juan* imprimé en province au XVIIᵉ siècle : « Sganarelle n'oublie rien de ce qui peut faire rire et par ses postures italiennes divertit son maître, qui se voit contraint par son impatience de le faire manger avec lui. »

Page 215.

1. « Je bois avec toi à la santé du Commandeur. »

Page 216.

1. Dans cette déclaration, faite avec tout un vocabulaire de la théologie morale, crime signifie péché.

2. *Scandale* a son sens rigoureusement théologique : l'exemple qu'on donne du péché, l'incitation au péché pour autrui par l'exemple.

Page 217.

1. Les propos de Dom Juan ressemblent de façon si troublante à une lettre de Conti à son directeur qu'on a pensé que Molière en avait eu connaissance. Cela n'est pas démontrable. La ressemblance établit au moins avec quelle vraisemblance Molière a su faire parler son hypocrite.

Page 218.

1. *Profession* : « déclaration publique et solennelle de sa religion, de sa croyance » et « dans les monastères, promesse qu'on fait solennellement d'observer les trois vœux de Religion et les règles de l'ordre » (Furetière). Dom Juan s'engage solennellement dans une « société », qui est aussi un ordre diabolique, celui des hypocrites, et pour ainsi dire une Église infernale.

2. Une impunité digne d'un Dieu ou d'un roi.

3. On se rappellera que *grimace* est un mot clef du *Tartuffe* (v. 330, 362, 1618).

4. *Véritablement touchés* : animés par une dévotion véritable.

Page 219.

1. *Rhabiller* : raccommoder quelque chose.
2. Encore un mot clef du *Tartuffe* (1207-1219).
3. *Pousser* un ennemi, le harceler.
4. Un des passages les plus difficiles à interpréter de la pièce est sans doute celui-ci. Sganarelle, témoin des turpitudes de son maître, témoin aussi de deux miracles, qui auraient dû ouvrir les yeux du libertin, se répand en propos décousus, qui tiennent du « galimatias » ou de la « fatrasie ». L'émotion qu'il éprouve explique dans sa bouche de tels propos ; mais l'apparition à un moment pareil des procédés d'un comique élémentaire destinés à provoquer un gros rire se concilie malaisément avec des intentions édifiantes.

Page 221.

1. J'ai demandé conseil.

Page 222.

1. La fréquence des duels au XVIIe siècle pose aux gentils-hommes et à leurs directeurs et confesseurs souvent un cas de conscience : comment se comporter lorsqu'on est provoqué en duel ? Dom Juan, devenu hypocrite, vient de donner rendez-vous pour un duel : c'est-à-dire de commettre, en intention déjà, le péché d'homicide. Mais la doctrine de la direction d'intention lui permet, cependant, de rester en paix avec sa conscience.

Page 223.

1. Nous verrions volontiers que le metteur en scène fasse en sorte, par le jeu des draperies, des éclairages et des voix, que le spectre en « femme voilée » évoque Elvire, de qui Dom Juan reconnaît la voix ; mais une Elvire symbolisant toutes les victimes du séducteur ; symbolisant, peut-être aussi, maintenant qu'elle a été touchée par le repentir, la Grâce une dernière fois offerte au pécheur. Puis le refus de la Grâce transformera le spectre en le Temps, symbole de l'irrémédiable.

Page 224.

1. Indication scénique, 1682 : « Le tonnerre tombe avec un grand bruit et de grands éclairs sur Dom Juan ; la terre s'ouvre et l'abîme ; et il sort de grands feux de l'endroit où il est tombé. » — « Mes gages, mes gages ! » vient du scénario du théâtre italien.

LE MISANTHROPE

Page 235.

1. Sur la distribution du *Misanthrope,* voir la *Notice,* p. 227.

Pourquoi le choix de ce nom ? en Grèce, c'est un nom de femme (Euripide). Nom commun, il signifie un homme fort. Molière a dû vouloir insister sur l'idée de la vigueur, ou de la violence, qui est dans le caractère de son héros, l'homme des « haines vigoureuses » (v. 121).

Le nom se rencontre plusieurs fois dans la littérature des XVIe et XVIIe siècles. Mais on observera surtout que le prince Alceste est un des héros de *Polyxène* de Molière d'Essertines. Il entre en querelle avec Cloryman, à cause d'un conte qu'il n'a pas trouvé bon, et un duel s'ensuit. Il est représenté comme jaloux et soupçonneux. *La Suite de Polyxène* par Ch. Sorel présente un Philinte. La coïncidence donne très vivement à penser que Molière a pris chez Molière d'Essertines et Sorel ces deux noms. Aurait-il pris aussi dans le roman l'idée de la scène du sonnet ? L'extrait que voici permet au moins de poser la question. Alceste est jaloux, « ce venin lui fait trouver de l'amertume dans la douceur » et interpréter en mauvaise part les meilleures actions de sa maîtresse. Il rencontre son rival Cloryman dans la chambre de la princesse . « où Cloryman, pour augmenter sa colère, fit le conte d'un jaloux... Il fit rire toute la compagnie ; il n'y eut qu'Alceste qui demeura insensible, ce qui nous fit croire qu'il était de mauvaise humeur... Cloryman lui en demanda le sujet en riant, mais Alceste lui répondit froidement qu'il n'avait rien trouvé dans ce conte qui le pût faire rire. " Si est-ce, dit Cloryman, que Madame l'a trouvé fort bon mais peut-être étiez-vous diverti. Vous plaît-il, poursuivit-il, que je le fasse encore une fois pour essayer si vous ne serez point plus disposé à en rire ? " Je ne sais si Alceste crut que Cloryman se moquait de lui... " Non pas, lui dit-il, si vous n'avez envie de m'ennuyer et de m'ôter une partie de l'estime que je fais de vous. " Alors, Cloryman, qui n'avait fait que rire de tous les discours passés, se mit en colère... » Il répond avec aigreur : « Je n'ai jamais estimé que mon estime dépendît de votre opinion, pource qu'ayant toujours cru que je valais beaucoup plus que vous, je ne pouvais imaginer que votre esprit se pût étendre jusques à savoir le prix de mon mérite. » Les deux adversaires se séparent sans autre éclat. Mais dans la nuit Alceste « à qui la jalousie ne permettait pas de dormir » envoie un ami provoquer Cloryman en duel. Alceste est grièvement blessé. Un second combat les opposera encore, mais on les séparera.

2. Le nom de Philinte comporte l'idée de bienveillance.

3. Une Arsinoé célèbre au théâtre était bien connue de

Molière, qui avait joué *Nicomède* : c'était la femme de Prusias, la marâtre ambitieuse, fielleuse, doucereuse du prince Nicomède. L'Arsinoé de Molière a même humeur que celle de Corneille.

Page 237.

1. Le mot est fort et désigne un dérèglement durable et profond.
2. « *Chagrin :* inquiétude, ennui, mélancolie » (Furetière) (cf. le sous-titre « L'Atrabilaire amoureux »).

Page 238.

1. « *Charger :* terme de peinture : faire une exagération burlesque (...) au figuré (...) exagérer » (Richelet).

Page 239.

1. *Régal :* un cadeau ou une fête offerts à quelqu'un une estime galvaudée est un cadeau de mince valeur.
2. « Vous n'êtes pas fait pour être de ma société. Gens se dit des personnes d'une même société » (Furetière).
3. *La vaste complaisance :* le désir de plaire à tout le monde.

Page 240.

1. *Quelques dehors civils :* quelques politesses extérieures

Page 241.

1. *Humeur noire :* on notera que ces mots traduisent *atrabilaire.*
2. « Dire des choses fâcheuses de gaieté de cœur [volontairement] » (Furetière).
3. Sganarelle et Ariste exposent chacun une conception du monde différente dans *L'École des maris,* et surtout dans la scène d'exposition.
4. « *Incartade :* insulte ou affront qu'on fait à quelqu'un en public et par bravade » (Furetière).

Page 242.

1. Mot attribué par Érasme au philosophe Timon d'Athènes, surnommé le Misanthrope.
2. « On appelle pied-plat un rustre, un paysan qui a des souliers tout unis » (Furetière).

Page 243.

1. Personne n'est disposé à le garantir pour homme d'honneur
2. L'idée vient de saint Paul, que Montaigne avait traduit : « Ne soyez pas plus sages qu'il ne faut mais soyez sobrement sages. » Molière lisait certainement Montaigne plus souvent que saint Paul. Il a repris à Montaigne la formule de sagesse mesurée.

Page 244.

1. *Flegme* : une des quatre humeurs, comme la bile. Elle produit les effets opposés : « se dit figurément de l'humeur d'un homme patient et pacifique qui se met difficilement en colère » (Furetière).

2. *Sollicite* : solliciter ses juges, c'est-à-dire leur exposer son affaire, était admis comme très normal au XVIIᵉ siècle. Seuls les âmes fières ou les scrupuleux réprouvaient la sollicitation. Il existait même des « solliciteurs de procès » professionnels.

Page 245.

1. *Succès* : au sens général, alors normal, de résultat.

Page 246.

1. Les lexicographes du XVIIᵉ siècle ne connaissent que plaidoirie. Plaiderie semble un doublet anglo-normand. Le contexte impose un sens méprisant.

Page 247.

1. « *Coquette* : dame qui tâche de gagner l'amour des hommes (...) les coquettes tâchent d'engager les hommes et ne veulent point s'engager » (Furetière).

2. *En* : « les mœurs d'à présent ». Vous supportez ce par quoi Célimène participe aux mœurs actuelles.

3. *Treuve* coexiste encore avec *trouve*, mais commence à dater.

Page 248.

1. *Là-bas* : la maison de Célimène, où se passe l'action, est celle d'une dame fortunée : les visiteurs s'enquièrent dans la « salle basse » de la maîtresse de maison, et sont envoyés au premier étage, dans une « chambre », c'est-à-dire dans l'appartement de la maîtresse de maison ; elle ne réside pas dans la salle basse, ce qui serait « bourgeois ». La maison comporte une « galerie » (v. 732).

Page 249.

1. *L'État* : « Les officiers tant grands que petits qui servent à gouverner l'État » (Furetière). Le mérite d'Alceste le met au-dessus des ministres mêmes.

Page 251.

1. Alors que je me livre à vous sans réserve.

2. Oronte est assez intime avec Célimène pour être admis chez elle lors même qu'elle est absente. Il y a tout lieu de penser que la dame qui ne le paie que d'espérance est Célimène. Si Alceste trouve le sonnet d'Oronte si mauvais, c'est qu'il est médiocre.

certes ; et aussi parce qu'un gentilhomme ne doit point se faire écrivassier ; mais surtout peut-être, inconsciemment, parce que Oronte est son rival.

Page 252.

1. *Chute :* trait spirituel, et inattendu, qui termine une poésie galante.

Page 255.

1. *Cabinet :* on peut — et je pense, on doit — comprendre qu'Alceste, homme bien élevé, entend : « un buffet où il y a plusieurs volets et tiroirs pour y enfermer les choses les plus précieuses » (Furetière). — Mais, dès 1680, Furetière : « cabinet se prend quelquefois pour une garde-robe, le lieu secret où l'on va aux nécessités de nature. Ainsi Molière a dit dans *Le Misanthrope* en parlant d'un méchant sonnet : " Franchement, il n'est bon qu'à mettre au cabinet. " » Mêmes sens, et même citation, dans Richelet.

2. *Tous grossiers :* entendez tout grossiers qu'ils étaient.

3. Cette chanson n'a pas été retrouvée dans les recueils.

4. *Colifichets :* découpages et collages de papier, d'où distraction puérile.

Page 260.

1. « *Obséder :* se rendre maître de l'esprit ou de la maison d'une personne ; empêcher les autres d'en approcher » (Furetière).

Page 261.

1. *L'ongle long :* élégance de jeune homme à la mode.

2. La description du « dandy » des années 1660 a déjà été faite par Sganarelle au début de *L'École des maris* : perruque blonde, canons démesurés, hauts-de-chausses très amples, c'est-à-dire *rheingrave*. Clitandre est habillé comme une gravure de mode et il a pris les manies à la mode : « ton de fausset ».

Page 262.

1. « *Offenser* : blesser, incommoder » (Furetière).

Page 263.

1. *Couper chemin :* empêcher de passer.

Page 264.

1. *Regards :* égards, considération.

Page 267

1. Clitandre n a rien de pressant à faire entre le lever et le petit couché du roi (v 739). S'il assiste au petit couché, c'est qu'il es•

aussi admis au petit levé, et pas seulement au grand levé. Or, au petit levé, comme au petit couché, l'assistance est triée avec une grande rigueur. Y sont admis les gens de la chambre du roi : premier gentilhomme de la chambre en service, grand maître de la garde-robe, premier valet de chambre en quartier, les lecteurs du roi. Il est arrivé que Condé ne fût pas admis. Voir dans le *Remerciement au roi* un joli croquis de la cohue dans l'antichambre du roi. — Clitandre est soit un personnage en grandissime faveur pour être admis au petit levé, soit le détenteur d'une des charges importantes de la chambre du roi ; premier gentilhomme de la chambre, grand maître de la garde-robe par exemple. Son importance précise le milieu social auquel appartiennent les personnages du *Misanthrope*.

2. *Avis :* avertissement.

3. « On dit figurément qu'un homme s'est bien barbouillé dans le monde pour dire qu'il a gâté sa réputation » (dictionnaire de l'Académie). D'où : se rendre ridicule.

Page 268.

1. *Caractère :* le mot est en train de prendre le sens qu'il aura chez La Bruyère.

Page 269.

1. Sa conversation ne porte que sur de grands seigneurs.

2. Sur *qualité,* cf. *Dom Juan* n. 2, p. 162. — « Il est fort entêté de (…) il en parle continuellement » (Furetière).

3. *En parlant :* faut-il comprendre : lorsqu'il leur parle ? ou à l'en croire, lorsqu'il les fait parler ? Le deuxième sens est plus finement satirique, le premier plus naturel.

4. *Des fonds :* un fonds est le recueil d'expressions ou de pensées remarquables qu'on fait au cours de ses lectures, d'où des sujets de conversation.

5. *Elle grouille :* le mot est considéré comme bas par le dictionnaire de l'Académie (1694) et par Richelet. De fait, l'édition de 1682 le remplace par « s'émeut ».

Page 271.

1. « On dit absolument *poussez,* pour dire continuez » (Furetière).

2. *Se répandre :* se laisser aller

Page 273.

1. Ce *on* est d'abord Philinte : il blâmait Célimène d'avoir « l'humeur coquette et l'esprit médisant » (v. 219) et maintenant il l'encourage et la fait persévérer (« attachement ») dans ses

défauts. Mais les autres assistants encouragent aussi Célimène à médire.

2. Le passage qui suit est imité de Lucrèce, *De Natura Rerum,* livre IV, v. 1142-1163. C'est le seul reste de la traduction que Molière en avait fait.

Page 274.

1. *Malpropre,* sans élégance.

Page 275

1. Voir ci-dessus, n. 1, p. 267.

2. Cet uniforme est celui de l'exempt des maréchaux, chargé par eux de procéder aux significations, arrestations, etc

Page 276.

1. Les maréchaux de France sont les plus hauts personnages dans l'ordre militaire. Réunis en tribunal, ils jugent les questions de point d'honneur entre gentilshommes, de façon à prévenir les duels. Ils sont alors huit. La disproportion entre la cause un sonnet anodin, et le tribunal touche au burlesque et donne la mesure de l'entêtement d'Alceste, qui confine à la déraison.

2. « *Affaire* se dit aussi des querelles, des combats, des brouilleries d'amitié » (Furetière).

Page 279.

1. « *Être en passe :* être en mesure d'obtenir » (Furetière).

2. Un duel.

3. « Les gens de qualité savent tout sans avoir jamais rien appris » (Mascarille), *Les Précieuses ridicules,* sc. IX.

4. Le marquis Acaste occupe une place sur la scène même : places chères, pour les jeunes gens à la mode.

Page 280.

1. « *Adroit* se dit d'un esprit subtil » (Furetière).

2. *Se mettre bien :* s'habiller élégamment.

3. Ce maître est naturellement le roi.

4. *Constamment :* sans changer, en restant docile. Selon l'éthique romanesque, l'inconstance en amour est le crime majeur Ce marquis du bel air est un inconstant, dans la lignée d'Hylas de l'*Astrée.*

5. *Aimer à crédit :* aimer en acceptant d'être payé de retour à une échéance indéterminée. Acaste semble être l'auteur de cette jolie formule. Il manie avec beaucoup de pertinence le vocabulaire des affaires (frais communs, avances).

6. Il n'est pas raisonnable...

Page 281.

1. *Rebuts* : refus d'amour.

Page 282.

1. « *Du bon cœur,* sincèrement » (Furetière).

Page 283.

1. « *Accrocher :* attraper par adresse, gagner par finesse. » Il s'agit d'accrocher un mari.

Page 284.

1. *Crime :* péché. Ses appas n'ayant aucun succès, elle qualifie de péché l'emploi par les autres femmes de leurs appas.
2. *Se détacher* au sens de se déchaîner se trouve chez Malherbe.
3. « *Impertinence,* extravagance, sottise, folie » (Richelet).

Page 285.

1. *Éclat* n'est pas loin de scandale.
2. Voir *Dom Juan,* note 1 de la p. 208.

Page 286.

1. *Réalités :* cf. la demande de Tartuffe à Elmire, v. 1466.

Page 287.

1. *Traitant de bonne foi :* en agissant avec bonne foi.

Page 288.

1. *Pousser :* au sens de l'escrime : porter des bottes à son adversaire.

Page 291.

1. Dans cette louange générale, notre siècle ne distingue pas les vrais mérites.
2. La *Gazette* de Théophraste Renaudot signalait avec éloges les gens nouvellement promus et ceux qui se distinguaient à l'armée.
3. Pût attirer votre attention.
4. Pour peu que vous montriez le désir d'une charge à la cour. — Le *nous* représente sans doute les « gens d'un grand poids » (v. 1068). Si l'on se rappelle qu'Arsinoé fait profession de pruderie, on pensera qu'elle offre à Alceste l'appui du clan dévot.
5. « *Machine...* adresses, artifices dont on use pour avancer le succès d'une affaire » (Furetière).
6. *A tout :* à n'importe quelle charge, si haute soit-elle.

Page 292.

1. *Francs marquis :* des marquis qui ont au plus haut degré l'humeur des marquis. — Il faudrait qu'Alceste supportât (« essuyer ») leur versatilité.

Page 293.

1. Aurait bien pu se dispenser...

Page 294.

1. *Ces messieurs.* Des tractations difficiles se sont donc déroulées durant l'entracte. Le Doyen des maréchaux de France n'a pu seul régler le différend : aurait-il été récusé par Alceste ? Il a fallu réunir le tribunal des maréchaux, pour un sonnet galant absolument anodin. L'entêtement d'Alceste le rend ridicule. Comique digne du *Lutrin.*

Page 295.

1. Le mot est de Malherbe, Boileau l'aurait repris.
2. Un lieu commun de la littérature amoureuse était que le Ciel... *attache ici-bas avec des sympathies / Les âmes que son ordre a là-haut assorties* (Corneille, *L'Illusion comique,* v. 645-646).

Page 296.

1. Croit aimer dans des occasions où il n'en est rien (*parfois que* est ici une locution conjonctive). Cela revient à dire que Célimène est amoureuse de l'amour. Voilà sans doute le coup de sonde le plus profond dans son caractère.
2. Gênée à l'idée d'accepter le « rebut » de Célimène, Éliante s'exprime de façon embarrassée, désignant Célimène par *on* (1199). — S'il devait arriver que Célimène épousât un autre qu'Alceste, je pourrais me résigner à accepter l'amour d'Alceste, sans répugnance, quoiqu'il ait été rebuté par ma cousine.

Page 297.

1. Les scènes II et III de cet acte reprennent le thème et beaucoup de vers de *Dom Garcie de Navarre.*
Que le transfert ait été possible d'une comédie héroïque, dans laquelle la tension sentimentale est grande, à une comédie indique bien quel pathétique profond anime le rôle d'Alceste. Il ira jusqu'à des propos qui font penser aux « fureurs » de tragédie (v. 1309-1314).

Page 299.

1. Cet ouvrage qui consiste à obtenir qu'Alceste modère ses transports. Le mot ouvrage est du haut style ; son emploi, à propos d'une déconvenue amoureuse, souligne une fois de plus la violence de toutes les réactions d'Alceste.

Page 301.

1. Si vous aviez rejeté mon amour...

Page 302.

1. *Vos traits :* votre écriture.
2. Parce qu'il n'a pas de signature.

Page 304.

1. Démontrez-moi l'innocence de ce billet.

Page 305.

1. En ne considérant pas comme assuré ce qu'une femme (*on*) ne dit qu'après avoir livré de grands combats à la pudeur et à la retenue de son sexe.

Page 306.

1. Du Bois s'est équipé en postillon, prêt à courir la poste pour passer la frontière. — Quant à l'idée de pousser jusqu'à l'exaspération l'impatience d'Alceste, elle vient, semble-t-il, d'une scène de *L'Amant indiscret* de Quinault (1654).

Page 308.

1. Cet homme noir d'habit et de mine est un recors, un huissier, chargé de signifier un « exploit ». On comprendra, à l'acte V, sc. i, qu'il venait signifier à Alceste la perte de son procès.

Page 311.

1. L'adversaire d'Alceste a sans doute utilisé toutes les ressources de la procédure. Dénoncer une complexité de la procédure capable de faire échec à la meilleure des causes ne pouvait être qu'agréable au pouvoir, au moment où s'élabore la nouvelle Ordonnance qui simplifiera la procédure.

Page 312.

1. On a pensé qu'il s'agissait du livre publié en 1883 par Ménard sous le titre *Le Livre abominable ;* le titre véritable est *L'Innocence persécutée.* Nous croyons qu'il s'agit plutôt de quelque pamphlet du genre de l'*Histoire amoureuse des Gaules.* Voir G. Couton, « Molière est-il l'auteur de *L'Innocence persécutée ?* » dans *Journées internationales Molière.* Extrait de la *Revue d'histoire du théâtre,* t. XXIV, 1974.

Page 313.

1. *Donner au bruit :* l'expression est faite sur le même type que donner dans le panneau, se laisser prendre au piège.

Page 314.

1. Sans discussion.

Page 315.

1. *Feindre à :* hésiter à.
2. Prétendre avec un complément d'objet direct : nombreux exemples dans Molière. « Une personne que je prétends pour moi » (*L'Avare,* acte IV, sc. III).

Page 317.

1. Voir ci-dessus, n. 2, p. 241.

Page 318.

1. *Y :* dans cette persécution.

Page 319.

1. « Balance, incertitude, irrésolution » (Richelet).

Page 320.

1. *Trait :* mauvais procédé (cf. « jouer un trait »).
2. Ces *traits :* cette écriture.
3. *Flandrin :* pas dans les lexicographes au XVIIᵉ siècle, mais attesté au XVIᵉ siècle, doit être très populaire. Mais Célimène n'hésite pas devant certaine vigueur de langage.

Page 321.

1. Qui me tint la main : un cavalier galant donnait la main aux dames (cf. vers 1128) ; le marquis a dû accompagner Célimène dans une longue promenade.
2. Des mérites qui n'ont que la cape et l'épée : « un homme n'a que la cape et l'épée. On le dit figurément de toutes les choses qui n'ont ni valeur, ni mérite, mais seulement un peu d'apparence » (Furetière).
3. L'homme aux rubans verts est Alceste.
4. L'homme à la veste, bel esprit, est Oronte.
5. *Je vous trouve à dire :* je regrette votre absence.

Page 322.

1. *J'y profite :* je gagne à l'affaire de retrouver mon cœur.
2. *Trait :* cf. n. 1, p. 320.
3. Monsieur dont vous aviez la chance qu'il vous aimât...

Page 323.

1. *Le porter haut* (cf. *Le Cid,* v. 352) : être hautain.

Page 324.

1. *Désert* : « on le dit en contresens d'un homme qui aimant la solitude a fait bâtir quelque jolie maison hors des grands chemins et éloignée du commerce du monde pour s'y retirer. Ainsi, on appelle la Grande Chartreuse un beau désert » (Furetière). Alceste va pour toujours se retirer dans son château à la campagne. Pour les gens du XVIIᵉ siècle, c'est un enterrement.

Page 325.

1. *Détester* : avoir de la haine, de l'horreur. — Ce qui ne veut pas dire nécessairement ne plus aimer. Alceste rompt pour ne plus aimer (v. 1783-1784) et non parce qu'il n'aime plus.

2. *Un cœur* : celui de Célimène. — Arithmétique et galanterie : Alceste est trop peu pour Célimène (elle le rejette : « rebut ») ; Éliante est plus que Célimène ; donc Éliante doit rejeter Alceste.

DU MÊME AUTEUR

Dans la collection Folio classique

Éditions collectives

AMPHITRYON, GEORGE DANDIN, L'AVARE. Édition présentée et établie par Georges Couton.

LE BOURGEOIS GENTILHOMME, LES FEMMES SAVANTES, LE MALADE IMAGINAIRE. Édition présentée et établie par Georges Couton.

L'ÉCOLE DES MARIS, L'ÉCOLE DES FEMMES, LA CRITIQUE DE L'ÉCOLE DES FEMMES, L'IMPROMPTU DE VERSAILLES. Édition présentée et établie par Jean Serroy.

LES FOURBERIES DE SCAPIN, L'AMOUR MÉDECIN, LE MÉDECIN MALGRÉ LUI, MONSIEUR DE POURCEAUGNAC. Édition présentée et établie par Georges Couton.

TARTUFFE, DOM JUAN, LE MISANTHROPE. Édition présentée et établie par Georges Couton

Éditions isolées

L'AVARE. Édition présentée et établie par Georges Couton.

LE BOURGEOIS GENTILHOMME. Édition présentée et établie par Georges Couton.

DOM JUAN. Édition présentée et établie par Georges Couton.

L'ÉCOLE DES FEMMES. Édition présentée et établie par Jean Serroy.

LES FEMMES SAVANTES. Édition présentée et établie par Georges Couton.

LES FOURBERIES DE SCAPIN. Édition présentée et établie par Georges Couton.

LE MALADE IMAGINAIRE. Édition présentée et établie par Georges Couton.

LE MÉDECIN MALGRÉ LUI. Édition présentée et établie par Georges Couton.

LE MISANTHROPE. Édition présentée et établie par Jacques Chupeau.

LE TARTUFFE. Édition présentée et établie par Jean Serroy.

Dans la collection Folio théâtre

L'AVARE. Édition présentée et établie par Jacques Chupeau.

LE BOURGEOIS GENTILHOMME. Édition présentée et établie par Jean Serroy.

LES PRÉCIEUSES RIDICULES. Édition présentée et établie par Jacques Chupeau.

L'ÉTOURDI. Édition présentée et établie par Patrick Dandrey.

SGANARELLE. Édition présentée et établie par Patrick Dandrey.

LES FÂCHEUX. Édition présentée et établie par Jean Serroy.

GEORGE DANDIN suivi de LA JALOUSIE DU BAR-BOUILLÉ. Édition présentée et établie par Patrick Dandrey.

LE MÉDECIN VOLANT. LE MARIAGE FORCÉ. Édition présentée et établie par Bernard Beugnot.

Impression Maury Imprimeur
45330 Malesherbes
le 23 septembre 2020
Dépôt légal : septembre 2020
1ᵉʳ dépôt légal dans la collection : février 1973
Numéro d'imprimeur : 248535

ISBN 978-2-07-036332-2. / Imprimé en France.